Biblioteca del Hogar Cristiano

El Santuario y Su Servicio

Edición Original

M. L. Andreasen

Copyright ©2023

LS COMPANY

ISBN: 978-1-0881-4816-7

Contenido

Introducción 5

Prefacio 7

Capítulo 1—El Sistema de Sacrificios 9

Capítulo 2—Los Santuarios De Dios En La Tierra 14

Capítulo 3—El Sacerdocio 22

Capítulo 4—Sacerdotes Y Profetas 29

Capítulo 5—La Consagración De Aarón Y Sus Hijos 37

Capítulo 6—Los Holocaustos 44

Capítulo 7—Las Oblaciones 51

Capítulo 8—Los Sacrificios De Paces 59

Capítulo 9—Las Ofrendas Por El Pecado 66

Capítulo 10—Ofrendas Por El Pecado Y Delito 74

Capítulo 11—El Servicio Diario 80

Capítulo 12—El Día De Las Expiaciones 87

Capítulo 13—El Macho Cabrio De Azazel 98

Capítulo 14—Las Fiestas Y Santas Convocaciones 104

Capítulo 15—La Oracion 114

Capítulo 16—La Ley 120

Capítulo 17—El Sábado 128

Capítulo 18—El Último Conflicto 136

Capítulo 19—La Última Generación 145

Capítulo 20—El Juicio 157

Introducción

Desde aquél día trágico en el cual nuestros primeros padres, en el huerto de Edén, por su desobediencia pecaron contra Dios, nuestro amante Padre celestial ha estado procurando reconquistar el amor y la comunión de sus hijos extraviados en este mundo. Aun antes de que la maldición fuese pronunciada sobre Adán y Eva, fue hecha la promesa concerniente a "la Simiente de la mujer", que vendría a darse como propiciación por los pecados del mundo, y a triunfar finalmente sobre Satanás, la serpiente que indujo a la humanidad a rebelarse contra Dios.

En armonía con el plan divino, Abel ofreció de las primicias de su rebaño un sacrificio a Dios; y a través de los siglos, hasta la llegada de la "Simiente," los que aceptaron el evangelio de salvación expresaron su fe en el Salvador venidero, quitando la vida de animales inocentes. Todos estos sacrificios señalaban hacia adelante al "Cordero de Dios, que quita el pecado del mundo". Mediante estos sacrificios de animales, se recordaba constantemente el hecho de que sin derramamiento de sangre no hay remisión de pecado (Hebreos 9:22), y de que únicamente por el ofrecimiento de la vida del Substituto provisto, podían los hombres pecaminosos ser reconciliados con Dios.

Cuando el pueblo de Israel se estaba estableciendo como nación destinada a ser depositaria de la revelación divina y a dar el mensaje del amor de Dios al mundo antiguo, el Señor dio a Moisés la siguiente instrucción: "Hacerme han un santuario, y yo habitaré entre ellos". El santuario fue construido según el modelo mostrado a Moisés, y Dios dio el ritual del servicio continuo.

Ese santuario terrenal, que era, en un sentido especial, el lugar donde Dios moraba entre su pueblo escogido como su Salvador y su Caudillo, era el lugar más sagrado de la tierra, y estaba destinado a ser el centro del interés de todo el mundo.

El centro vital de los servicios del santuario era el sacrificio. Las ofrendas diarias que se ofrecían allí señalaban hacia adelante al sacrificio mayor, perfecto, que se había de realizar un el Calvario. El servicio de la mediación con su propósito de reconciliación, que se realizaba día tras día, y culminaba en el servicio extraordinario anual del día de las expiaciones, todo era "la sombra de los bienes venideros". En ello encontramos los principios fundamentales del plan de salvación. Todo el sistema era "una profecía compacta del evangelio", que prefiguraba el sacrificio y el sacerdocio de Cristo, que "por la muerte" venció "al que tenía el imperio de la muerte, es a saber, al diablo", y abrió un camino vivo para los pobres pecadores perdidos.

¡Cuán importante es, pues, que estudiemos este santuario "terrenal" y su sistema de ceremonias, "sombra de las cosas celestiales," a fin de comprender mejor la actitud de Dios hacia el pecado y su plan para salvar a los pecadores, como también la obra mediadora de Cristo y los misterios gloriosos de la redención! Nuestra esperanza está anclada "dentro del velo" en el santuario celestial, "donde entró por nosotros como precursor Jesús, hecho Pontífice eternamente según el orden de Melquisedec". Allí ofrece su sangre en favor de aquellos que han de heredar la salvación. Allí terminará pronto su obra final en favor de la salvación del hombre perdido.

Dios ha confiado a los adventistas del séptimo día la proclamación de estas gloriosas verdades concernientes al ministerio de Cristo en el santuario celestial y su obra final en favor de la redención del hombre pecaminoso. Nos ha sido confiado el mensaje de la hora del juicio para el mundo. A fin de ser fieles a nuestro cometido, debemos escudriñar continuamente estos santos misterios, y poder presentar el último mensaje de Dios a la humanidad en todo su poder y atracción.

Dios ha bendecido grandemente al autor de este libro en su estudio y enseñanza de estas grandes verdades, y recomendamos cordialmente este claro y abarcante tratado del Santuario a todos los que deseen conocer más perfectamente los caminos de Dios.

M. E. Kern,

Director del Seminario Teológico

Adventista del Séptimo Día.

Prefacio

Durante siglos la presencia de Dios en la tierra estuvo asociada con el santuario. Mediante Moisés llegó por primera vez la orden: "Hacerme han un suntuario, y yo habitaré entre ellos" (Éxodo 25: 8.) Cuando el tabernáculo, que así se llamaba el primer santuario, fue terminado, "una nube cubrió el tabernáculo del testimonio, y la gloria de Jehová hinchió el tabernáculo" (Éxodo 40:34). Desde entonces Dios se comunicó con su pueblo "de sobre In cubierta, de entre los dos querubines que están sobre el urca del testimonio", en el lugar santísimo, o sea el segundo departamento del tabernáculo (Éxodo 25:22).

Como morada terrenal de Dios, el santuario debía ser siempre un centro de profundo y permanente interés para el pueblo de Dios. Cuando comprendemos que los servicios realizados en el tabernáculo y más tarde en el templo eran símbolo de un servicio más elevado realizado en el verdadero tabernáculo de lo alto; que todo el ritual y todos los sacrificios señalaban al verdadero Cordero de Dios, el santuario cobra aún mayor importancia. En él se revela el evangelio.

Es bueno que los cristianos estudien el santuario y su servicio. Estos contienen lecciones preciosas para el estudiante consagrado. Se ve allí a Cristo como el Gran Sumo Sacerdote, un cargo que para muchos miembros de la iglesia ha perdido su significado. Y, sin embargo, la obra de Cristo como Sumo Sacerdote es la misma esencia del cristianismo, el corazón de la expiación.

El autor de este librito espera y ruega a Dios que su trabajo pueda inducir a algunos, tal vez a muchos, a apreciar más hondamente lo que Cristo significa y está haciendo para ellos; y que ellos, por el camino nuevo y viviente que él ha consagrado a través del velo, se presenten con él en el lugar santísimo donde está ahora oficiando.

Capítulo 1—El Sistema de Sacrificios

La primera vislumbre que obtenemos de Dios después que pecara el hombre, nos lo presenta andando en el huerto al fresco del día llamando a Adán: "¿Dónde estás tú?" (Génesis 3:9.) Es un cuadro a la vez hermoso y significativo. El hombre había pecado y desobedecido al Señor, pero Dios no lo abandonaba. Buscaba a Adán. Lo llamaba: "¿Dónde estás tú?". Estas son las primeras palabras que se registran que hayan sido dirigidas por Dios al hombre después de la caída.

No deja de ser significativo que Dios nos sea así presentado. Él está buscando y llamando a Adán, buscando a un pecador que se está ocultando de él. Es un cuadro similar al que ofrece el padre en la parábola, que día tras día escruta el horizonte para ver si descubre al hijo pródigo, y corre a su encuentro cuando está "aún lejos" (Lucas 15:20). Es un cuadro similar al de aquel pastor que va "por los montes, dejadas las noventa y nueve, a buscar la que se había descarriado," y "más se goza de aquélla, que de las noventa y nueve que no se descarriaron" (Mateo 18:12, 13).

Adán no comprendía plenamente lo que había hecho ni los resultados de su desobediencia. Dios le había dicho que el pecado significaba la muerte, que "el día que de él comieres, morirás" (Génesis 2:17). Pero Adán no había visto jamás la muerte, y no comprendía lo que entrañaba. A fin de hacerle comprender la naturaleza del pecado, Dios revistió a Adán y Eva de pieles de animales que habían sido sacrificados. Adán, al mirar la muerte por primera vez, debe haber quedado profundamente impresionado por el carácter pecaminoso del pecado. Allí estaba inmóvil el cordero, desangrándose. ¿Volverá a vivir? ¿No volverá a comer ni a andar ni a jugar? La muerte cobró de repente un significado nuevo y más profundo para Adán. Empezó a comprender que a monos que el Cordero muriese por él, moriría también como el animal que yacía a sus pies, sin futuro, sin esperanza y sin Dios. Desde entonces, la piel con que estaba revestido, le recordaba su pecado, pero también, y aún más, la salvación del pecado.

El cuadro que nos ofrece Dios haciendo vestiduras para sus hijos que están a punto de ser echados de su hogar, revela el amor de Dios para con los suyos, y su tierna consideración hacia ellos, aun cuando hayan pecado. Como una madre rodea de ropas abrigadas y protectoras a los pequeñuelos antes de mandarlos a arrostrar el viento crudo, así también Dios reviste con amor a sus dos hijos antes de despedirlos. Si bien debe apartarlos de sí, han de llevarse consigo la prenda de su amor. Deben tener alguna evidencia de que Dios se interesa aún por ellos. No se propone dejarlos luchar solos. Debe echarlos del huerto de Edén, pero sigue amándolos. Provee a sus necesidades.

Por causa del pecado de Adán y Eva, Dios tenía que excluirlos del hogar que había preparado para ellos. Con gran pesar en su corazón la pareja debió dejar el lugar donde se habían conocido, que encerraba tantos bienaventurados recuerdos. Pero debe haber sido con un pesar inconmensurablemente mayor como Dios les ordenó que se fuesen. Los había creado. Los amaba. Y les había destinado un futuro glorioso. Pero ellos le habían desobedecido. Habían elegido a otro señor. Habían comido del fruto prohibido. "Y ahora —dijo Dios, porque no alargue su mano, y tome también del árbol de la vida, y coma, y viva para siempre... Echó, pues, fuera al hombre" (Génesis 3:22-24).

Dios no dejó a Adán en una condición desesperada. No sólo prometió que el Cordero "inmolado desde la fundación del mundo" moriría por él, proveyendo así una salvación objetiva, sino que también prometió ayudarle a resistir el pecado dándole la capacidad de odiarlo. "Enemistad pondré entre ti y la mujer, y entre tu simiente y la simiente suya", dijo Dios (Génesis 3:15). Sin hacer violencia al pasaje, se podría leer así su interpretación:

"Pondré en su corazón odio hacia el mal". Ese odio es vital para nuestra salvación. Humanamente considerado, mientras haya amor al pecado en su corazón, ningún hombre está salvo. Puede resistir al mal, pero si hay en su corazón amor hacia él y lo anhela, se halla en terreno peligroso. Acerca de Cristo se dijo: "Has amado la justicia, y aborrecido la maldad" (Hebreos 1:9).

Es importante aprender a odiar el mal. Únicamente al llegar a ser real para nosotros la iniquidad del pecado, únicamente cuando aprendemos a aborrecer el mal, estamos seguros. Cristo no amó simplemente la justicia: aborreció la iniquidad. Este odio es fundamental en el cristianismo. Y Dios ha prometido poner este odio hacia el pecado en nuestro corazón.

El evangelio está resumido en las promesas hechas a Adán y en el trato que Dios le dio. Dios no abandonó a Adán a su propia suerte después que hubo pecado. Lo buscó; lo llamó. Le proveyó un Salvador, simbolizado por el cordero de los sacrificios. Prometió ayudarle a odiar el pecado, a fin de que por la gracia de Dios se abstuviese de él. Si Adán quería tan sólo cooperar con Dios, todo iría bien. Se proveía lo necesario para que volviese al estado del cual había caído. No necesitaba ser vencido por el pecado. Por la gracia de Dios, lo podía vencer.

Esto se nos presenta categóricamente en la historia de Caín y Abel. Caín se airó; su rostro se demudó. Tenía en su corazón sentimientos homicidas, y estaba dispuesto a matar a Abel. Dios le advirtió: "El pecado está a la puerta: con todo... tú te enseñorearás de él" (Génesis 4:7). Así se amonestaba misericordiosamente a Caín, y se expresaba la esperanza de que no necesitara ser vencido por el pecado. Como una fiera lista para lanzarse sobre su víctima, el pecado acechaba a la puerta. Según las palabras del Nuevo Testamento, Satanás anda rondando "como león rugiente". Pero Caín no necesitaba ser vencido. "Te enseñorearás de él" (o "enseñoréate sobre él" como lo rinden la mayor parte de las versiones en otros idiomas) era la orden de Dios. Es más que una declaración; es una promesa. El hombre no necesita ser vencido. Hay esperanza y ayuda en Dios. El pecado no ha de ejercer señorío sobre nosotros. Hemos de señorear nosotros sobre él.

Originalmente era intención de Dios que el hombre tuviese libre comunión con su Hacedor.

Tal era el plan que intentó llevar a cabo en el huerto de Edén. Pero el pecado torció el designio original de Dios. El hombre pecó, y Dios tuvo que hacerlo salir del Edén a la tierra. Y desde entonces el pesar había de ser su suerte.

Pero Dios concibió un plan por medio del cual pudiese reunirse con los suyos. Si bien ellos habían de abandonar el hogar preparado para ellos, ¿por qué no habría de ir Dios con dios? Y si no podían vivir en el Paraíso, donde podían disfrutar de abierta comunión con él, ¿por qué no iría Dios con ellos? Y así, en la plenitud del tiempo, Dios mandó a su pueblo la orden: "Hacerme han un santuario, y yo habitaré entre ellos." (Éxodo 25:8). ¡Amor admirable! ¡Dios no puede soportar la separación de los suyos! Su amor idea un plan por el cual puede vivir entre ellos. Los acompaña en sus peregrinaciones por el desierto, conduciéndolos a la tierra prometida. Dios está de nuevo con su pueblo. Es cierto que hay ahora un muro de separación. Dios mora en el santuario, y el hombre no puede allegarse directamente a él. Pero Dios está tan cerca como lo permite el pecado. Está "entre" su pueblo.

El Nuevo Testamento dice acerca de Cristo: "Llamarás su nombre Emmanuel, que declarado, es: Con nosotros Dios" (Mateo 1:23). El ideal cristiano es la comunión con Dios, la unidad con él, sin separación. "Caminó... Enoc con Dios", (Génesis 5:24). Moisés habló con él cara a cara (Éxodo 33:11). Pero Israel no estaba listo para experimentar tal cosa. Necesitaba que se le enseñasen lecciones de reverencia y santidad. Necesitaba aprender que sin santidad nadie puede ver a Dios (Hebreos 12:14). A fin de enseñarles esto, Dios les pidió que le hiciesen un santuario para que pudiese morar entre ellos.

Sin embargo, antes de que Dios les pidiera que le construyesen un santuario, les promulgó los diez mandamientos (Éxodo 20). Les dio su ley a fin de que supiesen lo que se requería de ellos. Estuvieron frente al monte que ardía con fuego. Oyeron los truenos y vieron los relámpagos; y cuan a hablar, "todo el monte se estremeció en gran manera" y el pueblo tembló (Éxodo 19:16-18). La manifestación fue tan impresionante, "y tan terrible cosa era lo que se veía, que Moisés dijo: Estoy asombrado y temblando", y el pueblo rogó "que no se les hablase más" (Hebreos 12:21, 19). El pueblo no podía menos que ver y reconocer la justicia de los requerimientos de Dios, y tanto antes como después que fuera proclamada la ley contestó: "Haremos todas las cosas que Jehová ha dicho, y obedeceremos" (véase Éxodo 19:8; 24:3, 7).

Cuando emprendieron una tarea tan gigantesca, los israelitas debían comprender muy mal su incapacidad de hacer lo que habían prometido. Por su experiencia pasada podrían haber sabido que sin la ayuda divina no podían guardar la ley. Sin embargo, prometieron hacerlo, aunque pocos días después se hallaban bailando en derredor del becerro de oro. La ley prohibía que se adorasen ídolos, y ellos habían prometido guardar la ley; y sin embargo, estaban adorando a uno de sus antiguos ídolos. En su culto del becerro de oro, demostraron su incapacidad o falta de voluntad para hacer lo que habían convenido en hacer. Habían violado la ley que habían prometido guardar, y ahora ella los condenaba. Esto los dejaba en la desesperación y el desaliento.

Dios tenía un propósito al permitir esto. Quería que Israel supiese que en sí mismo y por sí mismo no había esperanza posible de guardar jamás la ley de Dios. Sin embargo, estos requerimientos eran necesarios para la santidad, y sin santidad nadie puede ver a Dios. Esto los obligaba a reconocer su condición desesperada. La ley que había sido dada para que viviesen les traía tan sólo condenación y muerte. Sin Dios, estaban sin esperanza.

Dios no los dejó en esta condición. Así como en el huerto de Edén el cordero inmolado prefiguraba a Cristo, ahora por medio de los sacrificios y el ministerio de la sangre, Dios les enseñó que había provisto una vía de escape. Abrahán comprendió esto cuando el carnero apresado en el matorral fue aceptado en lugar de su hijo. Indudablemente no había comprendido todo el significado de su propia respuesta cuando Isaac le preguntó: "He aquí el fuego y la leña; mas ¿dónde está el cordero pura el holocausto?" (Génesis 22:7). A esto Abrahán había respondido: "Dios se proveerá de cordero para el holocausto, hijo mío" (versículo 8). Cuando levantó el cuchillo, Dios dijo: "No extiendas tu mano sobre el muchacho, no le hagas nada" (versículo 12). Mientras Abrahán miraba en derredor suyo, vio a un carnero apresado en un matorral, "y fue Abrahán, y tomó el carnero, y ofreciólo en holocausto en lugar de su hijo" (versículo 13). Acerca de esto Cristo dice: "Abrahán vuestro padre se gozó por ver mi día; y lo vio, y se gozó" (Juan 8: 56). En el carnero apresado en el matorral, que murió en lugar de su hijo, Abrahán vio a Cristo. Se regocijó y se alegró.

La lección que Abrahán había aprendido, Dios iba ahora a enseñarla a Israel. Mediante el cordero inmolado; mediante el becerro, el carnero, el macho cabrío, las palomas y las tórtolas; mediante la aspersión de la sangre sobre el altar de los holocaustos, sobre el altar del incienso, hacia el velo, o sobre el arca; mediante la enseñanza y la mediación del sacerdote, los hijos de Israel habían de aprender a allegarse a Dios. No habían de quedar en situación desesperada frente a la condenación de la santa ley de Dios. Había una manera de escapar. El Cordero de Dios iba a morir por ellos. Por la fe en su sangre, podrían ponerse en comunión con Dios. Por la mediación del sacerdote, podrían entrar representativamente en el santuario de Dios, y llegar en la persona del sumo sacerdote hasta la misma cámara de audiencia del Altísimo. Para los fieles de Israel, esto prefiguraba el tiempo en que el pueblo de Dios podría entrar osadamente en el santísimo por la sangre de Jesús (Hebreos 10:19).

Todo esto Dios quería enseñarlo a los hijos de Israel mediante el sistema de sacrificios. Para ellos era un medio de salvación. Les daba valor y esperanza. Aunque la ley de Dios, el Decálogo, los condenaba a causa de sus pecados, el hecho de que el Cordero de Dios iba a morir por ellos les daba esperanza. El sistema de sacrificios constituía el evangelio para Israel. Señalaba claramente cómo podía tener comunión y compañerismo con Dios.

Hay entre los que profesan ser cristianos quienes no ven ninguna importancia o valor en los servicios que Dios ordenó para el templo; sin embargo la verdad es que el plan de la salvación evangélica, como se revela en el Nuevo Testamento, queda mucho más claro cuando se comprende el Antiguo Testamento. De hecho, se puede decir confiadamente que el que entiende el sistema levítico del Antiguo Testamento, puede comprender y apreciar mucho mejor el

Nuevo Testamento. El uno prefigura al otro y es un tipo de él.

La primera lección que Dios quería enseñar a Israel por medio del servicio de los sacrificios es que el pecado significa la muerte. Vez tras vez esta lección fue grabada en su corazón. Cada mañana y cada atardecer durante todo el año se ofrecía un cordero para la nación. Día tras día el pueblo traía al templo sus ofrendas por el pecado, sus ofrendas de holocausto o de agradecimiento. En cada caso se mataba al animal y se asperjaba la sangre en el lugar indicado. Sobre cada ceremonia y cada servicio quedaba estampada la lección: El pecado significa la muerte.

Esta lección es tan necesaria en nuestros tiempos como en los días del Antiguo Testamento. Algunos cristianos piensan con demasiada ligereza acerca del pecado. Piensan que es una fase pasajera de la vida que la humanidad abandonará en su desarrollo. Otros piensan que el pecado es lamentable, pero inevitable. Necesitan que se grabe indeleblemente en su mente la lección de que el pecado significa muerte. En verdad, el Nuevo Testamento dice que la paga del pecado es la muerte (Romanos 6:23). Sin embargo, muchos no alcanzan a ver ni a comprender la importancia de esto. Una concepción más viva del pecado y de la muerte en su inseparable relación, nos ayudará mucho a comprender y apreciar el evangelio.

Otra lección que Dios quería enseñar a Israel era que el perdón del pecado puede obtenerse únicamente por la confesión y el ministerio de la sangre. Esto servía para grabar profundamente en Israel el costo del perdón. El perdón del pecado es más que pasar simplemente por alto los defectos. Cuesta algo perdonar; y el costo es una vida, la vida misma del Cordero de Dios.

Esta lección es importante también para nosotros. Para algunos, la muerte de Cristo parece innecesaria. Dios podía, o debía, piensan ellos, perdonar sin el Calvario. La cruz no les parece una parte integral y vital de la expiación. Sería bueno que los cristianos de hoy contemplasen más a menudo el costo de su salvación. El perdón no es asunto sencillo. Cuesta algo. Mediante el sistema ceremonial, Dios enseñó a Israel que el perdón puede obtenerse únicamente por el derramamiento de sangre. Y nosotros necesitamos esta lección ahora.

Creemos que un estudio de los reglamentos del Antiguo Testamento acerca de la manera de allegarse a Dios, reportará grandes beneficios. En el sistema de los sacrificios se hallan los principios fundamentales de la piedad y la santidad que tiene su completo desarrollo en Cristo. Debido a que algunos no han dominado estas lecciones fundamentales, no están capacitados ni preparados para penetrar en las cosas mayores que Dios ha preparado para ellos. El Antiguo Testamento es fundamental. El que está cabalmente aleccionado en él, podrá construir un edificio que no caerá cuando desciendan las lluvias y soplen los vientos. Habrá edificado "sobre el fundamento de los apóstoles y profetas, siendo la principal piedra del ángulo Jesucristo mismo" (Efesios 2:20).

Capítulo 2—Los Santuarios De Dios En La Tierra

Poco después de dar la Ley en el monte Sinaí, el Señor ordenó a Moisés: "Di a los hijos de Israel que tomen para mí ofrenda: de todo varón que la diere de su voluntad, de corazón, tomaréis mi ofrenda" (Éxodo 25:2). Esta ofrenda había de consistir en "oro, y plata, y cobre, y jacinto, y púrpura, y carmesí, y lino fino, y pelo de cabras, y cueros de carneros teñidos ele rojo, y cueros de tejones, y madera de Sittim; aceite para la luminaria, especias para el aceite de la unción, y para el sahumerio aromático; piedras de ónix, y piedras de encastes, para el efod, y para el racional" (versículos 3-7). Todo esto habría de ser empleado en la construcción de "un santuario, y yo habitaré entre ellos" (versículo 8).

El santuario mencionado aquí se llama generalmente el tabernáculo. Era realmente una tienda de paredes de madera, cuyo techo consistía en cuatro capas de las cuales la de más adentro era de lino fino, y la de más afuera de "cueros de carneros, teñidos de rojo, y una cubierta de cueros de tejones encima" (Éxodo 26:14). El edificio mismo no era muy grande, pues tenía más o menos 6 metros por 18, con un recinto exterior que se llamaba el atrio, de unos 30 metros de ancho por 60 de largo.

El tabernáculo era un edificio portátil hecho de tal manera que podía desarmarse y trasladarse con facilidad. En el tiempo en que fue erigido, Israel iba viajando por el desierto. Dondequiera que iba, llevaba consigo el tabernáculo. Las tablas del edificio no estaban clavadas como en una estructura común, sino separadas, y cada una se alzaba sobre un zócalo de plata (Éxodo 36:20-34). Las cortinas que rodeaban el patio iban suspendidas de columnas asentadas en zócalos de bronce (Éxodo 38:9-20). Los muebles del tabernáculo estaban hechos de tal manera que podían transportarse con facilidad. Toda la construcción, aunque hermosa y gloriosa en su diseño, revelaba su índole provisoria. Estaba destinada a servir únicamente hasta que Israel se estableciese en la tierra prometida y se pudiese levantar un edificio más permanente.

El edificio mismo estaba dividido en dos departamentos, de los cuales el primero y mayor se llamaba el lugar santo; el segundo departamento era el santísimo. Una magnífica cortina o velo separaba estos departamentos. Como no había ventanas en el edificio, ambos departamentos, especialmente el de más adentro, si hubiesen dependido solamente de la luz solar, habrían sido lugares obscuros. Debido a su estructura provisoria, debía penetrar, es cierto, algo de luz en ellos; aunque forzosamente tenía que ser poca. No obstante, en el primer departamento, las velas del candelabro de siete ramas daban bastante luz para que los sacerdotes pudiesen ejecutar el servicio diario que exigía el ritual.

Había tres muebles en el primer departamento, a saber, la mesa de los panes de la proposición, el candelabro de siete brazos, y el altar del incienso. Al entrar en el departamento desde el frente del edificio que miraba hacia el este, uno veía cerca del extremo de la pieza el altar del incienso. A la derecha estaba la mesa de los panes de la proposición, y a la izquierda el candelabro. En la mesa estaban ordenados en dos montones los doce panes de la proposición, juntamente con el incienso y los tazones para las libaciones. Estaban también sobre esta mesa los platos, cucharas y recipientes que se usaban en el servicio diario (Éxodo 37:16). El candelero estaba hecho de oro puro. "Su pie y su caña, sus copas, sus manzanas y sus flores eran de lo mismo" (versículo 17). Tenía seis brazos, tres a cada lado del centro. Los vasos que contenían el aceite estaban hechos en forma de almendra (versículo 19). No sólo el candelabro había sido hecho de oro, sino también las despabiladeras, y los platillos que las acompañaban (versículo 23).

El mueble más importante de este departamento era el altar del incienso. Tenía más o menos 90 centímetros de alto por 45 de lado. Este altar estaba revestido de oro puro, y en derredor de su parte superior había un coronamiento de oro.

Sobre este altar el sacerdote colocaba cada día los tizones de fuego sacados del altar de los holocaustos, y el incienso. Cuando ponía el incienso sobre los carbones del altar, el humo subía y como el velo que había entre el lugar santo y el santísimo no se extendía hasta el techo del edificio, el incienso no tardaba en llenar no solamente el lugar santo sino también el santísimo. De esta manera, el altar del incienso, aunque situado en el primer departamento, servía también para el segundo. Por esta razón se hallaba "delante del velo que está junto al arca del testimonio, delante de la cubierta que está sobre el testimonio, donde yo te testificaré de mí" (Éxodo 30:6).

En el segundo departamento, el lugar santísimo, había tan sólo un mueble, el arca. Esta arca estaba hecha en forma de cofre, y tenía más o menos 1,15 metros de largo por unos 55 centímetros de ancho. La tapa de este cofre se llamaba propiciatorio. En derredor de la parte superior del propiciatorio había un coronamiento de oro, igual como en el altar del incienso. En esta arca Moisés puso los diez mandamientos escritos en dos tablas de piedra por el dedo de Dios. Por un tiempo a lo menos, el arca contuvo también una vasija de oro con maná, y la vara de Aarón que había florecido (Hebreos 9:4). Sobre el propiciatorio había dos querubines labrados en oro, un querubín en un extremo y el otro al otro extremo (Éxodo 25:19). Acerca de estos querubines se dice que habían de extender "por encima las alas, cubriendo con sus alas la cubierta: sus caras la una enfrente de la otra, mirando a la cubierta las caras de los querubines" (Éxodo 25:20). Allí quería Dios comunicarse con su pueblo. Dijo a Moisés: "De allí me declararé a ti, y hablaré contigo de sobre la cubierta, de entre los dos querubines que están sobre el arca del testimonio, todo lo que yo te mandaré para los hijos de Israel" (Éxodo 25:22).

Afuera, en el atrio que había inmediatamente frente a la puerta del tabernáculo, se hallaba una fuente grande que contenía agua. Esta fuente era hecha del bronce obtenido de los espejos que las mujeres habían regalado con ese propósito. En esa fuente los sacerdotes habían de lavarse las manos y los pies antes de entrar en el tabernáculo o de iniciar su servicio (Éxodo 30:17-21; 38:8).

En el atrio se hallaba también el altar de los holocaustos, que desempeñaba un papel muy importante en todos los sacrificios. Este altar tenía más o menos 1,50 metros de alto, y su parte superior, que era cuadrada, tenía más o menos 2,40 metros de cada lado. Era linceo por dentro y estaba revestido de bronce (Éxodo 27:1). Sobre este altar se colocaban los animales cuando se ofrecían como holocausto. Allí también se consumía la grasa y la parte de la carne que debía quemarse. En las cuatro esquinas del altar sobresalían unos cuernos. En algunos de los sacrificios, la sangre debía ponerse sobre estos cuernos o asperjarse sobre el altar. Al pie del altar se derramaba el resto de la sangre que no se usaba en la aspersión.

El Templo De Salomón

Cuando Salomón empezó a reinar, el viejo tabernáculo debía hallarse en descalabro. Ya tenía varios siglos y había estado expuesto a la intemperie por mucho tiempo. David se había propuesto edificar una casa a Jehová, pero no le fue permitido por haber derramado mucha sangre. Su hijo Salomón había de realizar la edificación. Esa casa, "cuando se edificó, fabricáronla de piedras que traían ya acabadas; de tal manera que cuando la edificaban, ni martillos ni hachas se oyeron en la casa, ni ningún otro instrumento de hierro" (1 Reyes 6:7).

El templo propiamente dicho tenía unos 9 metros de ancho por unos 27 de largo. A la entrada del frente, que daba hacia el este, había un pórtico que tendría unos 9 metros de largo por unos 5 de ancho. En derredor de los otros lados del templo se habían edificado tres hileras de cámaras, algunas de las cuales servían de dormitorios para los sacerdotes y los levitas que oficiaban en el templo, y las otras como depósitos del dinero y otros dones dedicados a Dios. El templo estaba forrado interiormente con cedro revestido de oro en el cual se habían grabado figuras de querubines, palmas y flores (1 Reyes 6:15, 18, 21, 22, 29). Acerca de esto se dice: "Así que, Salomón labró la casa, y acabóla. Y aparejó las paredes de la casa por de dentro con tablas de cedro, vistiéndola de madera por dentro, desde el solado de la casa hasta las paredes de la techumbre: cubrió también el pavimento con madera de haya" (1 Reyes 6:14, 15).

El tabernáculo original no tenía piso, pero en el templo, Salomón construyó "desde el solado hasta lo más alto; y fabricóse en la casa un oráculo, que es el lugar santísimo" (versículo 16). Después de haber recubierto todo el interior del templo con cedro, de manera que "ninguna piedra se veía", "vistió Salomón de oro puro la casa por de dentro, y cerró la entrada del oráculo con cadenas de oro, y vistióla de oro. Cubrió pues de oro toda la casa hasta el cabo" (versículos 18, 21, 22).

En el oráculo, o lugar santísimo, fue colocada el arca del pacto de Jehová. El arca original tenía dos querubines hechos de oro puro. Pero se hicieron ahora dos querubines más que se pusieron sobre el piso, y entre ellos se colocó el arca. Estos nuevos querubines eran de madera de olivo, y tenían más o menos unos 4,50 metros de altura cada uno. "Ambos querubines eran de un tamaño y de una hechura" (1 Reyes 6:25). "Los cuales querubines extendían sus alas, de modo que el ala del uno tocaba a la pared, y el ala del otro querubín tocaba a la otra pared, y las otras dos alas se tocaban la una a la otra en la mitad de la casa" (versículo 27). Esto daba a los dos querubines una envergadura combinada de más o menos nueve metros. Estos querubines estaban también revestidos de oro, y en las paredes de la casa que los rodeaba, había esculpidas figuras de querubines, palmas y flores abiertas tanto en el interior como en el exterior. Aun el piso estaba recubierto de oro (versículo 29, 30).

En el primer departamento del templo, se hicieron varios cambios. Delante del oráculo, se hallaba el altar del incienso como en el tabernáculo, y dicho altar es mencionado en algunas versiones como perteneciente al oráculo (versículo 22). En vez de un candelabro, había ahora diez, cinco a un lado y cinco al otro. Estos candelabros eran de oro puro, como también los vasos, las despabiladeras, las vasijas, las cucharas y los incensarios (1 Reyes 7:49, 50). En vez de una mesa que tuviera los panes de la proposición, había diez, "cinco a la derecha, y cinco a la izquierda" (2 Crónicas 4:8).

El altar de los holocaustos, o altar de bronce, como se lo llama a veces, fue considerablemente ampliado en el templo de Salomón. El altar del antiguo tabernáculo había tenido unos 2,40 metros de lado. El altar de Salomón era de dimensiones casi cuatro veces mayores o sea de unos nueve metros de lado, y casi cinco metros de altura. Las ollas, las palas, los garfios y vasijas usados para el servicio del altar, eran de bronce (2 Crónicas 4:11, 16).

El santuario había tenido una fuente para la limpieza. En el templo esta fuente fue grandemente ampliada. Vino a ser un gran recipiente de bronce, que tenía 4,50 metros de diámetro, 2,40 metros de alto, y capacidad para 64.000 litros de agua, y se llamaba el mar de fundición (1 Reyes 7:23-26.) El bronce de que estaba hecho tenía el espesor de la mano de un hombre. El borde era labrado como el borde de una copa con flores de lirios. Todo el mar descansaba sobre doce bueyes, "tres miraban al norte, y tres miraban al poniente, y tres miraban al mediodía, y tres miraban al oriente; sobre esto se apoyaba el mar, y las traseras de ellos estaban hacia la parte de adentro" (1 Reyes 7:25).

Además de esta gran fuente había diez más pequeñas colocadas sobre ruedas, de manera que se podían llevar de un lugar a otro (1 Reyes 7:27-37). Estas fuentes contenían cada una unos 1.200 litros de agua y se usaban para lavar las partes del animal que habían de ser quemadas sobre el altar del holocausto (2 Crónicas 4:6.) Cada una de esas cubas estaba colocada sobre una base de bronce; las ruedas eran "como la hechura de las ruedas de un carro: sus ejes, sus rayos, y sus cubos, y sus cinchos, todo era de fundición" (1 Reyes 7:33). Los costados estaban adornados de figuras de leones, bueyes, querubines y palmas, con "unas añadiduras de bajo relieve" (versículos 29, 36.) No se nos da el tamaño del atrio, pero debe haber sido por supuesto mucho mayor que el del tabernáculo.

En 1 Reyes 6:22 se halla una declaración interesante acerca del altar del incienso. Los versículos anteriores describen el oráculo, o lugar santísimo. Se dice que estaba allí el arca que contenía los diez mandamientos, y en relación con ella "el altar de cedro" (versículos 19, 20.) Ese altar, dice el versículo 22, "estaba delante del oráculo". Esto puede tener cierta relación con la cuestión que suscita la redacción del capítulo nueve de Hebreos, donde el altar del incienso está omitido al describir los muebles del primer departamento, y se menciona un incensario en el segundo departamento (versículos 2-4.) La Versión Revisada Americana tiene "altar del incienso" en vez del incensario, aunque en una nota marginal se conserva la palabra incensario. Sea lo que fuere, es digno de notar que Hebreos 9: 2 omite el altar del incienso en la descripción del lugar santo. La mención que en 1 Reyes 6:22 hace cierta versión, de que el altar del incienso, aunque situado en el lugar santo, pertenecía al santísimo, se considera generalmente como la traducción correcta. Entendemos, por lo tanto, que lo declarado en Éxodo 30:6 es que el altar del incienso se hallaba situado delante del velo en el lugar santo "delante del propiciatorio" (V. M.), y que su uso era tal que en cierto sentido pertenecía también al lugar santísimo. Como es un hecho que el incienso llenaba el lugar santísimo tanto como el lugar santo, esto parece, en conjunto, ser la mejor opinión respecto del asunto (véase Éxodo 40:26).

El Templo De Zorobabel

El templo edificado por Salomón fue destruido durante las invasiones de Nabucodonosor en el siglo VI a. C. Tanto los gobernantes como el pueblo se habían apartado gradualmente de Jehová y hundido cada vez más en la idolatría y el pecado. A pesar de todo lo que Dios hizo para corregir estos males, los israelitas persistieron en la apostasía. Dios les envió profetas con amonestaciones y ruegos, "mas ellos hacían escarnio de los mensajeros de Dios, y menospreciaban sus palabras, burlándose de sus profetas, hasta que subió el furor de Jehová contra su pueblo, y que no hubo remedio. Por lo cual trajo contra ellos al rey de los caldeos, que mató a cuchillo sus mancebos en la casa de su santuario, sin perdonar joven, ni doncella, ni viejo, ni decrépito; todos los entregó en sus manos" (2 Crónicas 36:16, 17).

En esta destrucción de Jerusalén, los soldados de Nabucodonosor "quemaron la casa de Dios, y rompieron el muro de Jerusalén, y consumieron al fuego todos sus palacios, y destruyeron todos sus vasos deseables" (versículo 19). "Los que quedaron del cuchillo, pasáronlos a Babilonia; y fueron siervos de él y de sus hijos, hasta que vino el reino de los Persas" (versículo 20). Así empezó lo que se llama el cautiverio de setenta años, "para que se cumpliese la palabra de Jehová por la boca de Jeremías, hasta que la tierra hubo gozado sus sábados: porque todo el tiempo de su asolamiento reposó, hasta que los setenta años fueron cumplidos" (versículo 21).

El esplendor del templo de Salomón puede juzgarse por los despojos que Nabucodonosor llevó de Jerusalén. Una enumeración hecha en Esdras indica "treinta tazones de oro, mil tazones de plata, veinte y nueve cuchillos, treinta tazas de oro, cuatrocientas y diez otras tazas de plata, y mil otros vasos. Todos los vasos de oro y de plata, cinco mil y cuatrocientos" (Esdras 1:9-11).

Israel estuvo en cautiverio durante setenta años. Cuando se cumplieron estos años, recibió permiso para regresar, pero muchos habían estado en Babilonia tanto tiempo que preferían quedar. Sin embargo, regresó un residuo, y a su debido tiempo fueron echados los fundamentos del nuevo templo. "Y todo el pueblo aclamaba con grande júbilo, alabando a Jehová, porque a la casa de Jehová se echaba el cimiento" (Esdras 3:11). No obstante, no era todo gozo, porque "muchos de los sacerdotes y de los levitas y de los cabezas de los padres, ancianos que habían visto la casa primera, viendo fundar esta casa, lloraban en alta voz, mientras muchos otros daban grandes gritos de alegría. Y no podía discernir el pueblo el clamor de los gritos de alegría, de la voz del lloro del pueblo: porque clamaba el pueblo con grande júbilo, y oíase el ruido hasta de lejos" (Esdras 3:12, 13).

El templo así edificado fue llamado templo de Zorobabel, pues tal era el nombre del que dirigiera la obra. No se sabe mucho acerca de su estructura, pero se supone, y quizás con buenos motivos, que seguía las líneas del templo de Salomón. Ya no había arca. Esta había desaparecido en el tiempo de la invasión de Nabucodonosor. La tradición declara que algunos hombres santos tomaron el arca y la escondieron en las montañas para evitar que cayese en manos profanas. Como quiera que sea, el lugar santísimo no tenía sino una piedra que servía como substituto del arca en el día de las expiaciones. Ese templo fue usado hasta cerca del tiempo en que Cristo apareció. Entonces fue reemplazado por el templo de Herodes.

El Templo De Herodes

Herodes subió al trono en el año 37 a. C. Una de las primeras cosas que hizo fue construir una fortaleza, la Antonia, al norte del sitio del templo, y vincularla con el templo por un pasaje subterráneo. Algunos años más tarde, decidió reedificar el templo en mayor escala que nunca antes. Los judíos desconfiaban de él, y no quisieron dejarlo proceder a la edificación hasta que hubiese demostrado su buena fe reuniendo los materiales necesarios para la estructura antes que se derribase ninguna parte del templo antiguo. El cumplió voluntariamente con este requisito. Los sacerdotes insistieron también en que ninguna persona común trabajase en el templo, y declararon necesario que los sacerdotes mismos erigiesen la estructura del templo. Por esta razón, se dedicaron algunos años a adiestrar mil sacerdotes como albañiles y carpinteros para que trabajasen en el santuario. Hicieron todo el trabajo relacionado con los dos departamentos del templo. En conjunto, se emplearon en la construcción unos diez mil obreros expertos.

Las operaciones de construcción empezaron más o menos hacia el año 20 a. C. El templo mismo fue terminado en un año y medio, pero se necesitaron ocho años más para terminar el atrio y los claustros. En Juan 2:20 se declara que en el tiempo de Cristo el templo había estado en construcción 46 años; de hecho, no estuvo el templo completamente terminado hasta el año 66 de d. C., poco antes de la destrucción de Jerusalén por los romanos.

El templo de Herodes era una estructura hermosísima. Estaba edificado de mármol blanco cubierto con placas de oro. Se elevaba en una eminencia a la cual se llegaba por gradas desde todas direcciones, y constituía una serie de terrazas. Alcanzaba a una altura de 120 metros sobre el valle, y podía verse desde gran distancia. Josefo lo compara a una montaña cubierta de nieve. Era algo bello, especialmente cuando se lo veía desde el Monte de las Olivas por la mañana, bajo el resplandor del sol. Era una de las maravillas del mundo.

El tamaño de los dos departamentos, el santo y el santísimo, era el mismo que en los del templo de Salomón; a saber, que el templo mismo tenía unos 27 metros de largo y 9 metros de ancho. El lugar santo estaba separado del santísimo por un tabique de unos 45 centímetros de espesor, con una abertura delante de la cual colgaba el velo mencionado en Mateo 27:51, que se desgarró cuando murió Jesús. No había muebles en el lugar santísimo, sino tan sólo la piedra que quedaba del templo de Zorobabel, sobre la cual el sumo sacerdote colocaba su incensario en el día de las expiaciones. Los muebles que había en el lugar santo eran probablemente los mismos que en el templo de Salomón.

Directamente sobre el lugar santo y el santísimo había cámaras o salones donde los sacerdotes se reunían en ocasiones fijas. El Sanedrín se reunió también allí durante un tiempo. En el piso de la pieza situada sobre el lugar santísimo había trampas por las cuales una jaula podía bajar al lugar santísimo situado abajo. Esta jaula era bastante grande para contener uno o más de los obreros que a veces se necesitaban para reparar el templo. Esa jaula se abría hacia la pared, de manera que los obreros podían trabajar en las paredes sin salir de la jaula ni mirar en derredor suyo. Como únicamente el sumo sacerdote podía entrar en el lugar santísimo, este plan permitía que se hiciesen las reparaciones necesarias sin que los obreros entrasen ni estuviesen en el lugar santísimo propiamente dicho.

A un lado del templo mismo, había piezas para los sacerdotes y también para el almacenamiento, lo mismo que en el templo de Salomón. Había también un pórtico en la parte delantera que se extendía unos doce metros más allá de los costados del templo, dando al pórtico una anchura total de unos 48 metros.

El patio exterior del templo de Herodes era un gran recinto, no completamente cuadrado, que tema más o menos unos 300 metros de cada lado. Este patio estaba dividido en atrios más pequeños, como el atrio de los gentiles, el atrio de las mujeres, y el atrio de los sacerdotes. En una parte de este atrio, sobre un inmenso enrejado, descansaba una vid de oro de la cual los racimos, según Josefo (en quien no se puede, sin embargo, confiar siempre), tenían la altura de un hombre. Según él, la vid se extendía unos doce metros de norte a sur, y su parte superior estaba a más de treinta metros del suelo. Allí puso también Herodes un águila colosal de oro, con mucho desagrado de los judíos. Se vio por fin obligado a sacar el águila del recinto sagrado.

A unos doce metros frente al pórtico del templo, y al este, se hallaba el altar de los holocaustos. Este altar era mayor que el que había en el templo de Salomón. Josefo dice que tenía unos 23 metros de costado, pero otros más moderados dicen que eran 15 metros. Estaba construido de piedra bruta, y tenía más o menos 5,50 metros de altura. Una rampa, también construida de piedras, llevaba hasta casi la cúspide del altar. En derredor del altar, cerca de su cúspide, había una saliente en la cual los sacerdotes podían caminar mientras administraban los sacrificios prescritos.

En el pavimento, cerca del altar, había anillos donde podían atarse los animales destinados al sacrificio. Había también mesas que contenían vasos, cuchillos y tazones usados en los sacrificios. El altar estaba conectado con un sistema de cloacas a fin de que la sangre derramada al pie del altar fuese llevada al arroyo que corría abajo. Todo era mantenido escrupulosamente limpio, pues hasta el sistema de cloacas era lavado a intervalos fijos.

Dentro de los muros que rodeaban el patio, había vestíbulos o claustros, a veces llamados pórticos. El que había al este se llamaba el "pórtico de Salomón". En el norte, el oeste y el este había dobles pórticos con dos hileras de columnas, y un techo de cedro tallado. En la parte sur estaba el pórtico real con 162 columnas. Estas columnas estaban de tal manera dispuestas que formaban tres pasillos, de los cuales los dos exteriores tenían nueve metros cada uno de ancho, y el del medio unos trece metros de ancho. En esos pórticos se podían celebrar reuniones públicas. Allí era donde la iglesia primitiva se reunía cuando iba al templo a orar. Era el lugar acostumbrado de reunión de Israel cuandoquiera que iba al templo.

La parte del atrio que estaba más cerca de su entrada se llamaba el atrio de los gentiles. Un parapeto de piedra separaba este atrio del resto del recinto. Ningún gentil podía pasar sus límites. En el parapeto se hallaba la inscripción: "Ningún extranjero ha de entrar más allá de la balaustrada y talud que rodea el lugar sagrado. Cualquiera que sea prendido será responsable de su muerte que seguirá". Porque los judíos pensaban que Pablo había transgredido esta ordenanza, se apoderaron de él en el templo y lo hicieron arrestar por los romanos (Hechos 21:28). En 1880 se halló esta inscripción, y se encuentra ahora en un museo.

El templo de Herodes era tal vez la estructura más hermosa que el mundo hubiese conocido. Era el orgullo de los judíos. Sin embargo, fue destruido. "No será dejada aquí piedra sobre piedra, que no sea destruida", había dicho Cristo (Mateo 24:2). Esta profecía se cumplió literalmente. No quedó piedra sobre piedra.

El templo ya no existe, y el servicio del templo cesó. Pero permanece la lección. Será bueno que estudiemos cuidadosamente el servicio que se llevaba a cabo en el santuario terrenal. Esto nos permitirá apreciar mejor lo que está sucediendo ahora en el santuario celestial.

El santuario original y los tres templos mencionados tenían ciertas cosas en común, aunque diferían en algunos detalles. Todos tenían dos departamentos: el santo y el santísimo. Todos tenían un altar del incienso, un altar de los holocaustos, una fuente, una mesa de los panes de la proposición, y un candelabro. Los dos primeros tenían un arca, que desapareció hacia el año 600 a. C. El sacerdocio era el mismo en todos, como también las ofrendas y los sacrificios. Durante más de mil años, Israel se reunió en derredor del santuario. ¡Qué bendición habría recibido si hubiese discernido en sus sacrificios al Ser prometido en el huerto de Edén, al Cordero que quita el pecado del mundo! Temamos, no sea que siéndonos dejada una promesa, nosotros igualmente no realicemos su cumplimiento (Hebreos 4:1).

Capítulo 3—El Sacerdocio

Mientras Moisés estaba en el monte recibiendo las instrucciones de Dios acerca de la edificación del santuario, los israelitas se cansaron de esperarlo. Había estado ausente más de un mes, y no estaban seguros de que volvería. "No sabemos qué le haya acontecido", dijeron. Por lo tanto, pidieron a Aarón que les hiciese dioses como los que habían tenido en Egipto, a fin de que pudiesen adorarlos y disfrutar de las fiestas que habían celebrado entre los egipcios. Aarón estaba dispuesto a hacer lo que pedía el pueblo, y pronto fue hecho un becerro de oro, del cual el pueblo dijo: "Israel, éstos son tus dioses, que te sacaron de la tierra de Egipto" (Éxodo 32:4).

Aarón edificó un altar, y proclamó fiesta a Jehová. Se sacrificaron holocaustos y ofrendas de paz, "y sentóse el pueblo a comer y a beber, y levantáronse a regocijarse" (versículo 6). Por supuesto, Moisés no sabía nada de esto hasta que Dios le informó: "Presto se han apartado [los israelitas] del camino que yo les mandé, y se han hecho un becerro de fundición, y lo han adorado, y han sacrificado a él, y han dicho: Israel, éstos son tus dioses, que te sacaron de la tierra de Egipto" (versículo 8).

Indudablemente para probar a Moisés, Dios le propone ahora destruir al pueblo y hacer de él una gran nación. Pero Moisés intercede por el pueblo y pide a Dios que lo perdone. Dios accede misericordiosamente a su petición. "Entonces Jehová se arrepintió del mal que dijo que había de hacer a su pueblo" (versículo 14).

Moisés no estaba evidentemente preparado para el espectáculo que se ofreció a sus ojos cuando bajó del monte. El pueblo estaba gritando y bailando, hasta el punto que Josué concluyó: "Alarido de pelea hay en el campo" (versículo 17). Cuando Moisés vio hasta qué punto se había extraviado Israel, que estaba realmente participando en los bailes lascivos de los paganos, que habían aprendido en Egipto, "enardeciósele la ira". Acababa de recibir del Señor las dos tablas de la ley que contenían los diez mandamientos, escritos por el dedo de Dios, "grabada sobre las tablas". "Arrojó las tablas de sus manos, y quebrólas al pie del monte" (versículos 16, 10).

Uno habría de pensar que en circunstancias ordinarias el romper estas tablas sería un gran pecado delante de Dios. Indudablemente el acto era simbólico. Israel había pecado. Había violado la ley. En prueba de esto, Moisés rompe las tablas que Dios le acaba de dar. Dios no lo reprende: tan sólo vuelve a escribir los mismos mandamientos en otras dos tablas. Esto también puede tener un significado simbólico. La ley no está destruida porque se la viole. Dios la escribe de nuevo.

El pecado que Israel había cometido era muy grave. Dios había hecho grandes cosas para ellos. Los había librado de la esclavitud. Había abierto para ellos el Mar Rojo. Había proclamado la ley desde el Sinaí entre truenos y relámpagos. Dios había hecho pacto con ellos, y la sangre había sido asperjada sobre ellos tanto como sobre el libro del pacto. Y ahora se habían apartado de Dios y olvidado todas sus promesas. Había llegado el tiempo para una acción decisiva. Debía saberse quién estaba de parte del Señor, porque seguramente no se habían extraviado todos. Moisés dirigió un llamamiento: "¿Quién es de Jehová? Júntese conmigo". Israel vaciló. De entre toda la vasta muchedumbre, sólo una tribu tuvo el valor de avanzar. "Y juntáronse con él todos los hijos de Leví" (versículo 26).

Esta acción valerosa de parte de la tribu de Leví influyó indudablemente en su elección para el servicio de Dios. En una crisis, se puso de parte de lo recto, y Dios la recompensó. Fue elegida en vez de los primogénitos como pertenecientes a Dios en un sentido específico para servir en el tabernáculo (Números 3:5-13). A una familia, la de Aarón, había sido confiado el sacerdocio. El resto había de "servir en el ministerio del tabernáculo" y guardar "todas las alhajas del tabernáculo del testimonio" (versículo 7, 8.) Los "sacerdotes ungidos; cuyas manos él hinchió para administrar el sacerdocio", habían de cumplir el servicio más directo de Dios en el tabernáculo, como encender las lámparas; quemar el incienso, ofrecer todas las clases de sacrificios en el altar del holocausto; asperjar la sangre; preparar, colocar y comer el pan de la proposición; conservar el conocimiento de la ley y enseñarla (Números 3:3; Éxodo 30:7, 8; Levítico 1:5; 24:59; Malaquías 2:7). Los sacerdotes eran Indos levitas, pero no todos los levitas eran sacerdotes. El cargo sacerdotal estaba reservado a Aarón y sus descendientes (Números 3:1-4; Éxodo 28:1).

Los sacerdotes eran una clase puesta aparte del resto del pueblo. Ellos solos podían desempeñar en el templo los cargos más íntimos de los sacrificios. Aunque Ne permitía en los primeros tiempos a cualquier persona erigir un altar dondequiera que le agradase, y ofrecer sacrificios sobre él, más tarde vino a ser una ley que únicamente en Jerusalén podían ofrecerse sacrificios, y qua únicamente los sacerdotes podían oficiar. Eso dio a los sacerdotes tremendo poder e influencia. Ejercían el dominio de todo el culto externo de teda la nación. Controlaban las dependencias del templo. Únicamente por su medio podía Israel tener acceso a las bendiciones del pacto simbolizadas por la aspersión de la sangre y el ofrecimiento del incienso. Ellos solos podían recorrer los recintos sagrados del templo propiamente dicho y relacionarse con Dios.

Los sacerdotes tenían también control de muchos asuntos civiles y personales. Decidían cuándo un hombre era inmundo ceremonialmente, y tenían poder para excluirlo de la congregación. Se referían los casos de lepra a su examen, y de su palabra dependía la decisión si un hombre había de quedar desterrado de la sociedad o si se había de derribar una casa (Levítico 13:14). "Guárdate de llaga de lepra, observando diligentemente, y haciendo según todo lo que os enseñaren los sacerdotes levitas: cuidaréis de hacer como les he mandado. Acuérdate de lo que hizo tu Dios a María en el camino, después que salisteis de Egipto" (Deuteronomio 24:8, 9).

Únicamente los sacerdotes podían devolver un hombre a su familia después de la exclusión.

Tenían jurisdicción en ciertos casos en que se sospechaba la infidelidad. (Números 5:11-31). Por su interpretación de la ley llegaron a ejercer gran influencia y autoridad en muchos asuntos que afectaban la vida diaria. En asuntos difíciles de la ley, los sacerdotes estaban asociados con el juez para hacer las decisiones judiciales, no solamente en asuntos religiosos, sino en aquellos que eran puramente civiles, "en negocios de litigio en tus ciudades" (Deuteronomio 17:8.) Su decisión era final. Se amonestaba al hombre a hacer "según la ley que ellos te enseñaren, y según el juicio que te dijeren". "Y el hombre que procediere con soberbia, no obedeciendo al sacerdote que está para ministrar allí delante de Jehová tu Dios, o al juez, el tal varón morirá: y quitarás el mal de Israel" (versículos 11, 12). [Véase también Deuteronomio 19:17].

Es fácil concebir que un cuerpo de hombres que tenía el control del culto de una nación, de la enseñanza y la interpretación de la ley, de las relaciones personales íntimas, de la ejecución de las decisiones legales, habría de ejercer una poderosa influencia para bien o para mal sobre el pueblo. Cuando se añade a este prestigio el emolumento que acompañaba a su vocación, un emolumento que, por lo menos en tiempos ulteriores, ascendía a vastas sumas, podemos creer que los sacerdotes llegaron a ser una organización muy exclusiva.

Las prerrogativas del sacerdocio eran grandes, y sus derechos se guardaban muy celosamente. Únicamente Aarón y sus descendientes podían oficiar en el culto de los sacrificios (Éxodo 28; 29; Levítico 8-10; Números 16-18.) Nadie podía llegar a ser sacerdote si no había nacido en la familia. Esto daba inmediatamente gran importancia al asunto del nacimiento, y a los datos genealógicos que demostraban ese nacimiento. Incumbía a cada sacerdote probar su descendencia de Aarón por evidencias indisputables. No debía haber la menor duda en la sucesión. Cada paso debía ser muy claro.

Era tarea de ciertos sacerdotes examinar la genealogía de cada candidato. Esto pasó más tarde a ser cargo del Sanedrín, que dedicaba parte de su tiempo a este trabajo. Si un sacerdote demostraba su derecho genealógico al cargo y pasaba la prueba bíblica requerida —si no tenía ninguna deformidad corporal que lo descalificase— se lo vestía de ropas blancas, y su nombre quedaba inscrito en la lista oficial de los sacerdotes autorizados. Es posible quo el pasaje de Apocalipsis 3:5 se base en esta costumbre. Por otra parte, si no satisfacía a los examinadores, so lo vestía de negro.

La deformidad física, en caso de que los anales genealógicos fuesen satisfactorios, no privaba, al sacerdote de compartir el sostén que se daba al sacerdote del templo (Levítico 21:21-23). Si el defecto no era demasiado pronunciado, podía llegar hasta servir en un cargo menor, como el cuidar de la leña empleada en el servicio del altar, o como guardián.

Por ser muy sagrado el cargo sacerdotal, los reglamentos referentes a quiénes los sacerdotes podían o no desposar, se aplicaban estrictamente. Un sacerdote no podía casarse con una mujer repudiada o divorciada. No podía casarse con una prostituta o una virgen que hubiese sido violada (Levítico 21:8). Podía por lo tanto casarse únicamente con una virgen pura o una viuda, aunque al sumo sacerdote se le prohibía casarse con una viuda. "Y tomará él mujer con su virginidad. Viuda, o repudiada, o infame, o ramera, éstas no tomará: mas tomará virgen de sus pueblos por mujer" (Levítico 21:13, 14).

También habían de ser los sacerdotes cuidadosos en cuanto a la contaminación ceremonial. No podían tocar un cuerpo muerto a menos que fuese de un pariente muy cercano. Y hasta eso se le negaba al sumo sacerdote (Levítico 21:1-3; 11). De hecho, en cada acto de su vida, los sacerdotes habían de ser conscientes de su necesidad de mantenerse apartados de todo lo que podría contaminarlos. Y este cuidado respecto a la contaminación física era tan sólo emblema de la mayor pureza espiritual. "Santidad a Jehová" había de ser la consigna del sacerdote.

Los sacerdotes y los levitas no tenían herencia en la tierra como las demás tribus. "De las ofrendas encendidas a Jehová, y de la heredad de él comerán. No tendrán, pues, heredad entre sus hermanos: Jehová es su heredad, como él les ha dicho" (Deuteronomio 18:1, 2).

En vez de una porción de la tierra, Dios dio a los sacerdotes ciertas partes de los sacrificios que la gente traía. De todo sacrificio anual, excepto del holocausto, que había de quemarse completamente en el altar, y ciertos otros sacrificios, los sacerdotes recibían la paleta, las dos quijadas y el cuajar (Deuteronomio 18:3). Los sacerdotes recibían también las primicias del cereal, del vino, del aceite y de la lana de las ovejas. En adición, se les daba a los sacerdotes harina, ofrendas de alimentos cocidos al horno o en la sartén, mezclados con aceite o secos (Levítico 2:3, 10; 1; 2; 3; 4; 5; 24:5-9). Recibían la piel de los holocaustos (Levítico 7:8). En caso de guerra, cierta porción de los despojos tocaba también al sacerdocio, tanto de los hombres, del ganado, como del oro. A veces esto representaba una suma considerable (Números 31:25-54). Todas las ofrendas elevadas y agitadas eran de los sacerdotes (Números 18:8-11). Todas las ofrendas de voto pertenecían igualmente a los sacerdotes (versículo 14).

Los primogénitos de Israel, tanto de los hombres como de los animales, pertenecían al sacerdote, aunque debían "redimir el primogénito del hombre", es decir, que Israel había de pagar una suma estipulada, de cinco siclos, por cada niño primogénito (versículos 15-19). En el año del jubileo, los campos que no eran redimidos, o que habían sido vendidos y no podían ser redimidos, pasaban a los sacerdotes (Levítico 27:20, 21). En caso de delitos referentes a cosas sagradas, el transgresor había de pagar no solamente la suma original estimada, sino añadir un quinto a ella, y darla al sacerdote (Levítico 5:16). En caso de que se hiciese un perjuicio a un vecino, cuando no fuese posible hacer restitución a la parte perjudicada, la orden era que se diera "la indemnización del agravio a Jehová, al sacerdote" (Números 5:8). El impuesto regular del templo de medio siclo por cada alma de Israel, "el dinero de las expiaciones", había de ser usado para el servicio del tabernáculo, es decir, para cubrir los gastos incurridos en el servicio de Dios, y no iba directamente al sacerdote (Éxodo 30:11-16). Además de las ya mencionadas fuentes de ingresos, había muchas otras más pequeñas, que no necesitan considerarse aquí.

Los ingresos aquí enumerados eran adicionales al diezmo recibido por los sacerdotes. Todo Israel había recibido la orden de pagar el diezmo (Levítico 27:30-34). Este diezmo había de ser dado a los levitas, y les pertenecía (Números 18: 21-24). Del diezmo que los levitas recibían así, habían de tomar "en ofrenda mecida a Jehová el diezmo de los diezmos", y "daréis de ellos la ofrenda do Jehová a Aarón el sacerdote" (Números 18:26-28). Parece que en tiempos ulteriores los diezmos se pagaban directamente a los sacerdotes (Hebreos 7:5). Algunos han pensado que esto se inició más o menos en el tiempo del segundo templo, cuando muy pocos levitas volvieron del cautiverio y vino a ser necesario emplear netineos en su lugar, pero esto no es muy claro (Esdras 8:15). Como quiera que sea, los sacerdotes recibían los diezmos directa o indirectamente del pueblo, y como originalmente los sacerdotes eran pocos en número, los ingresos de esta fuente eran probablemente más que suficientes para sus necesidades.

Los sacerdotes eran ministros de Dios nombrados divinamente como mediadores entre Dios y los hombres, autorizados particularmente para oficiar ante el altar y en el servicio del santuario. En los días en que los libros no eran comunes, eran no sólo intérpretes de la ley, sino que en muchos casos eran la única fuente de conocimiento en cuanto a los requerimientos de Dios. Por ellos era instruido el pueblo en la doctrina del pecado y su expiación, en la justicia y la santidad. Por su ministerio la gente aprendía cómo podía acercarse a Dios; cómo podía obtener el perdón; cómo podía agradar la oración a Dios; cuán inexorable es la ley; cómo ha de prevalecer al fin el amor y la misericordia. Todo el plan de la salvación les era revelado en la medida en que podía ser revelado en las figuras y las ofrendas. Cada ceremonia tendía a grabar en las mentes la santidad de Dios y los seguros resultados del pecado. También les enseñaba la provisión maravillosa hecha por la muerte del cordero. Aunque era un ministerio de muerte, era glorioso en su promesa. Hablaba de un redentor, que había de llevar el pecado, compartir las cargas y servir de mediador. Era el evangelio en embrión.

En el servicio del sacerdocio tres cosas se destacan sobre todo lo demás: la mediación, la reconciliación, la santificación. Cada una de éstas merece un comentario especial para destacarla. Los sacerdotes eran ante todo mediadores. Esta era su obra preeminente. Aunque el pecador podía traer la ofrenda, no podía asperjar la sangre ni quemar la carne sobre el altar. Tampoco podía comer el pan de la proposición, ni ofrecer el incienso, ni aun despabilar las lámparas. Todo esto debía hacérselo algún otro. Aunque podía acercarse al templo, no podía entrar en él; aunque podía proporcionar el sacrificio, no podía ofrecerlo; aunque podía matar el cordero, no podía rociar la sangre. Dios le era accesible únicamente por la mediación del sacerdocio. Podía allegarse a Dios únicamente en la persona de otro. Todo esto le hacía recordar vívidamente el hecho de que necesitaba que alguien intercediese e interviniese por él. Esto puede resaltar mejor si suponemos un caso que bien puede haber sido cierto.

Un pagano que desea sinceramente adorar al verdadero Dios oye que el Dios de Israel es el verdadero Dios, y que vive en el templo de Jerusalén. Emprende el largo viaje y por fin llega al lugar sagrado. Ha oído que Dios mora entre los querubines del santísimo, y decide entrar en ese lugar a fin de adorarle. Pero apenas da unos pasos en el atrio, lo detiene un letrero en el cual se dice que ningún extranjero puede pasar más allá excepto con peligro de su vida. Se queda perplejo. Quiere adorar al verdadero Dios del cual ha oído hablar, y también se le ha dicho que Dios desea que le adore. Sin embargo, ahí se lo detiene. ¿Qué ha de hacer? Pregunta a uno de los adoradores, quien le dice que debe obtener un cordero antes de poder acercarse a Dios.

Inmediatamente se provee del animal requerido y vuelve a presentarse. ¿Podrá ahora ver a Dios? Se le dice que no puede entrar.

—¿Entonces para qué este cordero?—pregunta.

—Para que puedas darlo al sacerdote a fin de que lo sacrifique.

—¿Puedo entrar entonces?

—No hay manera posible por la cual puedas entrar en el templo ni ver a Dios. No se obra así.

—Pero, ¿por qué no puedo ver a vuestro Dios? Quiero adorarlo.

—Nadie puede ver a Dios y vivir. Es santo, y únicamente el que es santo puede verlo. El sacerdote puede entrar en el primer departamento, pero hay todavía un velo entre él y Dios. Únicamente el sumo sacerdote puede en una fecha fija entrar en el santísimo. No puedes entrar tu mismo. Tu única esperanza es que alguno se presente allí por ti.

El hombre queda profundamente impresionado. No se le permite entrar en el templo. Únicamente el que es santo puede entrar. Debe tener a alguien que medie por él. La lección se graba profundamente en su alma: no puede ver a Dios; debe tener un mediador. Únicamente así pueden ser perdonados los pecados y efectuarse la reconciliación.

Todo el servicio del santuario se basa en la mediación. Aun cuando el pecador trajese el cordero; aun cuando lo matase; el servicio podía ser hecho eficaz únicamente por un mediador que rociase la sangre e hiciese aplicación del sacrificio.

El segundo detalle descollante del servicio era la reconciliación. El pecado nos separa de Dios. Es lo que oculta su rostro de nosotros y le impide oírnos (Isaías 59:2.) Pero por medio de las ofrendas de los sacrificios, y en el incienso que asciende con las oraciones, puede nuevamente llegarse a Dios. La comunión fue restaurada; la reconciliación efectuada.

Así como la mediación era el propósito básico del sacerdocio, la reconciliación era el propósito de los sacrificios que se ofrecían diariamente durante el año. Por su medio, se restauraban las relaciones amigables entre Dios y el hombre. El pecado había hecho separación; la sangre reunía. Esto se realizaba por el ministerio del perdón. La declaración es que cuando toda la congregación había pecado y había traído su ofrenda por el pecado; cuando los ancianos habían puesto sus manos sobre la ofrenda y presumiblemente confesado ese pecado, "obtendrán perdón" (Levítico 1:20). Además, se dio la orden de que cuando un gobernante hubiese pecado y hubiese cumplido con los requerimientos, "tendrá perdón" (versículo 26). La promesa abarcaba igualmente a cualquiera del pueblo común: "Será perdonado" (versículos 31, 35). Por medio del pecado se había producido el enajenamiento; pero ahora todo estaba perdonado.

Somos reconciliados con Dios por la muerte de su Hijo (Romanos 5:10). La reconciliación es efectuada por la sangre (2 Crónicas 29:24). En el primer departamento del santuario entraba el sacerdote día tras día para comunicarse con Dios. Allí se elevaba el santo incienso y penetraba aún más allá del velo en el lugar santísimo; allí estaba el candelabro, emblema de Aquel que es la luz del mundo; la mesa del Señor que invitaba a la comunión; y allí se rociaba la sangre. Era el lugar de acercamiento a Dios, de comunión. Mediante el ministerio del sacerdote se ofrecía el perdón, se efectuaba la reconciliación, y el hombre era puesto en comunión con Dios.

El tercer detalle importante del servicio del santuario es el de la santificación, o santidad. La cantidad de pecado albergada en el corazón mide nuestra distancia de Dios. El extranjero podría haber entrado tan sólo hasta el atrio del templo. El alma penitente podía llegar hasta el altar. El sacerdote mediador podía entrar en el lugar santo. Únicamente el sumo sacerdote, tan sólo un día al año, y eso después de extensa preparación, podía entrar en el santísimo. Revestido de blanco, podía acercarse con temblor al trono de Dios. Aun entonces, el incienso debía ocultarlo parcialmente. Allí podía ministrar no solamente como quien busca perdón del pecado, sino que podía pedir osadamente que fuese borrado.

El servicio hecho durante el año, simbolizado por el ministerio del primer departamento, no era completo en sí mismo. Necesitaba ser completado por el del segundo departamento. El perdón obra tan sólo después de la transgresión. El daño ya ha sido hecho. Dios perdona el pecado. Pero habría sido mejor si el pecado no hubiese sido cometido. Para esto está al alcance el poder custodio de Dios. El simplemente perdonar la transgresión después que ha sido cometida no basta. Debe haber un poder quo nos guarde de pecar. "Vete, y no peques más", es una posibilidad del evangelio. Pero el no pecar más es la santificación. Tal es el blanco eventual de la salvación. II evangelio no está completo sin él. Necesitamos entrar con Cristo en el lugar santísimo. Algunos lo harán. Estos .seguirán al Cordero dondequiera que vaya. Serán sin mancha ni arruga. "Ellos son sin mácula delante del trono do Dios" (Apocalipsis 14:5). Por la fe entran en el segundo departamento.

Capítulo 4—Sacerdotes Y Profetas

El Templo y el servicio del Templo constituían una maravillosa lección objetiva para Israel. Estaban destinados a enseñar la santidad de Dios, la pecaminosidad del hombre, y el camino de regreso a Dios. Una de las lecciones importantes del sistema de los sacrificios consistía en enseñar al sacerdote y al pueblo a aborrecer el pecado y a rehuirlo. Cuando un hombre pecaba inadvertidamente o por error, se esperaba de él que trajese una ofrenda por el pecado al templo. El primer requisito del ritual del sacrificio consistía en que el pecador pusiese las manos sobre el animal y confesase su pecado. Luego con su propia mano había de matar al animal. Después, el sacerdote debía tomar la sangre y ponerla sobre los cuernos del altar del holocausto. Las entrañas eran quemadas con la grasa sobre el altar, y parte de la carne era comida por los sacerdotes en un lugar santo.

Esto era para enseñar el aborrecimiento del pecado. Dios quería que este aborrecimiento del pecado fuese tan grande que los hombres fuesen y no pecasen más. Ninguna persona normal se deleita en matar a un animal inocente, especialmente si comprende que por causa de sus propios pecados debe morir el animal. Un sacerdote normal no sé habría de deleitar ciertamente en el servicio sangriento que estaba obligado a cumplir por causa del pecado. El estar todo el día trabajando con animales muertos, poniendo los dedos o la mano en la sangre, y asperjándola sobre el altar, no debía ser muy atrayente ni agradable. Dios mismo dice que no se deleita en la "sangre de bueyes, ni de ovejas, ni de machos cabríos" (Isaías 1:11). Ni tampoco podía deleitarse en ello el verdadero sacerdote.

El sistema de los sacrificios proporcionaba a los sacerdotes una excelente oportunidad para enseñar el plan de la salvación a los transgresores. Cuando un pecador traía su ofrenda, el sacerdote podía decir: "Lamento que hayas pecado, y estoy seguro que tú lo lamentas también. Sin embargo, Dios ha hecho provisión para el perdón del pecado. Has traído una ofrenda. Pon tus manos sobre tu ofrenda, y confiesa tu pecado a Dios. Luego mata al cordero inocente, y yo tomaré la sangre y haré expiación por ti. El cordero que vas a matar, simboliza al Cordero de Dios «que quita el pecado del mundo. El Mesías vendrá y dará su ida por el pecado del pueblo. Por su sangre eres perdonado. Dios acepta tu penitencia. Ve, y no peques más".

Este solemne ritual habría de dejar al hombre profundamente impresionado por el carácter odioso del pecado, de modo que saldría del templo con la firme resolución de no pecar más. El hecho de que había matado un animal, le enseñaría como ninguna otra cosa podría enseñarle, que el pecado significa muerte, y que cuando uno peca, el cordero debe morir.

Por hermoso e impresionante que fuese ese servicio, podía ser pervertido. Si el pecador llegaba a concebir la idea de que su ofrenda pagaba por el pecado que había cometido, y que si tan sólo traía una ofrenda cada vez que pecase todo iría bien, habría obtenido un concepto enteramente erróneo del propósito de Dios. Y fue así como muchos llegaron a considerar los ritos. Les parecía que sus sacrificios pagaban por sus pecados, y que si llegaban a pecar de nuevo, otro sacrificio lo expiaría. El arrepentimiento y el verdadero pesar perdieron importancia. La gente llegó a creer que cualquiera que fuese su pecado, podía ser expiado por un don. Consideraban que la transacción se clausuraba con la presentación de su ofrenda.

En esta actitud animaban a la gente muchos de los sacerdotes. El pecado no era a su vista tan aborrecible como Dios quería que fuese. Era algo que podía ser pagado con el don de un cordero que no podía costar más que una pequeña suma. El resultado de ello era que "millares de carneros" y "diez mil ríos de aceite" eran considerados agradables a Dios (Miqueas 6:7).

La remuneración de los sacerdotes que servían en el santuario, y más tarde en el templo, se derivaba en gran parte de los sacrificios ofrecidos por el pueblo. Los sacerdotes llegaron a considerar los sacrificios como medios de ingresos para sí. Los levitas, que recibían el diezmo pagado por Israel, a su vez pagaban un diezmo de sus ingresos para sostener a los sacerdotes (Números 18:21, 26-29; Nehemías 10:38). Además de esto, los sacerdotes habían de retener una parte de la mayoría de los sacrificios ofrecidos. Debían recibir la piel de los holocaustos; y tanto la piel como parte de la carne de la mayoría de las ofrendas por el pecado. También recibían parte de las ofrendas de alimento y de apaciguamiento: harina, aceite, cereal, vino, miel y sal, como también de las ofrendas hechas en ocasiones especiales. Esto era parte de los diezmos que recibían de los levitas.

El sacerdote había de comer parte de las ofrendas comunes por el pecado: "Esta es la ley de la expiación: en el lugar donde será degollado el holocausto, será degollada la expiación por el pecado delante de Jehová: es cosa santísima. El sacerdote que la ofreciere por expiación, la comerá." (Levítico 6:25, 26.) Esta era realmente una comida de sacrificio. Al comer esta carne el sacerdote tomaba sobre sí el pecado y así lo llevaba.

Pero este rito se pervirtió. Algunos de los sacerdotes corrompidos vieron claramente que cuanto más pecaba el pueblo y tantas más ofrendas por el pecado traía, tanto mayor era la porción que le tocaba. Llegaron hasta a estimular al pueblo a pecar. Acerca de los sacerdotes corrompidos está escrito: "Comen del pecado de mi pueblo, y en su maldad levantan su alma" (Oseas 4:8) Este texto afirma que los sacerdotes, en vez de amonestar al pueblo e instarlo a que se abstuviese de pecado, animaban al pueblo en la iniquidad, y esperaban que volviese a pecar y trajese nuevas ofrendas por el pecado. Era una ventaja financiera para los sacerdotes que se trajesen muchas ofrendas por el pecado, porque cada ofrenda aumentaba sus ingresos. A medida que el sacerdocio se iba corrompiendo más, aumentaba la tendencia a estimular al pueblo a traer ofrendas.

Un comentario interesante acerca de los extremos a los cuales pervirtieron algunos sacerdotes los ritos, se nos da en el segundo capítulo de 1 Samuel: "Y la costumbre de los sacerdotes con el pueblo era que, cuando alguno ofrecía sacrificio, venía el criado del sacerdote mientras la carne estaba a cocer, trayendo en su mano un garfio de tres ganchos; y hería con él en la caldera, o en la olla, o en el caldero, o en el pote; y todo lo que sacaba el garfio, el sacerdote lo tomaba para sí. De esta manera hacían a todo israelita que venía a Silo. Asimismo, antes de quemar el sebo, venía el criado del sacerdote, y decía al que sacrificaba: Da carne que ase para el sacerdote; porque no tomará de ti carne cocida, sino cruda. Y si le respondía el varón: Quemen luego el sebo hoy, y después toma tanta como quisieres; él respondía: No, sino ahora la has de dar: de otra manera yo la tomaré por fuerza" (1 Samuel 2:13-16).

Esto demuestra la degradación del sacerdocio ya en esa época temprana. Dios había ordenado que la grasa se quemase sobre el altar, y que si se comía la carne fuese hervida. Pero los sacerdotes querían recibir la carne cruda con la grasa, a fin de poder asarla. Había dejado de ser para ellos una comida de sacrificio, y había llegado a ser un festín, una ocasión de glotonería. Y éste es el siguiente comentario que encontramos al respecto: "Era pues el pecado de los mozos muy grande delante de Jehová; porque los hombres menospreciaban los sacrificios de Jehová" (1 Samuel 2:17).

Esta tendencia de los sacerdotes a estimular al pueblo a traer ofrendas para el pecado más bien que abstenerse de pecar se fue haciendo más pronunciada con el transcurso de los años. En el tabernáculo erigido por Moisés, el altar de los holocaustos era más bien pequeño, pues tenía solamente unos cinco codos de lado. En el templo de Salomón, el altar fue ensanchado a veinte codos, o sea unos nueve metros de lado. En el templo de Herodes, era aún mayor, aunque no se tiene certidumbre en cuanto a su tamaño exacto. Un relato dice que tenía 30 codos o sea unos 13 metros de lado, y Josefo dice que tenía 50 codos o sea 22 o 23 metros de lado. Como quiera que sea, parece que el altar de los holocaustos se hacía cada vez mayor para acomodar las ofrendas que sobre él se colocaban.

Llegó finalmente el tiempo en que Dios tuvo que hacer algo, o todo el servicio del templo se iba a corromper. Dios permitió, por lo tanto, que el templo fuese destruido, y muchos del pueblo fueron llevados en cautiverio a Babilonia. Privados del templo, los servicios habrían de cesar naturalmente. La atención de la gente sería dirigida al significado espiritual de los ritos que con tanta frecuencia habían presenciado, pero que ya no se celebraban. En Babilonia no había holocausto ni ofrenda por el pecado, ni el solemne día de expiación. Israel colgó sus arpas de los sauces. Después de pasar setenta años en cautiverio, Dios le permitió volver a su patria y reedificar el templo. Imperaba que hubiese aprendido la lección.

Pero no la había aprendido. Los sacerdotes hicieron aún mayor que antes el altar de los holocaustos, El pueblo se quedó aún más firmemente arraigado a su consideración por las meras formas y por el ritual del templo y el servicio de sacrificios, y no escuchó el mensaje profético de que "obedecer es mejor que los sacrificios" (1 Samuel 15:22). Los ingresos que los sacerdotes recibían de las ofrendas llegaban a ser tan cuantiosos que el dinero acumulado en el templo constituyó una de las mayores acumulaciones de riquezas de la antigüedad, y los sacerdotes llegaron a ser prestamistas.

En fiestas como las de la Pascua, Jerusalén se llenaba de judíos que venían de visita de Palestina como también de otros países. Se nos dice que llegaba hasta un millón de visitantes a la ciudad en una sola vez. Dios había ordenado a Israel que no se presentase con las manos vacías delante de Jehová, así que por supuesto todos estos peregrinos traían ofrendas (Deuteronomio 16:16). Era una imposibilidad física para los sacerdotes ofrecer tantos sacrificios como para satisfacer a todo el pueblo. Por lo tanto, estimulaban a éste a convertir sus ofrendas en dinero y a dejar ese dinero como dinero del templo con el cual los sacerdotes ofrecerían, cuando les fuese cómodo, el sacrificio que el dinero representaba. Y pronto se descubrió que era más fácil y más seguro no llevar desde la casa los animales para los sacrificios. El ofrendante corría el riesgo no sólo de que el animal fuese rechazado por el sacerdote por algún defecto real o supuesto, sino el de incurrir en una pérdida adicional, porque no era fácil vender un animal que había sido rechazado por los sacerdotes. El dinero del templo podía emplearse para ciertos propósitos, y se cobraba para ello una tasa de cambio. Este cambio de dinero común en dinero del templo era otra fuente de grandes ingresos para el sacerdocio.

Los sacerdotes se dividían en 24 turnos, en los cuales cada sacerdote debía servir una semana a la vez, dos veces al año. Cuando el cargo de sumo sacerdote llegó a ser un cargo político, designado por el gobierno, la corrupción se intensificó. Puesto que era un cargo muy lucrativo, los hombres empezaron a ofrecer dinero para obtenerlo, y en realidad se vendía al mejor postor. Para recuperar ese dinero, el sumo sacerdote se encargaba de elegir los turnos; y los sacerdotes que eran llamados a servir en Jerusalén en tiempo de las fiestas solían compartir con los funcionarios las ingentes rentas recibidas en aquel entonces. La corrupción volvió a prevalecer, y muchos eran los sacerdotes que eran llamados a servir en el templo en ocasión de las grandes fiestas únicamente porque estaban dispuestos a compartir los despojos con los funcionarios superiores. El orden en el cual los sacerdotes habían de servir se cambiaba, y todo el plan de Dios se corrompió. Las palabras que Cristo pronunció más tarde llamando al templo "cueva de ladrones", no eran una simple expresión poética, sino la verdad literal.

Sin embargo, estas condiciones no reinaban originalmente. Fue tan sólo después de siglos de transgresión cuando la corrupción alcanzó a las alturas descritas. Pero era comparativamente fácil que los abusos empezasen a penetrar, según lo pone en evidencia la cita del libro de Samuel que hemos dado en la primera parte de este capítulo.

A medida que los sacerdotes perdían así de vista el propósito original de las ofrendas, y pervertían el plan que tenía Dios en los sacrificios, llegó a ser necesario mandarles amonestaciones. Para ello, Dios empleaba a los profetas. Desde el comienzo, el mensaje de los profetas a su pueblo era: "¿Tiene Jehová tanto contentamiento con los holocaustos y víctimas, como en obedecer a las palabras de Jehová? Ciertamente el obedecer es mejor que los sacrificios; y el prestar atención que el sebo de los carneros" (1 Samuel 15:22).

Para algunos de los sacerdotes apóstatas, resultaba una calamidad que la gente dejase de pecar; porque en este caso las ofrendas por el pecado cesarían. A esto se refiere el autor de la epístola a los Hebreos cuando dice: "Porque la ley, teniendo la sombra de los bienes venideros, no la imagen misma de las cosas, nunca puede, por los mismos sacrificios que ofrecen continuamente cada año, hacer perfectos a los que se allegan. De otra manera cesarían de ofrecerse; porque los que tributan este culto, limpios de una vez, no tendrían más conciencia de pecado" (Hebreos 10:1, 2).

El Antiguo Testamento puede comprenderse mejor cuando uno entiende la lucha entre los sacerdotes y los profetas. Era una lucha trágica, que terminaba, en muchos casos, con la victoria de los sacerdotes. El profeta es el portavoz de Dios. El pueblo puede extraviarse y los sacerdotes también. Pero Dios no queda sin testigo. En tales circunstancias Dios envía un profeta a su pueblo para hacerlo volver al camino recto.

Es fácil imaginarse que los profetas no eran muy populares entre los sacerdotes. Mientras los sacerdotes servían en el templo día tras día, invitando a la gente a traer sus sacrificios, los profetas recibían de Dios la orden de situarse cerca de la puerta del templo y amonestar a la gente a no llevar más ofrendas. Esto está escrito acerca de Jeremías: "Palabra que fue de Jehová a Jeremías, diciendo: Ponte a la puerta de la casa de Jehová, y predica allí esta palabra, y di: Oíd palabra de Jehová, todo Judá, los que entráis por estas puertas para adorar a Jehová. Así ha dicho Jehová de los ejércitos, Dios de Israel: Mejorad vuestros caminos y vuestras obras, y os haré morar en este lugar. No fiéis en palabras de mentira, diciendo: Templo de Jehová, templo de Jehová, templo de Jehová es éste" (Jeremías 7:1-4).

Después de esto, sigue otra amonestación de parte de los profetas para que la gente enmiende sus caminos y no confíe en palabras mentirosas. "¿Hurtando, matando, y adulterando, y jurando falso—dice el Señor mediante el profeta—, vendréis y os pondréis delante de mí en esta casa sobre la cual es invocado mi nombre, y diréis: Librados somos: para hacer todas estas abominaciones?" (versículos 9-11). Luego añade significativamente: "Porque no hablé yo con vuestros padres, ni les mandé el día que los saqué de la tierra de Egipto, acerca de holocaustos y de víctimas: Mas esto les mandé, diciendo: Escuchad mi voz, y seré a vosotros por Dios, y vosotros me seréis por pueblo; y andad en todo camino que os mandare, para que os vaya bien" (versículos 22, 25).

Oigamos lo que Isaías tiene que decir: "¿Para qué a mí, dice Jehová, la multitud de vuestros sacrificios? Harto estoy de holocaustos de carneros, y de sebo de animales gruesos: no quiero sangre de bueyes, ni de ovejas, ni de machos cabríos. ¿Quién demandó esto de vuestras manos, cuando vinieseis a presentaros delante de mí, para hollar mis atrios? No me traigáis más vano presente: el perfume me es abominación: luna nueva y sábado, el convocar asambleas, no las puedo sufrir: son iniquidad vuestras solemnidades. Vuestras lunas nuevas y vuestras solemnidades tiene aborrecidas' mi alma: me son gravosas; cansado estoy de llevarlas. Cuando extendiereis vuestras manos, yo esconderé de vosotros mis ojos: asimismo cuando multiplicareis la oración, yo no oiré: llenas están de sangre vuestras manos. Lavad, limpiaos; quitad la iniquidad de vuestras obras de ante mis ojos; dejad de hacer lo malo: Aprended a hacer bien; buscad juicio, restituid al agraviado, oíd en derecho al huérfano, amparad a la viuda" (Isaías 1:11-17).

Notemos las enérgicas expresiones: "Harto estoy de holocaustos de carneros"; "no quiero sangre de bueyes"; "¿quién demandó esto de vuestras manos?" "no me traigáis más vano presente"; "el perfume me es abominación"; "vuestras solemnidades tiene aborrecidas mi alma"; "cansado estoy de llevarlas"; "yo no oiré: llenas están de sangre vuestras manos".

Amós dice: "Aborrecí, abominé vuestras solemnidades... Y si me ofreciereis holocaustos y vuestros presentes, no los recibiré; ni miraré a los pacíficos de vuestros engordados" (Amós 5:21, 22).

Miqueas, en el mismo tenor, pregunta: "¿Con qué prevendré a Jehová, y adoraré al alto Dios? ¿Vendré ante él con holocaustos, con becerros de un año? ¿Agradaráse Jehová de millares de carneros, o de diez mil arroyos de aceite? ¿Daré mi primogénito por mi rebelión, el fruto de mi vientre por el pecado de mi alma?" (Miqueas 6:6, 7). Y contesta su pregunta de esta manera: "Oh hombre, él te ha declarado qué sea lo bueno, y qué pida de ti Jehová: solamente hacer juicio, y amar misericordia, y humillarte para andar con tu Dios" (versículo 8).

El último profeta del Antiguo Testamento dice: "Ahora pues, oh sacerdotes, a vosotros es este mandamiento". "Vosotros os habéis apartado del camino; habéis hecho tropezar a muchos en la ley; habéis corrompido el pacto de Leví, dice Jehová de los ejércitos. Por tanto, yo también os torné viles y bajos a todo el pueblo, según que vosotros no habéis guardado mis caminos, y en la ley tenéis acepción de personas" (Malaquías 2:1, 8, 9).

David tenía la visión correcta cuando dijo: "Porque no quieres tú sacrificio, que yo daría; no quieres holocausto.

Los sacrificios de Dios son el espíritu quebrantado: Al corazón contrito y humillado no despreciarás tú, oh Dios" (Salmo 51:16, 17).

Difícilmente podría haber empleado Dios palabras más enérgicas que éstas dedicadas a reprender tanto a los sacerdotes como al pueblo, pero su actitud estaba ampliamente justificada. Los sacerdotes habían corrompido el pacto. Habían enseñado a la gente a pecar, y le habían hecho creer que una ofrenda o un sacrificio podían pagar por el pecado. Merecían la represión que el Señor había enviado por sus profetas. Los resultados eran lo que podía esperarse en tales circunstancias. Entre muchos de los sacerdotes surgió un amargo odio contra los profetas. Aborrecían a los hombres que habían sido enviados para reprenderlos. Gran parte de la persecución de los profetas en el Antiguo Testamento fue ejecutada o instigada por los sacerdotes. Los perseguían, los torturaban y los mataban. No era solamente el pueblo, sino más bien los sacerdotes quienes se oponían a los profetas y los perseguían.

Fueron los sacerdotes, los escribas y los fariseos quienes se opusieron constantemente a Cristo. Para ellos, tuvo Cristo su más severa represión: "¡Ay de vosotros, escribas y fariseos, hipócritas! porque edificáis los sepulcros de los profetas, y adornáis los monumentos de los justos, y decís: Si fuéramos en los días de nuestros padres, no hubiéramos sido sus compañeros en la sangre de los profetas. Así que, testimonio dais a vosotros mismos, que sois hijos de aquellos que mataron a los profetas. ¡Vosotros también henchid la medida de vuestros padres! ¡Serpientes, generación de víboras! ¿Cómo evitaréis el juicio del infierno? Por tanto, he aquí, yo envío a vosotros profetas, y sabios, y escribas: y de ellos, a unos mataréis y crucificaréis, y a otros de ellos azotaréis en vuestras sinagogas, y perseguiréis de ciudad en ciudad: Para que venga sobre vosotros toda la sangre justa que se ha derramado sobre la tierra, desde la sangre de Abel el justo, hasta la sangre de Zacarías, hijo de Barachías, al cual matasteis entre el templo y el altar. De cierto os digo que todo esto vendrá sobre esta generación" (Mateo 23:29-36).

Cristo era un profeta. Como tal dejó oír el mensaje profético: "El obedecer es mejor que los sacrificios". "Vete, y no peques más", fue la forma en que él lo expresó (Juan 8:11). Anuló el sistema de sacrificios ofreciéndose a sí mismo en el Calvario. Cristo no ofreció personalmente sacrificio alguno. El no pecó; y enseñando a los hombres a no pecar, hería el mismo corazón de esta perversión sacerdotal. Aunque Cristo procuraba no ofender innecesariamente, y aunque mandó a los leprosos a los sacerdotes para que atestiguasen su curación (Lucas 17:14), no podía escapar a la atención de los sacerdotes el hecho de que Cristo no se veía en el templo con la ofrenda acostumbrada. Les parecía que su mensaje constituía una represión por sus prácticas, y se alegraron cuando hallaron una acusación contra él en las palabras que se le atribuyeron acerca del templo (Mateo 26:61). Los sacerdotes aborrecían a Cristo, y cuando llegó el momento, engrosó la larga fila de nobles héroes de entre los profetas, entregando su vida. Los sacerdotes rechazaron el mensaje profético. Fueron ellos los que en realidad provocaron la crucifixión de Cristo. Con ello, llenaron la medida de su iniquidad. Creían en los sacrificios por los pecados, y que por esa provisión se podía obtener el perdón. Muchos de los sacerdotes no comprendían el mayor mensaje de la victoria sobre el pecado, el mensaje profético, o por lo menos no lo enseñaban.

No debe pensarse, sin embargo, que todos los sacerdotes eran perversos. Entre ellos había muchos hombres fieles. Algunos de los sacerdotes, eran en verdad profetas, como Ezequiel. El propósito de Dios era que todo sacerdote tuviese el espíritu profético y dejase oír el mensaje profético. De acuerdo con el plan de Dios, no basta intentar remediar los asuntos después que un mal ha sido cometido. Es mucho mejor evitar el mal que intentar curarlo. Por admirable que resulte ser levantado del pecado y la degradación, es aún más admirable ser guardado de caer. "Vete, y no peques más", es el verdadero mensaje profético. Mejor es el obedecer que los sacrificios. Cada verdadero siervo de Dios debe hacer repercutir este mensaje si quiere cumplir el consejo de Dios. Dios ha necesitado siempre los profetas. Son sus mensajeros para corregir el mal. Cuando entre el pueblo de Cristo aparecen tendencias que producirían eventualmente desastres, Dios envía sus profetas para corregir estas tendencias y amonestar al pueblo.

No debe perderse la lección para este tiempo. La obra del profeta no se habrá terminado en la tierra hasta que haya terminado la obra del Señor. Dios quiere que sus ministros hagan oír el mensaje profético. Cuando penetran abusos, debe hacerse oír la voz que invite al pueblo a volver a los caminos correctos del Señor. Y detrás de cada mensaje tal debe repercutir la clarinada que invite a abstenerse de pecar, a la santificación, a la santidad. Los profetas decían: "El obedecer es mejor que los sacrificios". Cristo dijo: "Vete, y no peques más". Cada predicador debe ejemplificar esa doctrina en su vida y enseñarla con sus labios. En la medida en que deja de hacerlo, no cumple con su alto privilegio. De todos los tiempos, ahora es el momento de hacer resonar el mensaje profético hasta los últimos confines de la tierra. Esta fue la orden de Cristo cuando dio la gran comisión de doctrinar a todos los gentiles y bautizarlos, "enseñándoles que guarden todas las cosas que os he mandado" (Mateo 28:20). Esta orden, de observar todas las cosas, corre parejas con el mensaje profético, a saber, que el obedecer es mejor que los sacrificios. Cuando esta obra haya terminado, vendrá el fin.

Capítulo 5—La Consagración De Aarón Y Sus Hijos

Las ropas de los sacerdotes tenían un significado simbólico, como lo tenían en verdad las más de las cosas del santuario. Esto so aplicaba especialmente al sumo sacerdote, que personificaba al pueblo y lo representaba. Acerca de sus ropas, está escrito: "Los vestidos que harán son éstos: el racional, y el efod, y el manto, y la túnica labrada, la mitra, y el cinturón. Harán pues, los sagrados vestidos a Aarón tu hermano, y a sus hijos, para que sean mis sacerdotes" (Éxodo 28:4). Además de estas cosas se mencionan en Levítico 16:4 los pañetes de lino, y en Éxodo 29:6 y 28:36-38 la diadema santa.

El racional que se menciona en primer lugar era una prenda cuadrada que colgaba sobre el pecho por medio de cadenitas. En este pectoral había cuatro hileras de tres piedras preciosas cada una, en las cuales iban grabados los nombres de las tribus de los hijos de Israel, un nombre en cada piedra (Éxodo 28:21). Esta prenda es llamada el "racional del juicio" y Aarón había de llevarla "sobre su corazón, cuando entrare en el santuario" (versículo 29).

Se dice también que sobre el pectoral estaban el Urim y el Tumim, aquellas dos piedras misteriosas que denotaban el agrado o desagrado de Jehová cuando se lo consultaba en tiempo de necesidad (Levítico 8:8; Éxodo 28:30; 1 Samuel 28:6). Por el hecho de que se nos dice que estaban en el racional (pectoral), algunos han supuesto que era un bolsillo puesto allí con ese fin. Parece, sin embargo, preferible creer que se colocaban en forma prominente sobre el pectoral como las demás piedras, una a la izquierda y la otra a la derecha, bien a la vista.

El efod era una prenda corta hecha "de oro y cárdeno, y púrpura, y carmesí, y lino torcido de obra de bordador" (Éxodo 28:6). No tenía mangas, y colgaba sobre el pecho y la espalda. En las hombreras había dos piedras de ónix en que estaban grabados los nombres de las tribus de Israel, seis nombres en cada piedra. "Y pondrás aquellas dos piedras sobre los hombros del efod, para piedras de memoria a los lujos de Israel; y Aarón llevará los nombres de ellos delante de .Jehová en sus dos hombros por memoria" (Éxodo 28:12).

Debajo del efod había una larga túnica hecha de lino azul, sin mangas ni costura. En derredor del manto, en el borde, había granadas azules, púrpura y escarlata y "campanillas de oro alrededor... Y estará sobre Aarón cuando ministrare; y oiráse su sonido cuando él entrare en el santuario delante de Jehová y cuando saliere, porque no muera" (versículos 33-35). Debajo del manto del efod llevaba el sacerdote la túnica común blanca de los sacerdotes y los pañetes de lino.

El cinto del sumo sacerdote era hecho de oro, azul, púrpura y escarlata, igual que el efod; el de los sacerdotes era de lino blanco bordado en azul, púrpura y rojo. Se colocaba en derredor del manto del efod, en posición más bien alta, y servía para mantener junta la prenda (Éxodo

39:5; 29:5).

Los sacerdotes llevaban la túnica de lino blanco, los pañetes, el cinto y la mitra. El sumo sacerdote, además, llevaba el manto del efod, el racional (pectoral) y la diadema (tiara) sobre la mitra, además de llevar, por supuesto, las piedras preciosas en que iban grabados los nombres de Israel, y el Urim y el Tumim.

Las ropas de Aarón eran "para honra y hermosura" (Éxodo 28:2). Las ropas comunes de sacerdote que llevaba debajo de sus ropas de sumo sacerdote, simbolizaban la pureza interior, y servían también para su comodidad. Las ropas estrictamente sumo pontificias eran para gloria y hermosura, y eran en un sentido especial simbólicas.

Las ropas que Aarón llevaba no eran de su propia elección. Le eran prescritas. Eran "vestidos sagrados", hechos por "sabios de corazón, a quienes yo he henchido de espíritu de sabiduría, a fin que hagan los vestidos de Aarón, para consagrarle a que me sirva de sacerdote" (Éxodo 28:3).

Armonizaban en color y material con el tabernáculo mismo, e iban adornados con piedras preciosas. "Harán el efod de oro." "El artificio de su cinto que está sobre él, será de su misma obra, de lo mismo." "Harás asimismo el racional del juicio... de oro". "Harás el manto del efod todo de Jacinto... y... campanillas de oro" (Éxodo 28:6, 8, 15, 31, 33). Aunque estas prendas eran hechas de material distinto, el oro asumía una parte importante. Si a las prendas se añadía la diadema de oro que iba sobre la mitra, en la cual iba escrito: "Santidad a Jehová", las doce piedras preciosas con los nombres de las tribus de Israel grabados en ellas, y las dos piedras de ónix que llevaban también los nombres de Israel, y finalmente el Urim y el Tumim, el efecto completo debía haber sido de gloria, y hermosura. Mientras el sumo sacerdote se movía lenta y dignamente de lugar a lugar, la luz del sol se reflejaba sobre las piedras preciosas, las campanillas emitían un sonido musical, y la gente quedaba profundamente impresionada con la solemnidad y la hermosura del culto de Dios.

En su posición oficial, el sumo sacerdote no era simplemente un hombre. Era una institución; era un símbolo; no solamente representaba a Israel, era la personificación de Israel. Llevaba los nombres de Israel en las dos piedras de ónix "en sus dos hombros por memoria"; los llevaba en las dos piedras preciosas "en el racional del juicio sobre su corazón"; llevaba "el juicio de los hijos de Israel sobre su corazón delante de Jehová" (Éxodo 28:12, 29, 30). Llevaba así a Israel tanto sobre sus hombros como sobre su corazón. En sus hombros, llevaba la carga de Israel; en el pectoral, que significaba la sede del afecto y del amor—el propiciatorio—, llevaba a Israel. En el Urim y el Tumim, "es decir, Luces y Perfecciones" (Éxodo 28:30, V. M., margen), llevaba "el juicio de los hijos de Israel sobre su corazón"; en la diadema (tiara) de oro que iba sobre la mitra que tenía la inscripción "Santidad a Jehová", llevaba "el pecado de las cosas santas, que los hijos de Israel hubieren consagrado en todas sus santas ofrendas", y todo esto "para que hayan gracia delante de Jehová" (versículos 36-38).

"El sumo sacerdote había de actuar por los hombres en las cosas pertenecientes a Dios, 'para expiar los pecados del pueblo' (Hebreos 2:17). Era el mediador que ministraba por los culpables. 'El sumo sacerdote representaba a todo el pueblo. So consideraba que todos los israelitas estaban en él. La prerrogativa que él sostenía pertenecía a todos ellos (Éxodo 19:6)... (Vitringa)'. Que el sumo sacerdote representaba a toda la congregación se desprende, primero, del hecho de que llevaba los nombres de las tribus en las piedras de ónix en sus hombros, y en segundo lugar, en los nombres de las tribus grabados en las doce piedras preciosas del pectoral. La explicación divina de esta doble representación de Israel en el traje del sumo sacerdote es que 'llevará los nombres de ellos delante de Jehová en sus dos hombros por memoria' (Éxodo 28:12, 29). Además, si cometía un pecado abominable, arrastraba a todo el pueblo en su curso: 'Si el sacerdote ungido pecare según el pecado del pueblo' (Levítico 4:3). Los Setenta dicen: 'Si el sacerdote ungido pecase e hiciese pecar al pueblo'. El sacerdote ungido era por supuesto el sumo sacerdote. Cuando él pecaba, el pueblo pecaba. Su acción oficial era tenida por acción del pueblo. Toda la nación compartía la transgresión de su representante. Y lo opuesto parece haber sido también cierto. Lo que él hacía en su carácter oficial, según lo prescrito por el Señor, se consideraba que lo hacía toda la congregación: 'Todo pontífice... es constituido a favor de los hombres' (Hebreos 5:1)". —The International Standard Bible Encyclopedia, pág. 2439.

El carácter representativo del sumo sacerdote debe recalcarse. Adán era el hombre representativo. Cuando él pecó, el mundo pecó, y la muerte pasó a todos los hombres (Romanos 5:12). "Por un delito reinó la muerte"; "por la desobediencia de un hombre los muchos fueron constituidos pecadores" (versículos 17, 19).

Igualmente, siendo Cristo el segundo y postrer Adán, era hombre representativo. "Está escrito: Fue hecho el primer hombre Adán en ánima viviente; el postrer Adán en espíritu vivificante". "El primer hombre, es de la tierra, terreno: el segundo hombre, que es el Señor, es del cielo" (1 Corintios 15:45, 47). "De la manera que por un delito vino la culpa a todos los hombres para condenación, así por una justicia vino la gracia a todos los hombres para justificación de vida" (Romanos 5:18). "Porque como por la desobediencia de un hombre los muchos fueron constituidos pecadores, así por la obediencia de uno los muchos serán constituidos justos" (versículo 19). "Porque así como en Adán lodos mueren, así también en Cristo todos serán vivificados" (1 Corintios 15:22).

Siendo el sumo sacerdote en un sentido especial una figura de Cristo, era también el hombre representativo. Estaba en lugar de todo Israel. Llevaba sus cargas y pecados. Llevaba la iniquidad de todas las cosas santas. Llevaba su juicio. Cuando él pecaba, Israel pecaba. Cuando hacía expiación por sí, Israel era aceptado.

La consagración de Aarón y sus hijos al sacerdocio era una ocasión solemnísima. El primer acto consistía en un lavamiento. "Harás llegar a Aarón y a sus hijos a la puerta del tabernáculo del testimonio, y los lavarás con agua" (Éxodo 29:4). Los sacerdotes no se lavaban a sí mismos. Siendo esto un acto simbólico, un símbolo de la regeneración, no podían lavarse a sí mismos (Tito 3:5).

Una vez lavado, Aarón era entonces revestido de sus ropas de hermosura y gloria. "Tomarás las vestiduras, y vestirás a Aarón la túnica y el manto del efod, y el efod, y el racional, y le ceñirás con el cinto del efod; y pondrás la mitra sobre su cabeza, y sobre la mitra pondrás la diadema santa" (Éxodo 29:5, 6). Nótese de nuevo que Aarón no se ponía las ropas. Otros se las ponían a él. Como eran simbólicas del manto de justicia, no podía vestirse a sí mismo. "Tus sacerdotes se vistan de justicia, y regocíjense tus santos" (Salmo 132:9). "En gran manera me gozaré en Jehová, mi alma se alegrará en mi Dios; porque me vistió de vestidos de salud, rodeóme de manto de justicia, como a novio me atavió, y como a novia compuesta de sus joyas" (Isaías 61:10).

Aarón está ahora completamente vestido. Tiene puestos una túnica blanca, el largo manto azul con las campanillas y las granadas, el efod con las dos hermosas piedras de ónix en las cuales van grabados los nombres de los hijos de Israel, el pectoral con las doce piedras y el Urim y el Tumim, la mitra y la tiara de oro con la inscripción "Santidad a Jehová". Está lavado, está limpio, está vestido; pero no está todavía listo para oficiar. Falla el ungimiento. El aceite u óleo sagrado es derramado sobre su cabeza por Moisés. "Tomarás el aceite de la unción, y derramarás sobre su cabeza, y le ungirás" (Éxodo 29:7). No sólo es ungido Aarón, sino también el tabernáculo. "Y tomó Moisés el aceite de la unción, y ungió el tabernáculo, y todas las cosas que estaban en él, y santificólas. Y roció de él sobre el altar siete veces, y ungió el altar y todos sus vasos, y la fuente y su basa, para santificarlos" (Levítico 8:10, 11). Este ungimiento incluía todos los muebles y enseres del lugar santo como también del santísimo (Éxodo 30:26-29). Es de notar que mientras que el tabernáculo y lo que había en él era asperjado con aceite, sobre Aarón el aceite era derramado (Levítico 8:10-12; Éxodo 29:7).

El ungimiento con aceite es símbolo del otorgamiento del Espíritu de Dios (1 Samuel 10:1, 6; 16:13; Isaías 61:1; Lucas 4:18; Hechos 10:38). La profusión de aceite usado en el caso de Aarón —pues "desciende sobre la barba, la barba de Aarón, y que baja hasta el borde de sus vestiduras"— simboliza la plenitud del Espíritu que Dios concede a su iglesia.

Hasta aquí, todas las ceremonias —excepto el lavamiento— han tenido por objeto único a Aarón. Pero ahora, los cuatro hijos tienen en lo que sigue una parte igual con el padre.

Una ofrenda por el pecado, un becerro, ha sido provista, y Aarón y sus hijos colocan sus manos sobre ella y luego se le da muerte. La sangre es llevada por Moisés, quien la pone "sobre los cuernos del altar alrededor, y purificó el altar; y echó la demás sangre al pie del altar, y santificólo para reconciliar sobre él" (Levítico 8:15). Aquí se ha de notar que la sangre del becerro no es llevada al santuario como en el caso en que pecase el sacerdote ungido, el sumo sacerdote (Levítico 4:6). Posiblemente la razón es que esta ofrenda particular por el pecado no era por Aarón solo, sino también por sus hijos, y también que parece aplicarse especialmente al altar para su purificación y santificación a fin de que se pudiese hacer reconciliación en él (Levítico 8:15). En verdad algunos sostienen que no era para Aarón, sino tan sólo para el altar.

Después de hacerse la ofrenda por el pecado, se proveía un holocausto. Este se ofrecía de la manera regular, siendo todo quemado en el altar, desde el cual subía ante Jehová como suave olor (versículos 18-21).

Hasta aquí el trabajo ha sido preparatorio. El servicio de consagración propiamente dicho empieza trayendo "el carnero de las consagraciones," o literalmente, "el carnero del cumplimiento", y matándolo, después de que se han puesto las manos sobre él. La sangre es llevada por Moisés, quien la pone "sobre la ternilla de la oreja, derecha de Aarón, y sobre el dedo pulgar de su mano derecha, y sobre el dedo pulgar de su pie derecho" (versículo 22, 21). Lo mismo se hace con los hijos, y se rocía también el altar. "Hizo llegar luego los hijos de Aarón, y puso Moisés de la sangre sobre la ternilla de sus orejas derechas, y sobre los pulgares de sus manos derechas, y sobre los pulgares de sus pies derechos: y roció Moisés la sangre sobre el altar en derredor" (versículo 24.)

Después de esto venía el "henchimiento". El pan ázimo, una torta de pan con aceite, y una oblea, juntamente con la grasa del carnero y su espaldilla derecha, son puestos en las manos de Aarón y sobre las manos de sus hijos, para que los agiten como ofrenda delante de Jehová. Después que ha sido agitada por Aarón y sus hijos, Moisés la toma de sus manos y la quema sobre el altar. El pecho queda reservado para Moisés como parte suya.

Después de esto, Moisés tomó el aceite y la sangre y "roció sobre Aarón, y sobre sus vestiduras, sobre sus hijos, y sobre las vestiduras de sus hijos con él; y santificó a Aarón, y sus vestiduras, y a sus hijos, y las vestiduras de sus hijos con él" (versículo 30).

Con esta ceremonia terminaba la consagración especial de Aarón y sus hijos. Estaban ahora habilitados para oficiar en el santuario, aunque debían esperar todavía siete días durante los cuales no podían abandonar el santuario, sino que debían estar "a la puerta... del tabernáculo del testimonio... día y noche por siete días, y guardaréis la ordenanza delante de Jehová, pura que no muráis; porque así me ha sido mandado" (versículo 35).

Hasta ahí, Moisés había oficiado en todas las ofrendas hechas. Al fin de los siete días, Aarón empieza su ministerio. Ofrece una ofrenda por el pecado por sí, un becerro tierno, y un carnero para el holocausto (Levítico 9:2). También ofrece una ofrenda por el pecado, un holocausto, una oblación u ofrenda de alimentos, y una ofrenda pacífica por el pueblo (versículo 3, 4.) Al concluir las ofrendas, Aarón alza sus manos y bendice al pueblo. Moisés se une a él en esto, y la gloria de Jehová aparece. Moisés ha hecho su obra, y no necesita ya oficiar como sacerdote.

Todo el servicio de consagración tendía a hacer sentir a Aarón y a sus hijos el carácter sagrado de su vocación. Debe haber sido algo nuevo para Aarón ser lavado por Moisés. Difícilmente podría escapar a la lección que Dios se proponía darle. Mientras los dos hermanos se dirigen a la fuente, es fácil imaginar que hablan de la obra que va a realizarse. Moisés informa a su hermano que lo va a lavar. Aarón se pregunta por qué no lo puede hacer él mismo. Hablan del asunto. Moisés informa a Aarón de que Dios ha dado instrucciones específicas acerca de lo que ha de hacerse. "Esto es lo que Jehová ha mandado hacer" (Levítico 8:5). Por su conversación con Dios, Moisés tiene una mejor comprensión que Aarón de los requerimientos de Dios.

Comprende que éste no es un baño común. Si lo fuese, probablemente Aarón podría realizarlo mejor. Es una limpieza espiritual. No puede limpiarse del pecado. Alguien debe hacerlo por él; de ahí, el lavamiento o baño simbólico.

Después del lavamiento, Aarón no puede vestirse. Moisés lo viste. Aarón se siente completamente impotente. ¿Se ha de hacer todo por mí? pregunta. ¿No se me permite hacer nada por mi cuenta? No, no debe ni siquiera ponerse la mitra. Todo tiene que hacérsele.

¡Qué lección maravillosa nos enseña este relato! Dios lo hace todo. Todo lo que el hombre tiene que hacer es someterse. Dios lo limpia; Dios lo viste. Provee el manto de justicia, las ropas de honra y hermosura. Todo lo que Dios pide es que no rechacemos la ropa que él provee, como hizo el hombre de la parábola.

En el servicio de consagración, Moisés tocó la oreja de Aarón con la sangre, significando por ello que había de escuchar los mandamientos de Dios y cernir sus oídos al pecado. "El obedecer es mejor que los sacrificios; y el prestar atención que el sebo de los carneros" (1 Samuel 15:22). Cristo fue obediente hasta la muerte (Filipenses 2:8). Nuestros oídos han de ser consagrados al servicio de Dios.

Moisés tocó también el pulgar de su mano derecha, para significar que Aarón debía obrar justicia. Como el oído tiene que ver con la mente, la mano tiene que ver con las actividades corporales. Representa las fuerzas de la vida, el acto externo, la acción de la justicia. Acerca de Cristo está escrito: "Heme aquí... para que haga, oh Dios, tu voluntad" (Hebreos 10:7). Cristo vino para hacer la voluntad de Dios. "Mi comida es —dijo él— que haga la voluntad del que me envió, y que acabe su obra" (Juan 66 4:34). El tocar la mano con la sangre significa consagrar la vida y el servicio a Dios: una consagración completa.

El tocar el dedo pulgar del pie con la sangre tiene un significado similar. Significa andar en el buen camino, hacer las diligencias de Dios, ponerse de parte de la verdad y la integridad. Significa pisar la senda de la obediencia, tener los pasos ordenados por el Señor. Cada facultad del ser ha de ser dedicada a Dios y consagrada a su servicio.

No se ha de entrar livianamente en el ministerio de Dios. Es una temible responsabilidad actuar como mediador entre Dios y los hombres. La persona que lo desempeña debe llevar al pueblo en sus hombros, debe llevarlo en su corazón; debe tener la santidad en su frente, y sus mismas ropas deben ser santificadas. Debe ser limpia, debe ser ungida del Espíritu Santo, debe haber experimentado la aplicación de sangre en su oído, en su mano y en su pie. La melodía de una vida dedicada debe acompañar cada uno de sus pasos; sus progresos deben ir señalados por la felicidad fructífera; aun desde lejos debe ser evidente la dulce armonía de una vida bien ordenada. Debe discernir prestamente la voluntad de Dios en el brillo fugaz de la aprobación de Dios o en la sombra de su desaprobación; el oro del valor y la obediencia debe ir entretejido en la misma estructura de su carácter; debe reflejar en su rostro, su traje y el corazón la pureza, la paz y el amor de Dios. Debe someterse a la voluntad de Dios y estar dispuesto a que se cumpla en él; debe olvidarse del yo y pensar en los demás; no debe rehuir una carga pesada. Debe tener presente de continuo el hecho de que el bienestar y la felicidad ajenos dependen do él, que no vive para sí ni por sí mismo, sino que cada uno de sus actos tiene gran significado debido a su carácter público y oficial.

Mientras el verdadero ministro contempla la responsabilidad que recae sobre él y las consecuencias que han de resultar si no la cumple, bien puede exclamar: ¿Quién es suficiente para estas cosas?

Capítulo 6—Los Holocaustos

Olah es el término hebreo que se emplea comúnmente para designar el holocausto. Significa "lo que asciende". Otra palabra usada a veces es kallil, que significa "todo". En la mayor parte de nuestras versiones se usa la palabra "holocausto", que significa completamente quemado.

Estas palabras describen el holocausto, quo había de quemarse completamente en el altar, y del cual ninguna parte había de ser comida. De las otras ofrendas, se quemaba solamente una parte en el altar de los holocaustos; el resto era comido o despachado de alguna otra manera. Pero en el caso del holocausto, todo el animal era consumido por las llamas. "Ascendía" a Dios en fragante olor. Agradaba a Dios. Significaba la consagración completa. No se retenía nada. Todo era dado a Dios (Levítico 1:9, 13, 17).

El sacrificio de la mañana y de la tarde era llamado "ofrenda continua". No era consumido en un momento, sino que había de quemar "toda la noche hasta la mañana, y el fuego del altar arderá en él" (Levítico 6:9; Éxodo 29:42). Durante el día, los holocaustos individuales se añadían al sacrificio regular de la mañana, de manera que había siempre un holocausto sobre el altar. "El fuego ha de arder continuamente en el altar; no se apagará" (Levítico 6:13).

Los holocaustos individuales eran voluntarios. La mayor parte de las otras ofrendas eran ordenadas. Cuando, por ejemplo, un hombre había pecado, debía traer una ofrenda por el pecado. Tenía poco que decidir en cuanto a lo que había de llevar. Casi todo estaba prescrito. No sucedía así con los holocaustos. Eran ofrendas voluntarias, y el ofrendante podía llevar un becerro, una oveja, un cordero o palomas, según lo considerase mejor (Levítico 1:3, 10, 14). En este respecto, diferían de la mayor parte de los otros sacrificios. Los holocaustos eran tal vez las más importantes y características de todas las ofrendas. Contenían en sí mismas las cualidades y los elementos esenciales de los demás sacrificios. Aunque eran ofrendas voluntarias y dedicatorias, y como tales no estaban directamente asociadas con el pecado, se realizaba, sin embargo, la expiación por su medio (Levítico 1:4). Job ofrecía holocaustos en favor de sus hijos porque "quizá habrán pecado mis hijos, y habrán blasfemado a Dios en sus corazones" (Job 1:5). Se presentan en forma destacada como hechos "en el monte de Sinaí en olor de suavidad, ofrenda encendida a Jehová" (Números 28:6). Eran "continuos", habían de estar siempre sobro el altar (Levítico 6:9). Dieciséis veces en los capítulos 28 y 29 de Números recalca Dios que ninguna otra ofrenda había de reemplazar a los holocaustos continuos. Cada vez que se menciona otro sacrificio, se declara que es "además del holocausto continuo". Eso parecería indicar su importancia.

Según se ha dicho, el holocausto era un sacrificio voluntario. El ofrendante podía llevar cualquier animal limpio que se usaba generalmente para el sacrificio. Se requería, sin embargo, que el animal fuese macho sin defecto. La persona había de ofrecer "de su voluntad... a la puerta del tabernáculo del testimonio delante de Jehová" (Levítico 1:3). Cuando había elegido el animal, lo llevaba al atrio para que fuese aceptado. El sacerdote lo examinaba para ver si cumplía con los reglamentos de los sacrificios. Después que lo había examinado y aceptado, el ofrendante ponía su mano sobre la cabeza del animal. Luego mataba el animal, lo desollaba y cortaba en pedazos (versículos 4-6). Una vez muerto el animal, el sacerdote tomaba la sangre, y la rociaba en derredor del altar. (Vers. 5, 11.) Después que el animal había sido cortado en pedazos, las entrañas y las piernas eran lavadas en agua, a fin de sacar toda la inmundicia. Después de esto, el sacerdote tomaba los trozos y los ponía en su debido orden sobre el altar de los holocaustos, para que fuesen consumidos allí por el fuego (versículo 9). El sacrificio así colocado sobre el altar incluía todas las partes del animal, tanto la cabeza, las patas como el cuerpo mismo, pero no incluía la piel. Esta se daba al sacerdote oficiante (Levítico 1:8; 7:8).

En el caso en que se ofreciesen palomas, el sacerdote las mataba torciéndoles la cabeza, y asperjaba la sangre en el costado del altar. Después de eso, se ponía el cuerpo del ave sobre el altar y era consumido allí como el holocausto común, después de haberle sacado primero las plumas y el buche (Levítico 1:15, 16).

Se ofrecían holocaustos en muchas ocasiones, como la purificación de los leprosos (Levítico 14:19, 20), la purificación de las mujeres después del parto (Levítico 12:6-8), y también por la contaminación ceremonial (Levítico 15:15, 30). En estos casos se ofrecía una ofrenda por el pecado al mismo tiempo que el holocausto. El primero expiaba el pecado, el segundo demostraba la actitud del ofrendante hacia Dios y su consagración completa.

El holocausto se destacaba en la consagración de Aarón y sus hijos (Éxodo 29:15-25; Levítico 8:18), como también en su introducción en el ministerio (Levítico 9:12-14). También se ofrecía en relación con el voto de los nazarenos. En todos estos casos representaba una completa consagración del individuo a Dios. El ofrendante se colocaba simbólicamente sobre el altar, y su vida era completamente dedicada a Dios.

No es difícil ver la relación que hay entre estas ceremonias y la declaración hecha en Romanos 12:1: "Así que, hermanos, os ruego por las misericordias de Dios, que presentéis vuestros cuerpos en sacrificio vivo, santo, agradable a Dios, que es vuestro racional culto". Hemos de estar completamente dedicados a Dios. Hemos de ser perfectos. Únicamente cuando toda inmundicia era quitada del holocausto era éste aceptable para Dios y se permitía que llegase al altar, una "ofrenda encendida de suave olor a Jehová". Así es con nosotros. Todo pecado, toda inmundicia de la carne y el espíritu, deben ser eliminados antes que podamos ser aceptables para Dios (2 Corintios 7:1).

Como ofrenda completamente consumida en el altar, el holocausto representa en un sentido especial a Cristo que se dio completamente al servicio de Dios. Al representar así a Cristo, constituye un ejemplo para el hombre, a fin de que pueda seguir en sus pisadas. Nos ENSEÑA la consagración completa. Se halla acertadamente colocado en primer lugar en la lista de ofrendas enumeradas en Levítico. Nos enseña en tono cortero que el hacer sacrificios de "suave olor" para Dios, debe consistir en una entrega completa. Todo debe ser puesto sobre el altar. Nada debe ser retenido.

En el holocausto se nos enseña que Dios no hace acepción de personas. El pobre que trae sus dos palomas es tan aceptable como el rico que trae un becerro, o como Salomón, quien ofreció mil holocaustos (1 Reyes 3:4). Las dos blancas de la viuda son tan agradables para Dios como la abundancia de los ricos. Cada uno es aceptado de acuerdo con su capacidad.

Otra lección que se desprende del holocausto es la del orden. Dios quiere orden en su obra. Da indicaciones específicas acerca de esto. La leña había de ser colocada en orden "sobre el fuego", no simplemente amontonada. Los trozos del animal habían de ser colocados en orden "sobre la leña", y no simplemente arrojados sobre el fuego. (Levítico 1:7, 8, 12). El orden es la primera ley del cielo. "Dios no es Dios de confusión". Quiere que su pueblo haga "todas las cosas decorosamente y con orden" (1 Corintios 14:38, 40, V. M.).

Otra lección importante es la de la limpieza. Antes de que los trozos fuesen consumidos sobre el altar, "sus intestinos y sus piernas habían de ser lavados con agua" (Levítico 1:9). Esto parecería innecesario. Estos trozos habían de ser consumidos sobre el altar. Parecería una simple pérdida de tiempo lavarlos antes de quemarlos. Sin embargo, Dios no razona así. La orden es: Lávese cada trozo, y que nada impuro aparezca sobre el altar. Y así eran lavados todos los trozos y colocados cuidadosamente en orden sobre la leña, que también era puesta en orden sobre el altar.

En el servicio de los sacrificios, se empleaban tres elementos de purificación: el fuego, el agua y la sangre. El fuego, emblema del Espíritu Santo, es un agente purificador. Cuando Cristo viene "a su templo... es como fuego purificador... Y sentarse ha para afinar y limpiar la plata: porque limpiará los hijos de Leví, los afinará como a oro y como a plata; y ofrecerán a Jehová ofrenda con justicia" (Malaquías 3:1, 2, 3). Purificará a su pueblo por el "espíritu de ardimiento" (Isaías 4:4).

Se pregunta: "¿Quién de nosotros morará con el fuego consumidor? ¿Quién de nosotros habitará con las llamas eternas?" (Isaías 33:14). "Nuestro Dios es fuego consumidor" (Hebreos 12:29). El fuego es la presencia de Dios, que consume o purifica.

El fuego que había sobre el altar no era fuego común. Había provenido originalmente de Dios. "Salió fuego de delante de Jehová, y consumió el holocausto y los sebos sobre el altar; y viéndolo todo el pueblo, alabaron, y cayeron sobre sus rostros" (Levítico 9:24). Dios había aceptado su sacrificio. Era limpio, lavado y "en orden", dispuesto para el fuego; y el fuego "salió... de delante de Jehová". Se supone que a este fuego se lo mantenía ardiendo constantemente sin permitir que se apagase nunca; y que puesto que había venido de Dios, era llamado sagrado en oposición al fuego común, y sólo este fuego sagrado debía ser empleado en el servicio levítico.

El agua es emblema del bautismo y de la palabra, dos agentes purificadores. "Cristo amó a la iglesia, y se entregó a sí mismo por ella, para santificarla limpiándola en el lavacro del agua por la palabra" (Efesios 5:25, 26). "Por su misericordia nos salvó, por el lavacro de la regeneración, y de la renovación del Espíritu Santo; el cual derramó en nosotros abundantemente por Jesucristo nuestro Salvador" (Tito 3:5, 6). Se le ordenó a Pablo: "Bautízate, y lava tus pecados" (Hechos 22:16.) Cuando los trozos del animal ofrecidos como holocausto eran lavados antes de ser puestos sobre el altar, esto no sólo enseñaba orden y aseo al pueblo, sino también la lección espiritual de que antes que una cosa pueda colocarse sobre el altar, antes que pueda ser aceptada por Dios, debe ser limpia, lavada, pura y santa.

En el holocausto, como en todas las ofrendas, la sangre es el elemento vital e importante. Es lo que hace expiación por el alma. El pasaje clásico que trata de esto se halla en Levítico 17:11. "Porque la vida de la carne en la sangre está, la cual os he dado para hacer expiación en el altar por vuestras almas; porque la sangre, en virtud de ser la vida, es la que hace expiación" (Levítico 17:11, V. M.)

La vida de la carne está en la sangre. Es la sangre la que hace expiación "en virtud de ser la vida". Cuando la sangre era asperjada sobre el altar y el fuego descendía y consumía el sacrificio, eso indicaba que Dios lo aceptaba como substituto. "Será acepto en favor suyo, para hacer expiación por él" (Levítico 1:4, V. M.). Esta expiación era hecha "en virtud de ser la vida" que estaba en la sangre. Pero esta sangre, que representaba la vida, era eficaz únicamente después de la muerte de la víctima. Si Dios hubiese querido inculcar la idea de que era la sangre como tal la que era eficaz sin la muerte, lo habría declarado. Cierta cantidad de sangre habría sido substraída de un animal sin matarlo, como se administra hoy sangre por transfusiones. La sangre podría haberse obtenido así sin muerte.

Pero tal no era el plan de Dios. La sangre no se empleaba hasta que se hubiese producido la muerte. Era la sangre de un ser que había muerto. Se había producido una muerte, y la sangre no se usaba sino después de la muerte. Somos reconciliados por la muerte de Cristo y salvos por su vida (Romanos 5:10.) No fue hasta que Cristo hubo muerto cuando "salió sangre y agua" (Juan 19:34). Cristo "vino por agua y sangre: no por agua solamente, sino por agua y sangre" (1 Juan 5:6). No se puede recalcar demasiado el hecho de que es "interviniendo muerte" como recibimos "la promesa de la herencia eterna", y de que un testamento "con la muerte es confirmado", es decir "no es válido entre tanto que el testador vive", y que "necesario es que intervenga muerte del testador" (Hebreos 9:15-17). Por lo tanto, debemos desechar cualquier teoría de la expiación que hace del ejemplo de Cristo el único factor de nuestra salvación. El ejemplo tiene su lugar; es en verdad vital, pero la muerte de Cristo permanece siendo el hecho central de la expiación.

El holocausto, "ofrenda encendida", tenía "olor suave a Jehová", (Levítico 1:17). Agradaba a Jehová. Le era aceptable. Ya se han indicado algunas de las razones de eso. Ahora las pondremos de relieve.

Como el holocausto era en primer lugar y ante todo una figura de la ofrenda perfecta de

Cristo, es natural que hubiese de agradar a Dios. Como el sacrificio debía ser sin defecto, perfecto, así Cristo iba a ser ni "cordero sin mancha y sin contaminación" que "nos amó, y so entregó a sí mismo por nosotros, ofrenda y sacrificio a Dios, en olor suave" (1 Pedro 1:19; Efesios 5:2). Cristo representa la consagración completa, la perfecta dedicación, la entrega plena, una acción de darlo todo, a fin de que pudiese salvar a algunos.

El holocausto agradaba a Dios porque revelaba el deseo que había en el corazón del ofrendante do dedicarse a Dios. El ofrendante decía en efecto: "Señor, quiero servirte. Me estoy poniendo sin reservas sobre el altar. No retengo nada para mí. Acéptame en el substituto que te ofrezco." Una actitud tal tiene olor suave delante do Jehová.

El holocausto era de suave olor para Dios porque era una ofrenda voluntaria. No era exigida. No era ordenada, ni había de presentarse en momentos lijados. Si un hombre había pecado, Dios exigía una ofrenda por el pecado. Pero Dios no exigió nunca un holocausto. Si un hombre lo ofrecía, era "de su voluntad" (Levítico 1:3). No había compulsión. Tenía, por lo tanto, mucho más significación que una ofrenda ordenada. Indicaba un corazón agradecido.

Corren peligro los cristianos de hacer demasiadas cosas relacionadas con la religión, no porque desean hacerlas, sino porque es la costumbre o porque se requieren. El deber es una gran palabra; pero el amor es mayor. No debemos reducir el significado del deber; más bien debemos recalcarlo. Pero no debemos olvidar que el amor es una fuerza aún mayor, y que debidamente comprendida y aplicada cumple el deber porque lo incluye. El amor es voluntario, libre; el deber es exigente, compulsor. El deber es la ley; el amor es la gracia. Ambas cosas son necesarias, y la una no debe ser recalcada con exclusión de la otra.

Como no había compulsión alguna concerniente al holocausto, era en realidad una ofrenda de amor, de dedicación, de consagración. Era algo que se hacía por añadidura a lo que se requería. Esto agradaba a Dios.

"Dios ama al dador alegre" (2 Corintios 9:7). Algunos parecen interpretar eso como si se refiriese a un dador generoso o que entregue recursos abundantes. Aunque esto puede ser verdad, la declaración es, sin embargo, que Dios ama al que da alegremente y de su propia voluntad. El don puede ser pequeño o grande, pero si es ofrecido voluntariamente, agrada a Dios.

Será bueno aplicar este principio al cristianismo diario. Puede pedírsenos tal vez que hagamos cierta cosa, que demos para cierta causa, o ejecutemos una tarea desagradable. Podemos hacerlo a veces con resignación, creyendo que es en sí mismo algo bueno, tal vez que debemos hacerlo, pero no manifestamos alegría al respecto. Sentimos quo debemos hacerlo, pero nos alegraría que se nos excusase de ello.

Debe desagradar a Dios la actitud que asumimos a veces. Manda a uno de sus ministros con un mensaje. Se nos amonesta a dar, a hacer, a sacrificar, a orar. No hay respuesta alegre al pedido. Este debe ser repetido vez tras vez, y por fin hacemos con tibieza lo que se nos pide que hagamos. Ponemos diez centavos o diez pesos en la colecta, no porque realmente deseamos hacerlo, sino porque nos avergonzaría que los otros viesen que no tomamos parte en la ofrenda. Hacemos nuestra parte en la Recolección para las Misiones, no porque nos deleitamos en ese trabajo, sino porque es parte del programa de la iglesia.

Fue indudablemente porque David era alegre y voluntario por lo que era amado de Dios. Había pecado, y pecado gravemente, pero se arrepintió tan profundamente como había pecado, y Dios lo perdonó. El suceso dejó una impresión vivida en la mente de David, y desde entonces, sintió anhelo de agradar a Dios y hacer algo por él.

Fue ese espíritu lo que le indujo a proponerse construir un templo para que Dios morase en él. El tabernáculo erigido en el desierto tenía ya varios siglos. El material con que había sido construido debía hallarse ya en ruinas. Habría agradado a Dios que alguien le construyese un templo; pero decidió no dar a conocer sus deseos, sino aguardar hasta que alguno se acordase de ello por sí mismo. Y David se acordó de ello, alegrándose de que podía hacer algo para Dios. No se le permitió construir el templo, pero en aprecio de lo que David se proponía hacer, Dios» le dijo que en vez de que David construyese una casa para Dios, Dios le edificaría casa a David (1 Crónicas 17:6-10). En relación con esto Dios le hizo la promesa de que su trono sería "firme para siempre" (versículo 14). Esto halló su cumplimiento en Cristo, quien, cuando venga, se sentará sobre "el trono de David su padre" (Lucas 1:32). Esta es una promesa maravillosa e insólita. Abrahán, Moisés y Elías son pasados por alto, y el honor se concede a David. Una razón por ello, creemos, es la disposición de David a hacer algo para Dios en añadidura a lo requerido.

Esto queda sorprendentemente ilustrado en el deseo que tenía David de construir el templo. Según se ha declarado antes, Dios le dijo que no podía edificar el templo. Sin embargo, David anhelaba hacer algo. Así que pensó en el asunto, y descubrió varias maneras de hacer preparativos para el edificio, sin realizar la construcción él mismo. David dijo: "Salomón mi hijo es muchacho y tierno, y la casa que se ha de edificar a Jehová ha de ser magnífica por excelencia, para nombre y honra en todas las tierras; ahora pues yo le aparejaré lo necesario. Y preparó David antes de su muerte en grande abundancia" (1 Crónicas 22:5).

Lo primero que hizo David fue empezar a reunir dinero. Las cifras dadas en 1 Crónicas 22:14 representan muchos millones de pesos de nuestra moneda, que David dio o recogió. Luego empezó a hacer labrar "piedras para edificar la casa de Dios" (1 Crónicas 22:2). David preparó también "mucho hierro para la clavazón de las puertas, y para las junturas; y mucho metal sin peso, y madera de cedro sin cuenta" (versículo 3). Antes que pudiese hacer esto, sin embargo, era necesario que tuviese un modelo o plano. Este modelo, nos dice David, lo recibió de Jehová. "Todas estas cosas, dijo David, se me han presentado por la mano de Jehová que me hizo entender todas las obras del diseño" (1 Crónicas 28:19). Casi podemos imaginarnos a David diciendo al Señor: "Señor, me has dicho que no puedo edificar el templo. Me gustaría mucho hacerlo, pero me conformo con tu decisión. ¿Puedo hacer un modelo? Esto no sería edificar, ¿no es cierto, Señor?" Así que el Señor lo ayudó haciendo un modelo, pues le agradaba la buena disposición de David a hacer algo para él.

En relación con esto, hay una declaración interesante en 1 Crónicas 28:4: "Empero Jehová el Dios de Israel me eligió de toda la casa de mi padre, para que perpetuamente fuese rey sobre Israel: porque a Judá escogió por caudillo, y de la casa de Judá la familia de mi padre; y (le entre los hijos de mi padre agradóse de mí para ponerme por rey sobre todo Israel". Esta expresión única demuestra la alta consideración que tenía Dios por David. Y David obtuvo permiso para preparar piedra, madera y hierro para el templo de Jehová, como también el plano mismo. Esta puede ser la razón por la cual más tarde, en la erección del templo, no se oyó el sonido del martillo. David había preparado el material de antemano.

Sin embargo, David no estaba satisfecho con hacer preparativos para la edificación del templo. Quería también preparar la música para la dedicación. Esto no era edificar, y se sentía libre para hacerlo. David era el dulce salmista de Israel; amaba la música con todo su corazón. Así que empezó a hacer los preparativos para la ocasión reuniendo una banda de cuatro mil instrumentos "para alabar a Jehová, dijo David, con los instrumentos que he hecho para rendir alabanzas" (1 Crónicas 23:5). También reunió cantores, y los adiestró, según se registra en el capítulo 25 del mismo libro. Es grato pensar en David después de la experiencia triste de su vida, pasando algunos años en paz y contentamiento, haciendo preparativos para la edificación del templo y preparando a los cantores y músicos para su dedicación.

Sin embargo, David no se conformaba con esto. El Señor le había dicho que no podía edificar el templo, sino que su hijo Salomón lo haría. ¿Qué le habría de impedir a David abdicar y hacer a su hijo Salomón rey de Israel? "Siendo pues David ya viejo y harto de días, hizo a Salomón su hijo rey sobre Israel" (1 Crónicas 23:1). Aunque hacía esto por motivos políticos, el marco en que se presenta la declaración indica que la construcción del templo era un factor vital.

No es extraño que a Dios le agradase David. Continuamente apremiaba a Dios para qué le permitiese hacer más para él. Ideó el plan de hacer preparativos para edificar el templo. Reunió sumas inauditas do dinero, adiestró a los músicos, todo a fin de poder hacer algo pura Dios, que tanto había hecho para él. David era un dador ideare de dinero y de servicio, y agradaba a Dios. No sabemos cuánto tiempo vivió David después que Salomón empozó a reinar, pero cuando murió, "dieron la segunda voz la investidura del reino a Salomón hijo de David" (1 Crónicas 29:22).

¡Ojalá que tuviésemos más hombres o iglesias como David, dispuestos a sacrificarse y a trabajar, y anhelosos de hacer aún más! No habría entonces necesidad do instar a los hermanos o a las iglesias a levantarse para terminar la obra. Si David estuviese aquí y se le pidiese que diera diez pesos, preguntaría indudablemente: "¿No puedo dar veinte o cien?" Y esto agradaría al Señor y diría: "Sí, David, puedes hacerlo". Debido a ese espíritu, David, a pesar de su pecado, fue elegido para ser uno de los antepasados de Cristo. Fue el mismo espíritu el que indujo a Cristo a dar voluntariamente, a sufrirlo todo, y por fin a hacer el sacrificio supremo. Dios ama al dador alegre.

Capítulo 7—Las Oblaciones

La palabra usada en hebreo para oblación es minchah. Significa un don hecho a otro, generalmente a un superior. Cuando Caín y Abel presentaron sus ofrendas a Dios según se registra en Génesis 4: 3, 4, ofrecieron un minchah. Así también fue el de Jacob a Esaú (Génesis 32:13). Era un minchah lo que los hermanos de José le presentaron en Egipto (Génesis 43:11). El nombre dado a estas ofrendas es "ofrendas de harina", según se usa en la Versión Revisada Americana.

Estas ofrendas de harina u oblaciones consistían en los productos vegetales que constituían las provisiones principales de la nación: harina, aceite, cereal, vino, sal o incienso. Cuando se presentaban a Jehová una parte como recuerdo sobre el altar a fin de que elevase su suave olor a Jehová. En el caso de un holocausto, todo era consumido sobre el altar. Cuando se trataba de una oblación, solamente una pequeña parte era colocada sobre el altar; el resto pertenecía al sacerdote. "Es cosa santísima de las ofrendas que se queman a Jehová" (Levítico 2:3). Como el holocausto significaba consagración y dedicación, la oblación significaba sumisión y dependencia. Los holocaustos representaban la entrega completa de una vida; las oblaciones eran un reconocimiento de la soberanía y la mayordomía; de cuánto se dependía de un poder superior. Eran un acto de homenaje a Dios y un compromiso de lealtad.

Las oblaciones se ofrecían generalmente en relación con los holocaustos y las ofrendas pacíficas, pero no en relación con las ofrendas por el pecado. El relato del capítulo quince de Números dice: "Habla a los hijos de Israel, y diles: Cuando hubiereis entrado en la tierra de vuestras habitaciones, que yo os doy, e hiciereis ofrenda encendida a Jehová, holocausto, o sacrificio, por especial voto, o de vuestra voluntad, o para hacer en vuestras solemnidades olor suave a Jehová, de vacas o de ovejas; entonces el que ofreciere su ofrenda a Jehová, traerá por presente una décima de un efa de flor de harina, amasada con la cuarta parte de un hin de aceite; y de vino para la libación ofrecerás la cuarta parte de un hin, además del holocausto o del sacrificio, por cada un cordero" (Números 15:2-5). Cuando se ofrecía un carnero, la oblación aumentaba a dos décimas partes de medida de harina; cuando se sacrificaba un becerro, lo ofrenda de harina era de tres décimas de medida. Las ofrendas de bebidas, o libaciones, aumentaban en proporción (versículos 6-10.)

Cuando la oblación consistía en flor de harina, era mezclada con aceite, y se ponía incienso encima (Levítico 2:1). Un puñado de esta harina con aceite c incienso era quemado en recuerdo sobre el altar de los holocaustos. Era "ofrenda encendida para recuerdo, de olor suave a Jehová" (Levítico 2:2). Lo que quedaba después que se pusiera el puñado sobre el altar, pertenecía a Aarón y a sus hijos. Era "cosa santísima de las ofrendas que se queman a Jehová" (versículo 3).

Cuando la ofrenda consistía en panes ázimos u obleas, se hacían de flor de harina mezclada con aceite, se cortaba en pedazos y se derramaba aceite sobre ella (versículos 4-6.) A veces se cocinaba en sartén (versículo 7). Cuando era presentada así, el sacerdote tomaba una parte y la quemaba sobre el altar en recuerdo (versículos 8, 9). Lo que quedaba de las obleas pertenecía a los sacerdotes y era tenido por muy santo (versículo 10).

Parece evidente que la ofrenda de harina y de obleas ázimas ungidas de aceite estaban destinadas a enseñar a Israel que Dios es el sostenedor de toda vida, y que ellos dependían de él para obtener su alimento diario; y que antes de compartir las bendiciones de la vida, debían reconocerlo como el dador de todo. Este reconocimiento de Dios como proveedor de las bendiciones temporales había de dirigir naturalmente su atención a la fuente de todas las bendiciones espirituales. El Nuevo Testamento revela esta fuente como el Pan enviado del cielo que da la vida al mundo (Juan 6:33).

Se declara específicamente que ninguna oblación debía ser hecha con levadura. Ni levadura ni miel debían presentarse sobre el altar (Levítico 2:11). Sin embargo, se permitía ofrecer levadura y miel como primicias. Empero cuando se ofrecían así, no llegaban al altar (versículo 12). La levadura es un símbolo del pecado. Por esta razón estaba prohibida en cualquier ofrenda hecha por fuego.

Podría uno preguntar apropiadamente por qué la levadura y la miel, prohibidas con los otros sacrificios, podían ser ofrecidas como primicias (Levítico 12). Aunque la levadura simboliza el pecado, la hipocresía, la malicia, la perversidad (Lucas 12:1; 1 Corintios 5:8), no hay en la Biblia una declaración directa en cuanto al significado simbólico de la miel. Los comentadores concuerdan, sin embargo, en que la miel representa aquellos pecados de la carne que agradan a los sentidos, pero son corruptores. Muchos consideran, por lo tanto, la miel como símbolo de la justicia y de la complacencia propias.

Si aceptamos esta interpretación, comprenderemos que cuando Dios dice que Israel podía traer levadura y miel como primicias, nos invita, cuando por primera vez venimos a él, a llevarle todas nuestras tendencias pecaminosas y mundanales. Quiere que vengamos tales como somos. Aunque a Dios no le agrada el pecado ni es de suave olor para él, y aunque su símbolo, la levadura, no debe aparecer sobre el altar, Dios quiere que vayamos a él con todo nuestro pecado y nuestra justicia propia. Habiendo ido, hemos de ponerlo todo a sus pies. Quiere que le llevemos todos nuestros pecados. Luego hemos de ir y no pecar más.

En las oblaciones, como en las otras ofrendas, se usaba sal. Es llamada la "sal de la alianza de tu Dios". "Sazonarás toda ofrenda de tu presente con sal" (Levítico 2:13). Todos los sacrificios eran salados, fuesen de origen animal o vegetal. "Porque todos serán salados con fuego, y todo sacrificio será salado con sal" (Marcos 9:49). La sal tiene un poder de conservación. También da sabor a los alimentos. Es una parte vital de cada sacrificio. Simboliza el poder conservador y custodio de Dios.

Cuando se presentaba una oblación de primicias, podían usarse, tostadas a fuego, "las espigas verdes, y el grano desmenuzado". "Y pondrás sobre ella aceite, y pondrás sobre ella incienso". Una parte recordativa era sacada por el sacerdote y quemada sobre el altar de los holocaustos (Levítico 2:14-16). La Versión Moderna, en vez de "grano desmenuzado", traduce: "Espigas nuevas machacadas". Aunque no hemos de buscar un significado oculto en cada expresión, no es muy difícil creer quo el trigo machacado representa aquí al que fue herido por nosotros, y por cuya llaga fuimos sanados (Isaías 53:5). Las oblaciones nos presentan a Cristo como el dador y sustentador de la vida, Aquel por medio de quien "vivimos, y nos movemos, y somos" (Hechos 17:28).

A las oblaciones pertenece también la libación de vino mencionada en Números 15:10, 24. Esta ofrenda de vino era presentada ante Jehová y derramada en el lugar santo, aunque no sobre el altar (Números 28:7; Éxodo 30:9).

La gavilla agitada ofrecida como primicia de la mies, que había de ser agitada delante de Jehová el segundo día de la Pascua, era también una oblación (Levítico 23:10-12). Otra oblación era la de los dos panes que habían de ser agitados, cocidos con levadura, y presentados en ocasión del Pentecostés, como primicia a Jehová (Levítico 23:17-20.) Otras ofrendas eran la oblación diaria de Aarón y sus hijos, que era una ofrenda perpetua (Levítico 6:20), y la ofrenda por los celos registrada en Números 5:15. Había también otra ofrenda que es registrada en Levítico 5:11, 12. Pero ésta era más bien una ofrenda por el pecado y no una oblación.

Los panes de la proposición colocados semanalmente sobre la mesa del primer departamento del santuario eran en realidad una oblación presentada a Jehová. Su nombre hebreo significa el "pan de la presencia", o "pan del rostro". Es también llamado "pan continuo" (Números 4:7). La mesa es llamada de los panes de la proposición, y la "mesa limpia" (Levítico 24:6; 2 Crónicas 13:10, 11). El pan de la proposición consistía en doce panes, cada uno de los cuales se hacía con dos décimas de efa de flor de harina. Los panes se colocaban en dos montones sobre la mesa

cada sábado. Los sacerdotes entrantes que habían de oficiar durante la semana siguiente iniciaban su trabajo con el sacrificio vespertino del sábado. Los sacerdotes salientes terminaban el suyo con el sacrificio del sábado de mañana. Tanto los sacerdotes salientes como los entrantes participaban en la eliminación de los panes de la proposición y en su reemplazo. Mientras los sacerdotes salientes se llevaban el pan viejo, los entrantes ponían el nuevo. Tenían cuidado de no llevarse los viejos hasta que los nuevos estuviesen listos para ser colocados en la mesa. Debía haber siempre pan sobre la mesa. Era el "pan de la presencia".

En cuanto al tamaño de los panes hay una diferencia de opinión. Algunos creen que tenían cincuenta centímetros por un metro. Aunque eso no se puede probar, es claro que dos décimas de efa de harina —que era lo que se usaba para cada pan— habrían de dar un pan de buen tamaño. Sobro este pan, se colocaba incienso en dos copas, un puñado en cada una de ellas. Cuando se cambiaba el pan el sábado, ese incienso se llevaba y quemaba sobre el altar de los holocaustos.

El "pan de la presencia" se ofrecía a Dios bajo "pacto sempiterno" (Levítico 24:8). Era un testimonio siempre presente de que los hijos de Israel dependían de Dios para su sostenimiento, y de parte de Dios una promesa constante de que él los sostendría. El recordaba siempre su necesidad, y su promesa los acompañaba constantemente.

Lo que se registra acerca de la mesa de los panes de la proposición revela que había platos sobre la mesa, cucharas, cubiertas, tazones, o como dice una versión, platos, cucharas, copas y tazas "con que se han de hacer las libaciones" (Éxodo 25:29, V. M.) Aunque aquí no se dice que hubiese vino sobre la mesa, es evidente que los recipientes de los cuales se había de derramar estaban allí con un propósito. Se ordenaba presentar libación de vino con el sacrificio diario (Números 28:7). El vino había de ser derramado "a Jehová en el santuario". El relato no nos revela en qué lugar del santuario se había de derramar el vino; dice tan sólo que era derramado "a Jehová". Se nos dice, sin embargo, dónde no se derramaba.

Acerca del altar del incienso, se prohibió a Israel que ofreciese "sahumerio extraño" y se añade: "Ni tampoco derramaréis sobre él libación" (Éxodo 30:9). Si la libación había de ser derramada en el lugar santo; si no había de ser derramada sobre el altar; si había en la mesa recipientes de los cuales se había de derramar la libación, parece claro que los recipientes de la mesa contenían vino.

No es muy largo el paso que va de la mesa de los panes de la proposición en el Antiguo Testamento a la mesa del Señor en el Nuevo Testamento (Lucas 22:30; 1 Corintios 10:21). El paralelo es bastante estrecho. El pan es su cuerpo, quebrantado por nosotros. La copa es el nuevo testamento en su sangre (1 Corintios 11:24, 25). Cada vez que comemos del pan y bebemos la copa, "la muerte del Señor" anunciamos "hasta que venga" (versículo 26). "El pan de la presencia" simboliza a Aquel que vive "siempre para interceder por ellos" (Hebreos 7:25). Él es el "pan vivo que descendió del cielo" (Juan 6:51).

Según se declaró al principio de este capítulo, las oblaciones eran un reconocimiento de la soberanía de Dios y la mayordomía del hombre. Los holocaustos decían: Todo lo que soy es del Señor. Las oblaciones decían: Todo lo que tengo es del Señor. Las últimas estaban realmente incluidas en los primeros; porque cuando un hombre está dedicado a Dios, esa dedicación incluye sus bienes tanto como él mismo. Esta es indudablemente la razón por la cual las oblaciones acompañaban siempre al holocausto (Números 15:4).

La oblación es un sacrificio definido y separado que denota la consagración de los recursos, como el holocausto denota una consagración de la vida. La dedicación de los recursos debe ir precedida por la dedicación de la vida. La una es resultado de la otra. Una dedicación de la vida sin una dedicación de los recursos no está provista en el plan de Dios. Una dedicación de los recursos sin la dedicación de la vida, no es aceptable. Las dos cosas deben ir juntas. Combinadas, forman un sacrificio completo, agradable a Dios, un "suave olor a Jehová".

La idea de la mayordomía necesita recalcarse en un tiempo como éste. Algunos de los que se llaman cristianos hablan mucho de la santidad y de su devoción a Dios, pero sus obras no corresponden siempre a su profesión. Mantienen cerrada su cartera, no escuchan los pedidos, y la causa de Dios languidece. Los tales necesitan comprender que la consagración de la vida incluye la consagración de los recursos, y que una cosa sin la otra no agrada a Dios.

Por otro lado, sería erróneo creer que una dedicación de los recursos es todo lo que Dios requiere. Somos responsables de cuantos talentos tengamos, en dinero tiempo o dones naturales. De todas estas cosas Dios es el dueño legítimo, y nosotros tan sólo los mayordomos. Los talentos como la música, el canto, el habla, la capacidad de dirigir, pertenecen a Dios. Deben serle dedicados. Deben ser puestos sobre el altar.

La flor de harina usada en la oblación era parcialmente producto del trabajo del hombre. Dios hace crecer el cereal; da el sol y la lluvia; imparte propiedades al grano. El hombre cosecha el grano, muele la harina, separa las partículas groseras de ella para hacer harina fina. Entonces la presenta a Dios, como harina o tortas preparadas por la cocción. El hombre y Dios han cooperado, y el producto resultante es dedicado a Dios. Representa el don original de Dios, más la labor del hombre. Es una devolución a Dios de lo suyo con interés. Dios da la simiente. El hombro la siembra, Dios la riega.

Multiplicada, es devuelta a Dios, quien la acepta misericordiosamente. Simboliza el trabajo de la vida humana, sus talentos aprovechados bajo la mano guiadora de Dios.

Dios da a cada hombre por lo menos un talento. Espera que el hombre aproveche ese talento y lo multiplique. No es aceptable a Dios la presentación del talento original, el devolverle solamente lo que él dio. Él quiere que nosotros tomemos la semilla que él da, la sembremos, la cuidemos y cosechemos la mies. Quiere que el grano pase por el proceso que parece destruir la misma vida de él, pero en realidad lo prepara para servir al hombre; quiere que todo lo grosero sea eliminado, y quiere que se le presente la flor de harina. Quiere que los talentos sean perfeccionados y presentados a él con interés. Nada que no llegue a esto bastará.

La flor do harina representa el trabajo de la vida humana. Representa los talentos aprovechados y cultivados. Lo que el pan de la proposición significaba respecto a la nación, la oblación lo significaba con respecto id individuo. Simboliza el trabajo de la vida consagrada.

Cuán significativa es la expresión "flor de harina". La harina es cereal aplastado entre dos piedras. Era grano, capaz de ser sembrado, capaz de perpetuar la vida. Pero ahora estaba aplastado y sin vida. No podía ya ser sembrado; estaba muerto. La vida había sido arrebatada de él. Pero, ¿era inútil? No, mil veces no. Había dado su vida, para que otros pudiesen vivir. El aplastamiento de su propia vida había venido a ser el medio por el cual la vida era perpetuada y ennoblecida. Era la vida de la simiente; ahora ayudaba a sostener la vida de un alma, de un ser hecho a la imagen de Dios. La muerte lo enriquecía, lo glorificaba, lo hacía útil para la humanidad.

Pocas vidas son de verdadero y duradero valor para la humanidad hasta que hayan sido aplastadas y desmenuzadas. En las experiencias profundas de la vida es donde los hombres hallan a Dios. Cuando las aguas rebalsan sobre el alma es cuando se edifica el carácter. La tristeza, el chasco y el sufrimiento son siervos capaces de Dios. Los días obscuros son los que producen las lluvias de bendición, que permiten a la semilla germinar y producir fruto.

El problema del sufrimiento puede ser insondable en sus aspectos más profundos. Pero algunas cosas son claras. El sufrimiento sirve a un propósito definido en el plan de Dios. Suaviza el espíritu. Prepara el alma para una comprensión más íntima de la vida. Inspira simpatía hacia los demás. Le hace a uno andar con cuidado delante de Dios y los hombres.

Únicamente el que ha sufrido ha vivido. Únicamente el que ha amado ha vivido. Las dos cosas son inseparables. El amor pide sacrificio. El sacrificio requiere con frecuencia sufrimiento. No que sea necesariamente sufrimiento físico. Porque el sufrimiento más elevado es gozoso, santo, exaltado. Una madre puede sacrificarse por su hijo, puede sufrir, pero lo hace voluntaria y gozosamente. El amor considera un privilegio el sacrificio. "Me gozo en lo que padezco por vosotros —dice Pablo—, y cumplo en mi carne lo que falta de las aflicciones de Cristo por su cuerpo, que es la iglesia" (Colosenses 1:24). La lección del sufrimiento no ha sido aprendida hasta que sepamos cómo regocijarnos en él. Y podemos regocijarnos cuando comprendemos que "de la manera que abundan en nosotros las aflicciones de Cristo, así abunda también por el mismo Cristo nuestra consolación"; cuando "somos atribulados, es por vuestra consolación y salud"; que Cristo mismo "por lo que padeció aprendió la obediencia"; y porque "padeció siendo tentado, es poderoso para socorrer a los que son tentados"; cuando comprendemos que nuestros sufrimientos debidamente soportados o interpretados son permitidos para que nosotros, como el antiguo sumo sacerdote, podamos tener compasión "de los ignorantes y extraviados, pues que él también está raleado de flaquezas" (2 Corintios 1:5, 6; Hebreos 5:8; 2:18; 5:2). Un sufrimiento tal no es triste, sino feliz. Cristo, "habiéndolo sido propuesto gozo, sufrió la cruz" (Hebreos 12:2).

El sufrimiento ha sido la suerte del pueblo de Dios en todos los tiempos. Es parte del plan de Dios. Únicamente mediante el sufrimiento pueden aprenderse ciertas lecciones. Únicamente así podemos ministrar en lugar de Cristo a aquellos que están pasando por el valle de la aflicción y "consolar a los que están en cualquiera angustia, con la consolación con que nosotros somos consolados de Dios" (2 Corintios 1:4). Considerado en esta forma, el sufrimiento viene a ser una bendición. Lo habilita a uno para ministrar en una forma que no sería posible sin haberlo experimentado. Viene a ser un privilegio "no sólo que creáis en él, sino también que padezcáis por él" (Filipenses 1:29).

A fin de comprender cuán necesaria es "la participación de sus padecimientos", necesitamos tan sólo echar una mirada a lo que experimentaron algunos de los santos de Dios en edades pasadas. Recordemos aquellos tres espantosos días que pasó Abrahán después que Dios le hubo dicho que matase a su hijo. Recordemos la noche de la angustia de Jacob, aquella noche que hizo un santo de un pecador. Recordemos el tiempo durante el cual José aguardó la muerte en la cisterna; su agonía al ser vendido como esclavo; lo que experimentó en la cárcel por causa de falsas acusaciones y por la amargura de la ingratitud. Recordemos las persecuciones de

Jeremías; el día terrible en que Ezequiel recibió la orden de predicar en vez de serle permitido quedarse al lado de su esposa moribunda; la sombría y terrible experiencia de Juan el Bautista en la cárcel cuando la duda asaltaba su alma; la espina que había en la carne de Pablo de la cual no le era permitido librarse. Sin embargo, de todo esto provinieron vidas más nobles, una visión más amplia, una utilidad mayor. Sin estas cosas, aquellos santos nunca habrían hecho la obra que hicieron, ni habrían causado sus vidas la inspiración que nos causan aún. Como las flores dan su más deleitosa fragancia cuando son estrujadas, un gran pesar puede ennoblecer y hermosear una vida, sublimándola para uso de Dios.

La harina empleada en las oblaciones no había de ser ofrecida seca; había de mezclarse con aceite, o ser ungida de aceite (Levítico 2:4, 5). El aceite es el Espíritu de Dios. Únicamente en la medida en que una vida es santificada por el Espíritu, que va mezclado con ella y la unge, puede agradar a Dios. El sufrimiento en sí y por sí puede no resultar una bendición. Puede ser que únicamente conduzca a la dureza de corazón, a la amargura de espíritu. Pero cuando el Espíritu de Dios se posesiona del alma, cuando el dulce espíritu del Maestro compenetra la vida, se manifiesta la fragancia de una vida consagrada.

Como el incienso ofrecido cada mañana y cada noche en el lugar santo era emblema de la justicia de Cristo que ascendía con las oraciones de los sacerdotes a favor de la nación como suave olor para Dios, así el incienso ofrecido en relación con cada oblación era eficaz para el individuo. Hacía una aplicación personal de aquello que de otra manera era tan sólo general. En el sacrificio de la mañana y de la noche, el sacerdote oraba por el pueblo. En la oblación el incienso era aplicado al alma individual.

En la mente de los israelitas, el incienso y la oración iban íntimamente asociados. Mañana y tarde, mientras que el incienso, que simbolizaba los méritos y la intercesión de Cristo, ascendía en el lugar santo, se ofrecían oraciones en toda la nación. No solamente compenetraba ni incienso el lugar santo y el santísimo, sino que su fragancia ora notada hasta lejos en derredor del tabernáculo. Por doquiera hablaba de oración e invitaba a los hombres a ponerse en comunión con Dios.

La oración es vital para el cristianismo. Es el aliento del alma. Es el elemento vital de toda actividad. Debe acompañar todo sacrificio, hacer fragante toda ofrenda. No es solamente un importante ingrediente del cristianismo, sino que es su misma vida. Sin su aliento vital, la vida pronto cesa; y con la cesación de la vida, entra la descomposición, y aquello que debiera ser un sabor de vida para vida viene a ser un sabor de muerte para muerte.

"Porque todos serán salados con fuego, y todo sacrificio será salado con sal" (Marcos 9:49). El fuego purifica, la sal preserva. El ser salado con fuego significa no sólo purificación sino conservación. Dios quiere un pueblo limpio, un pueblo cuyos pecados estén perdonados. Pero no basta ser perdonado y limpiado. Debe aceptarse el poder custodio de Dios. Debemos ser mantenidos limpios. El fuego no ha de ser un fuego destructor, sino un fuego purificador. Hemos de ser primero limpiados, luego guardados. "¡Salados con fuego!" "¡Salados con sal!"

¡Purificados y mantenidos puros! ¡Qué provisión maravillosa!

La oblación, aunque no era la ofrenda más importante, encerraba hermosas lecciones para el alma creyente. Todos debemos estar sobre el altar. Todo lo que tenemos pertenece a Dios. Y Dios purificará y guardará lo suyo. Ojalá que estas lecciones perduren en nosotros.

Capítulo 8—Los Sacrificios De Paces

La palabra traducida como "sacrificio de paces", proviene de un radical que significa "componer, suplir lo que falta, pagar una recompensa". Denota un estado en el cual las malas comprensiones han sido aclaradas y los entuertos corregidos, y en el cual prevalecen los buenos sentimientos. Las ofrendas pacíficas se traían en cualquier ocasión que demostraba agradecimiento y gozo, y también cuando se hacían votos. Eran ofrendas de suave olor, como los holocaustos y las oblaciones. Eran de parte del ofrendante una expresión de su paz con Dios y de su agradecimiento hacia él por sus muchas bendiciones.

Al elegir una ofrenda pacífica, el ofrendante no estaba limitado en su elección. Podía emplear un becerro, un carnero, o un cordero, o un macho cabrío o una cabra. Generalmente el sacrificio tenía que ser "sin tacha" para ser aceptado (Levítico 22:21; 3:1-17). Sin embargo, cuando se traía una ofrenda pacífica como ofrenda voluntaria, no necesitaba ser perfecta. Podía ser usada aun cuando tuviese "algo superfluo, o falto en sus partes" (Levítico 22:23, V. M.) Como en el caso del holocausto, el ofrendante debía poner sus manos sobre la cabeza del sacrificio y matarlo a la puerta del tabernáculo. La sangre era entonces asperjada sobre el altar y en derredor de él por el sacerdote (Levítico 3:2). Después de esto, se quemaba la grasa: "Vianda de ofrenda encendida a Jehová" (versículo 11.) "El sebo todo es de Jehová. Estatuto perpetuo por vuestras edades; en todas vuestras moradas, ningún sebo ni ninguna sangre comeréis" (versículo 16, 17).

Los sacrificios de paces eran de tres clases: las ofrendas de agradecimiento, las ofrendas por un voto, y las ofrendas voluntarias. De éstas, la ofrenda voluntaria o de alabanza parece la principal. Se ofrecía en ocasiones de gozo, de agradecimiento por alguna liberación especial o por alguna bendición señalada que se había recibido. Era ofrecida por un corazón lleno de alabanza hacia Dios, que desbordaba de gozo.

En las ofrendas por el pecado se pedían favores a Dios. Se le pedía perdón. Los holocaustos representaban la dedicación y consagración de parte del ofrendante. Las oblaciones reconocían la dependencia en que se hallaba frente a Dios el ofrendante en todas sus necesidades temporales y su aceptación de la responsabilidad de la mayordomía. Las ofrendas pacíficas eran una ofrenda de alabanza por las misericordias recibidas, una ofrenda de agradecimiento por las bendiciones disfrutadas, una ofrenda voluntaria de un corazón desbordante. No pedían favores como tales; alababan a Dios por lo que había hecho, y engrandecían su nombre por su bondad y misericordia hacia los hijos de los hombres.

Las ofrendas del Antiguo Testamento eran oraciones objetivas. Combinaban la fe y las obras, la oración y la fe. En su totalidad expresaban la entera relación del hombre para con Dios y la necesidad que tenía de él. Las ofrendas pacíficas eran ofrendas de comunión. Los holocaustos se quemaban completamente sobre el altar; las ofrendas por el pecado eran quemadas fuera del campamento o comidas por el sacerdote, pero las ofrendas pacíficas se dividían no solamente entre Dios y el sacerdote, sino que una parte, la mayor parte, era dada al ofrendante y su familia. La parte de Dios se quemaba sobre el altar (Levítico 3:14-17). El sacerdote recibía el pecho y las espaldillas agitados (Levítico 7:33, 34). El resto pertenecía al ofrendante, quien podía invitar a cualquier persona limpia a participar de ella con él. Debía comerse el mismo día, y en algunos casos el segundo día, pero no más tarde (Levítico 7:16-21).

Las tortas ázimas mezcladas con aceite, también las obleas y las tortas fritas, eran parte de las ofrendas. A esto se añadía pan leudado. Una parte se ofrecía a Jehová como ofrenda agitada, y luego se daba al sacerdote como su porción (Levítico 7:11-13).

Toda la ceremonia constituía una especie de servicio de comunión en el cual el sacerdote y el pueblo participaban de la mesa de Jehová; una ocasión de gozo, en la cual todos se unían en agradecer a Dios y alabarle por su misericordia.

El uso de la levadura en la ofrenda pacífica es significativo. Generalmente no se permitía levadura en ningún sacrificio. En otros casos cuando podía usarse —en el de las primicias o la oblación (Levítico 2:12)— no se permitía que llegase al altar. En el caso presente se ofrecía a Jehová como ofrenda agitada y luego se daba al sacerdote que había asperjado la sangre (Levítico 7:13, 14). En el caso de las primicias de la oblación, la levadura representaba al hombre que traía su ofrenda a Dios por primera vez. Debía traer lo que tuviese. Pero había de hacer esto solamente una vez. En la ofrenda pacífica, se ordenaba tanto el pan ázimo como el leudado. ¿No será que, en vista de que ésta es una comida común de la cual participaban Dios, el sacerdote y el ofrendante, el pan ázimo representaba a Aquel que es sin pecado y es nuestra paz; y la levadura representaba la imperfección del hombre que es, sin embargo, aceptada por Dios? (Efesios 2:13.) Se hace referencia a esto en Amos 4:5.

"Y la carne del sacrificio de sus pacíficos en hacimiento de gracias, se comerá en el día que fuere ofrecida" (Levítico 7:15). Aunque ésta era parcialmente una medida sanitaria, no podía ser la única razón; porque en los casos en que la ofrenda pacífica era un voto o una ofrenda voluntaria, podía también comerse al segundo día (versículo 16). Era manifiestamente imposible para un hombre consumir su ofrenda, en un día, si se trataba de un becerro, de un macho cabrío, o un cordero. Por lo tanto, se le permitía, y hasta se le ordenaba, que pidiese a otros que participasen de la comida. "Ni podrás comer en tus poblaciones... tus votos que prometieres, ni tus ofrendas voluntarias, ni las elevadas ofrendas de tus manos: Mas delante de Jehová tu Dios las comerás, en el lugar que Jehová tu Dios hubiere escogido, tú, y tu hijo, y tu hija, y tu siervo, y tu sierva, y el levita que está en tus poblaciones: y alegrarte has delante de Jehová tu Dios en toda obra de tus manos. Ten cuidado de no desamparar al levita en todos tus días sobre tu tierra" (Deuteronomio 12:17-19).

Este era un rasgo distintivo de la ofrenda pacífica. Debía ser comida el mismo día, y ser compartida; debía ser comida "delante de Jehová", y "alegrarle has". Era una comida gozosa y en común, y en este sentido era diferente de todas las demás ofrendas.

A veces las ofrendas pacíficas eran ofrendas por votos. Por una razón u otra, tal vez por alguna bendición especial que deseaba, un ofrendante hacía un voto a Jehová. Podía dedicarse al Señor, o dedicar su esposa o sus hijos o su ganado, su casa, sus tierras (Levítico 27). En esta forma hizo Samuel voto a Jehová (1 Samuel 1:11). En el caso de personas, el voto podía generalmente ser redimido a precio fijo, ajustable por el sacerdote en el caso de los muy pobres (Levítico 27:1-8). Si el voto concernía a uno de los animales aceptables para el sacrificio, no podía ser redimido. Si un hombre intentaba cambiarlo por otro animal, ambos animales debían ser ofrecidos (versículos 9, 10). Si se trataba de un animal inmundo, el sacerdote debía avaluarlo. Podía ser redimido añadiendo un quinto al valor estimado (versículos 11-13).

Tres cosas se dice que no caían bajo la regla del voto: todos los primogénitos (versículos 26, 27); cualquier cosa consagrada a Dios (versículos 28, 29); el diezmo (versículos 30-34). Estos, por el hecho de pertenecer a Dios, no podían ser dedicados por voto.

Hay quienes no consideran los votos favorablemente. Sin embargo, Dios hizo provisión para ellos. Aunque es mejor no hacer votos que hacerlos y no pagarlos (Eclesiastés 5:5), a veces los votos convienen y son aceptables para Dios. "Más cuando te abstuvieres de prometer, no habrá en ti pecado" (Deuteronomio 23:22). Pero si un hombre hace un voto, no debe tardar "en pagarlo" (versículo 21). El hacer un voto es optativo. Un hombre puede hacer o no hacer un voto, pero si lo hace "no violará su palabra: hará conforme a todo lo que salió de su boca" (Números 30:3).

El punto principal de esas declaraciones es éste, que un hombre ha de cumplir con lo que ha prometido. No debe violar "su palabra". No debe "tardar" en cumplir su voto. Cuando llega el momento, debe pagarlo. Dios lo espera de él.

Dios quiere que su pueblo sea honrado y digno de confianza. Quiere que cumpla sus promesas. Nadie desempeña sus deberes cristianos si no es digno de confianza en el trato comercial. Nadie puede violar su palabra y conservar el favor de Dios. Nadie puede ser deudor moroso, ni siquiera negligente al respecto, y ser tenido por honrado a la vista del Cielo. Sobre todos los demás, el cristiano debe ser hombre de palabra. Debe ser no solamente íntegro, sino puntual.

Esta es una época en la cual muchos consideran su palabra como de poco peso, y tienen poco respeto por sus promesas. Aunque esto es lo que puede esperarse del mundo, no tienen excusa los que llevan el nombre de Cristo y repudian sus promesas. Sin embargo, cuántas promesas quedan sin pagarse, cuántos votos se violan. Se viola el voto matrimonial; se viola el voto tomado en el bautismo; el que se ha tomado en la ordenación. Se repudian los pactos, se violan los acuerdos, se olvidan las promesas. Es común faltar a la fe; despreciar la responsabilidad es casi universal. Cristo mismo se preguntó si hallaría fe en la tierra cuando volviera (Lucas 18:8).

En medio de toda esta confusión, debe haber un pueblo en el cual Dios pueda confiar, en cuya boca no se ha hallado engaño, que sea fiel a su palabra. La pregunta hecha en Salmo 15 está también contestada allí. La pregunta es: "Jehová, ¿quién habitará en tu tabernáculo? ¿Quién residirá en el monte de tu santidad?" La respuesta: "El que anda en integridad, y obra justicia, y habla verdad en su corazón. El que no detrae con su lengua, ni hace mal a su prójimo, ni contra su prójimo acoge oprobio alguno. Aquel a cuyos ojos es menospreciado el vil; mas honra a los que temen a Jehová: Y habiendo jurado en daño suyo, no por eso muda".

Una de las condiciones mencionadas aquí para permanecer en el tabernáculo de Dios es no cambiar aun cuando se haya jurado en perjuicio propio. Un hombre puede convenir en vender o comprar alguna propiedad, y después que se ha hecho el acuerdo, recibir una oferta más favorable. ¿Se mantendrá fiel a su contrato aun cuando represente una pérdida? En el caso de ser cristiano, sí.

El respeto de la palabra propia os una necesidad clamorosa. Lo necesitan las naciones, para que sus acuerdos no lleguen a carecer de significado. Lo necesitan los negocios, no sea que el resultado sea confusión y desastre. Lo necesitan los individuos no sea que la fe desaparezca de la tierra. Sobre todo, lo necesitan los cristianos, no sea que los hombres pierdan su visión y esperanza, y la desesperación se apodere de la humanidad.

Esta es la hora y la oportunidad suprema de la iglesia. El mundo tiene derecho a una demostración de que hay un pueblo que permanece fiel en una generación infiel; y que tiene respeto por su propia palabra tanto como por la de Dios; que es fiel a la fe una vez entregada a los santos. Es más que tiempo de que se haga la manifestación de los hijos de Dios (Romanos 8:19). Esta revelación de los hijos de Dios no es solamente "el continuo anhelar de las criaturas", sino "que todas las criaturas gimen a una, y a una están de parto" por ella (versículo 22). Y esta manifestación revelará un pueblo que tiene el sello de la aprobación de Dios. Guarda los mandamientos. Tiene la fe de Jesús. Su palabra es sí, sí, y no, no. Es un pueblo sin defecto, aun delante del trono de Dios (Apocalipsis 14:12, 5; Santiago 5:12).

Como se ha declarado antes, la ofrenda pacífica era una ofrenda de comunión de la cual Dios, el sacerdote y el pueblo participaban. Era una comida en común, efectuada en el recinto del templo, en la cual prevalecían el gozo y la felicidad, y conversaban el sacerdote y el pueblo. No era una ocasión en que se efectuaba la paz, sino más bien un festín de regocijo porque existía la paz. Iba generalmente precedida por una ofrenda por el pecado o un holocausto. Se había hecho la expiación, se había asperjado la sangre, se había extendido el perdón, y asegurado la justificación. Al celebrar esto, el ofrendante invitaba a sus parientes y sus siervos, como también a los levitas, para que comiesen con él. La orden era: "Ni podrás comer en tus poblaciones," sino solamente "en el lugar que Jehová tu Dios hubiere escogido" (Deuteronomio 12:17, 18). Y así se reunía toda la familia dentro de las puertas del templo para celebrar en una festividad la paz que había sido establecida cutre Dios y el hombre, y entre el hombre y el hombre.

"Justificados pues por la fe, tenemos paz para con Dios por medio de nuestro Señor

Jesucristo" (Romanos 5:1). "Él es nuestra paz" (Efesios 2:14). El Israel antiguo estaba invitado a celebrar el hecho de que tenía paz con Dios, que sus pecados eran perdonados, y había sido restaurado al favor de Dios. Esta celebración incluía al hijo, a la hija, al siervo y a la criada, como también al levita. Todos se sentaban a la mesa del Señor y se regocijaban juntos "en la esperanza de la gloria de Dios". Igualmente hemos de gloriarnos "en Dios por el Señor nuestro Jesucristo, por el cual hemos ahora recibido la reconciliación" (Romanos 5:2, 11).

Pocos aprecian la paz de Dios o se regocijan en ella como debieran hacerlo. Aunque la razón se deba en muchos casos a una falta de aprecio de lo que Dios ha hecho por ellos, muchas veces hay amadas almas que no comprenden que es su derecho y privilegio ser felices en su religión. Viven en la sombra de la cruz más bien que a su luz. Creen que hay algo malo en la felicidad, que no es propio sonreír, y hasta que es sacrílega la risa inocente. Llevan la carga del mundo sobre sus hombros y consideran que dedicar algún tiempo a la recreación es no solamente una pérdida de tiempo, sino que es definidamente irreligioso. Son buenos cristianos, pero no felices. Si estuviesen viviendo en los días de Cristo y siguiéndolo, pondrían en duda lo apropiado de que fuese a las bodas de Caná de Galilea. Se sentirían perplejos porque Cristo comía y bebía con los pecadores. Juntamente con los discípulos de Juan, estarían ayunando y orando (Lucas 5:29-35).

Escribimos esto apreciando plenamente los tiempos en los cuales vivimos. Si hubo una época en que la seriedad y la sobriedad deben caracterizar nuestra obra, es ahora. En vista de la crisis inminente, ¡qué clase de hombres debemos ser en toda santa conversación y piedad! Debemos poner a un lado toda frivolidad y liviandad, y la solemnidad debe posesionarse de todo elemento terrenal. Grandes y portentosos acontecimientos están sucediendo rápidamente. No hay tiempo para dedicarlo a las trivialidades y pequeñeces. El Rey está a la puerta.

Pero estas condiciones no deben hacernos perder de vista el hecho de que somos hijos del Rey, que nuestros pecados están perdonados, y que tenemos derecho a ser felices y a regocijarnos. La obra debe ser terminada, y hemos de tener una parte en ella; pero al fin y al cabo, es Dios el que debe terminar la obra. Muchos hablan y actúan como si ellos hubiesen de terminar la obra, como si todo dependiese de ellos. Parecen creer que llevan la responsabilidad de la obra, y que, aunque Dios les puede ayudar, les toca realmente a ellos hacer el trabajo. Aun en sus oraciones, recuerdan con frecuencia a Dios lo que debe hacer, temerosos de que olvide algunas cosas que pesan sobre su propio corazón. Son buenas almas, ansiosas de hacer lo bueno en toda oportunidad, pero que no han aprendido a echar sus cargas sobre el Señor. Están haciendo lo mejor posible para llevarlas, y aunque gimen bajo su peso, están resueltas a no renunciar. Luchan y logran hacer mucho. Son obreros valiosos, y el Señor los ama tiernamente.

Pero carecen de algunos importantes elementos esenciales, y el cristianismo no les proporciona mucho gozo. Son como Marta que trabajaba y se afanaba, pero dejaba a un lado la cosa más necesaria. Miran con desaprobación a María que no hace como ellos mismos, y se quejan al Señor. No comprenden cómo puede Cristo defender a María, cuando a su parecer debiera reprenderla. Trabajan, pero no son muy felices en ello. Piensan que los demás no están haciendo su parte (Lucas 10:38-42).

Esta misma lección se recalca en la historia del hijo pródigo. Nunca había hecho el hijo mayor algo muy malo. Siempre había trabajado arduamente y nunca había malgastado tiempo alguno en festines y jaranas. Y ahora que el hijo menor había vuelto a casa después de malgastar su herencia viviendo perdidamente, "se enojó, y no quería entrar" al festín dado en honor del hermano que había vuelto. De balde salió el padre a rogarle. Más bien lo reprochó al padre acusándolo de que "cuando vino éste tu hijo, que ha consumido tu hacienda con rameras, has matado para él el becerro grueso" (Lucas 15:30) Bondadosamente el padre contesta: "Era menester hacer fiesta y holgamos, porque este tu hermano muerto era, y ha revivido; habíase perdido, y es hallado" (versículo 32). No se nos relata el fin de la historia. ¿Entró el hijo? ¿Prevaleció el amor del padre? No lo sabemos. La historia no nos lo dice. El último cuadro que tenemos nos presenta al hijo mayor fuera de la casa airado. Es de imaginar que se arrepintió y entró, pero no sabemos si lo hizo.

Los cristianos deben ser un pueblo feliz, aun en medio de los acontecimientos más solemnes. ¿Y por qué no lo serían? Sus pecados están perdonados. Tienen paz con Dios. Son justificados, santificados, salvados. Dios ha puesto en su boca un himno nuevo. Son hijos del Altísimo, están andando con Dios. Son felices en el amor de Dios.

Pocos cristianos tienen la paz de Dios en su corazón como debieran tenerla. Parecen olvidar su herencia. Dijo Cristo: "La paz os dejo, mi paz os doy: no como el mundo la da, yo os la doy. No se turbe vuestro corazón, ni tenga miedo" (Juan 14:27).

Sin embargo, el corazón de muchos está perturbado. Tienen miedo, se acongojan. Algún ser querido se halla fuera del redil, y están tratando de hacerlo volver por medio de la oración. Día y noche se afanan y oran. No dejan sin hacer ninguna cosa posible en su esfuerzo por lograr su salvación. Si alguno puede ser salvado por las obras de algún otro, están resueltos a que ello se realice. Y no dejan a Dios fuera de sus cálculos. Le ruegan y suplican. Oran como si Dios necesitase que se lo excitase con aguijón. Y al fin, el ser amado se vuelve a Dios. ¡Cuán felices son! Ahora pueden descansar. Ahora su trabajo está hecho, su tarea cumplida.

¿Se les ocurre alguna vez a tales almas que Dios tiene tanto interés como ellas en la conversión del ser amado? Sí, aún más que ellas. ¿Se les ocurre alguna vez que mucho antes de que empezasen a orar y a trabajar, Dios quería la salvación del ser amado y obraba para ella, que está haciendo y ha hecho todo lo que puede hacerse? ¿Que en vez de quitarle a Dios su obra e implorarle que los ayude, sería mejor que reconociesen la obra como obra de Dios, y cooperasen con él? En el momento en que el alma comprende esto, la invade la paz. No hace que una persona trabaje u ore menos, sino que cambia el énfasis de lugar. Empieza a orar con fe. Si creemos (pie Dios está realmente obrando, y que tiene interés en la salvación de los hombres, oraremos más que nunca, pero dejaremos la responsabilidad a Dios.

Mucho de nuestro trabajo se basa en la incredulidad. Así como Habacuc, nos parece que Dios no está haciendo realmente su parte (Habacuc 1:2-4). Necesita que se la recordemos. Hay cosas que deben ser presentadas a su atención, y procedemos a hacerlo. En vez de tener fe en Dios, en su sabiduría y su poder, asumimos nosotros la carga sintiendo en efecto que no podemos confiar en que Dios hará lo que ha prometido hacer. Pero cuando viene la fe; cuando nos ilumina el hecho admirable de que Dios está rigiendo aun en los asuntos de los hombres; que está haciendo lo mejor que puede para salvar a la humanidad, y que nuestras oraciones deben tener por objeto conocer su voluntad, cuando se comprende todo esto, entonces la seguridad, el descanso y la paz dominarán en abundancia. Entonces no habrá menos obras; pero serán obras de fe. No habrá menos oraciones, pero serán oraciones de fe. El agradecimiento a Dios ascenderá diariamente por el privilegio de trabajar con él. La paz llenará el corazón y el alma. Ya no habrá ansiedad ni congoja. La paz, la dulce paz, la tranquilidad, el descanso, la felicidad y el gozo serán nuestra porción diaria. Cambiará completamente la vida y la perspectiva de la vida. Habremos aprendido a sentarnos a los pies de Jesús. Aunque Marta seguirá trabajando y quejándose quedamente, María escuchará las palabras de vida. Ha hallado la cosa más necesaria. Comprende las palabras de Cristo: "Esta es la obra de Dios, que creáis" (Juan 6: 29.) Y ella cree y descansa.

No hay mayor felicidad posible que la de tener la paz de Dios en el corazón. Es el legado que Cristo nos dejó. "La paz os dejo —dice. ¡Maravillosas palabras!— Mi paz os doy." (Juan 14:27). Su paz era aquella tranquila seguridad que provenía de la confianza en Dios. Cuando Cristo pronunció estas palabras, se estaba acercando a la cruz. Le esperaba el Gólgota. Pero él no vacilaba. Su corazón estaba lleno de paz y seguridad. Sabía en quien había confiado. Y descansaba en el conocimiento de que Dios conocía el camino. "No podía ver a través de los portales de la tumba." "La esperanza no le presentaba su salida del sepulcro como vencedor, ni le hablaba de la aceptación de su sacrificio por el Padre." Pero "por la fe, confió en Aquel a quien había sido siempre su placer obedecer... Por la fe, Cristo venció" —El Deseado de Todas las Gentes, págs. 686, 687).

Él nos lega esta misma paz. Significa la unidad con el Padre, el compañerismo y la comunión con él. Significa tranquilidad, gozo, reposo, contentamiento. Significa fe, amor, esperanza. En ella no hay temor, congoja, ni ansiedad. Quienquiera que la posea tiene lo que sobrepuja el entendimiento. Tiene una fuente de fuerza que no depende de las circunstancias. Está en armonía con Dios.

Capítulo 9—Las Ofrendas Por El Pecado

El pecado y las ofrendas para el pecado llevan el mismo nombre en hebreo. La ofrenda por el pecado estaba tan íntimamente relacionada con el pecado que sus nombres se identificaron. Cuando Oseas dice de los sacerdotes: "Comen del pecado de mi pueblo" emplea la misma palabra, chattath, que en otros lugares se traduce por "ofrenda por el pecado" (Oseas 4:8).

Las ofrendas por el pecado se mencionan por primera vez en relación con la consagración de Aarón y sus hijos (Éxodo 29:14). No se mencionan, sin embargo, como algo nuevo. Se puede, por lo tanto, dar por sentado que las ofrendas por el pecado existían ya entonces. Debe notarse que las ofrendas por el pecado bastaban únicamente por los pecados cometidos por ignorancia (Levítico 4:2, 13, 22, 27). Se referían a los pecados de error, equivocaciones, actos temerarios, de los cuales el pecador no se daba cuenta en el momento, pero que llegaban a serle conocidos más tarde. No proveían para los pecados hechos conscientemente, a sabiendas y persistentemente. Cuando Israel pecó deliberadamente, como al adorar el becerro de oro, y rechazó desafiante la misericordia de Dios al ser llamado por Moisés al arrepentimiento, fue castigado. "Cayeron del pueblo en aquel día como tres mil hombres" (Éxodo 32:28).

Acerca del pecado consciente o presuntuoso, la ley declara: "Mas la persona que hiciere algo con altiva mano, así el natural como el extranjero, a Jehová injurió; y la tal persona será cortada de en medio de su pueblo. Por cuanto tuvo en poco la palabra de Jehová, y dio por nulo su mandamiento, enteramente será cortada la tal persona: su iniquidad será sobre ella" (Números 15:30, 31). Había algunas excepciones a esta ley, que serán notadas en el capítulo referente a las ofrendas por los delitos.

El cuarto capítulo de Levítico considera las ofrendas por el pecado. Se mencionan cuatro clases de pecadores: El sacerdote ungido (versículos 3-12), toda la congregación (versículos 13, 21), el gobernante (versículos 22-26), y un miembro del pueblo común (versículos 27-35). Los sacrificios exigidos no eran los mismos en todos los casos, ni se disponía de la sangre de la misma manera. Si el sacerdote ungido pecaba "según el pecado del pueblo", o como dice otra versión, "de manera que trajese culpa sobre el pueblo", había de traer "un becerro sin tacha para expiación" (Levítico 4: 3). Si toda la congregación de Israel pecaba por ignorancia, había de traer también "un becerro por expiación, y lo traerán delante del tabernáculo del testimonio" (versículo 14). Si uno de los gobernantes llegaba a pecar, debía traer "un macho cabrío sin defecto" (versículo 23). Si pecaba algún miembro del pueblo común por ignorancia, debía traer "una hembra de las cabras, una cabra sin defecto" (versículo 28). En caso que no pudiese traer una cabra, podía traer una cordera (versículo 32).

En cada caso, el pecador había de proveer la ofrenda, poner su mano sobre la cabeza del animal y matarlo. Cuando pecaba toda la congregación, la asamblea había de proveer la ofrenda, y los ancianos debían poner sus manos sobre la cabeza del becerro.

En la manera de disponer de la sangre, hay una diferencia que debe notarse. Si pecaba el sacerdote ungido y traía su becerro y lo mataba, el sacerdote "mojará... su dedo en la sangre, y rociará de aquella sangre siete veces delante de Jehová, hacia el velo del santuario" (versículo 6). También debía poner "de la sangre sobre los cuernos del altar del perfume aromático, que está en el tabernáculo del testimonio delante de Jehová: y echará toda la sangre del becerro al pie del altar del holocausto, que está a la puerta del tabernáculo del testimonio" (versículo 7).

Esta instrucción es específica. Cuando se mataba el becerro, el sacerdote recogía la sangre, y parte de ella se llevaba al primer departamento del santuario. Allí se asperjaba la sangre siete veces delante del Señor, delante del velo del santuario, y también se ponía sobre los cuernos del altar del incienso que había en el primer departamento. El resto de la sangre se derramaba al pie del altar de los holocaustos en el atrio.

Cuando pecaba toda la congregación, se disponía de la sangre de la misma manera. Parte de ella se llevaba al primer departamento del santuario y NO asperjaba delante del velo. Los cuernos del altar del incienso eran tocados con la sangre, y el resto de la sangre se derramaba al pie del altar de los holocaustos, afuera en el patio (versículo 18).

Cuando pecaba un gobernante, se disponía de la sangre en forma diferente. Dice el relato: "Tomará el sacerdote con su dedo de la sangre de la expiación, y pondrá sobre los cuernos del altar del holocausto, y derramará la sangre al pie del altar del holocausto" (versículo 25.) En este caso la sangre no se llevaba al santuario ni se asperjaba delante del velo. Se ponía sobre los cuernos del altar de los holocaustos en el atrio, y el resto se derramaba al pie del mismo altar.

Lo mismo se hacía con la sangre cuando un miembro del pueblo común había pecado. La sangre se ponía sobre los cuernos del altar de los holocaustos y el resto se derramaba al pie del altar (versículos 30, 34).

En cada uno de estos casos se sacaba la grasa del cuerpo y se quemaba sobre el altar de los holocaustos (versículos 8-10, 26, 31, 35). Pero el cuerpo era tratado de diferente manera en los diversos casos. Si pecaba el sacerdote ungido, "el cuero del becerro, y toda su carne, con su cabeza, y sus piernas, y sus intestinos, y su estiércol, en fin, todo el becerro sacará fuera del campo, a un lugar limpio, donde se echan las cenizas, y lo quemará al fuego sobre la leña: en donde se echan las cenizas será quemado" (versículos 11, 12). Lo mismo había de hacerse con el cuerpo del becerro ofrecido por el pecado de toda la congregación. El cuerpo era llevado afuera del campamento a un lugar limpio y allí era quemado sobre la leña con fuego (versículo 21).

En el capítulo que consideramos no hay instrucciones en cuanto a lo que debía hacerse con el cuerpo cuando un gobernante o un miembro del pueblo común había pecado. Sin embargo en el capítulo sexto de Levítico, en "la ley de la expiación" se hallan algunas instrucciones más detalladas. "En el lugar donde será degollado el holocausto, será degollada la expiación por el pecado delante de Jehová: es cosa santísima. El sacerdote (pie la ofreciere por expiación, la comerá: en el lugar santo será comida, en el atrio del tabernáculo del testimonio" (Levítico 6:25, 26). Esta declaración nos ilustra. El sacerdote que ofrecía la ofrenda del pecado había de comerla. Había de comerla en el lugar santo, en el atrio del tabernáculo del testimonio. El versículo 29 dice: "Todo varón de entre los sacerdotes la comerá: es cosa santísima". Había una excepción a esto, sin embargo: "Mas no se comerá de expiación alguna, de cuya sangre se metiere en el tabernáculo del testimonio para reconciliar en el santuario: al fuego será quemada" (versículo 30).

Es de recordarse que cuando el sacerdote ungido o toda la congregación pecaban, se llevaba la sangre al primer departamento del santuario, y se asperjaba delante del velo. Parte de la sangre se ponía también sobre los cuernos del altar del incienso en el lugar santo. En estos casos la sangre era llevada al tabernáculo del testimonio en el lugar santo. Por lo tanto, se hace referencia a estos dos casos en la declaración: "No se comerá de expiación alguna, de cuya sangre se metiere en el tabernáculo del testimonio para reconciliar en el santuario: al fuego será quemada".

Cuando el sacerdote ungido o toda la congregación pecaban, la sangre se llevaba al lugar santo; la carne no se comía, sino que se llevaba el cuerpo afuera del campamento y se quemaba.

Cuando un gobernante o un miembro de la congregación pecaban, se ponía la sangre sobre los cuernos del altar de los holocaustos y el resto se derramaba al pie del altar. La carne no se quemaba en el altar, ni se llevaba afuera del campamento para que fuese quemada como en el caso del becerro. Se daba a los sacerdotes para que la comiesen en el lugar santo.

De un incidente registrado en el capítulo 10 de Levítico se desprende que este arreglo no era una orden arbitraria sin significado especial. Los versículos 16-18 dicen: "Moisés demandó el macho cabrío de la expiación, y hallóse que era quemado: y enojóse contra Eleazar e Itamar, los hijos de Aarón que habían quedado, diciendo: ¿Por qué no comisteis la expiación en el lugar santo? Porque es muy santa, y dióla él a vosotros para llevar la iniquidad de la congregación, para que sean reconciliados delante de Jehová. Veis que su sangre no fue metida dentro del santuario: habíais de comerla en el lugar santo, como yo mandé"

El lector recordará que cuandoquiera que se usaba un becerro como ofrenda por el pecado, como en el caso de los sacerdotes ungidos o de toda la congregación, se llevaba el cuerpo afuera del campamento y se lo quemaba. No así en el caso de un macho cabrío o cordero. Cuando un gobernante o un miembro del pueblo común pecaban, la sangre del macho cabrío o cordero no era llevada al santuario, sino que la carne era comida por los sacerdotes. Los versículos citados antes dan la razón por ello: "Dióla [la carne] a vosotros para llevar la iniquidad de la congregación, para que sean reconciliados delante de Jehová".

Según esto, los sacerdotes al comer la carne llevaban sobre sí la iniquidad de la congregación; es decir, llevaban los pecados del pueblo. La razón dada por comer la carne es ésta: "Que su sangre no fue metida dentro del santuario: habíais de comerla en el lugar santo, como yo mandé". Cuando la sangre era llevada al primer departamento del santuario, no era necesario comer la carne. Pero, si la carne no era llevada al santuario, los sacerdotes habían de comer la carne, y al comerla, llevar la iniquidad de la congregación. Los pecados eran así transferidos del pueblo al sacerdocio.

Algunos han sentido duda acerca de si el pecado era realmente transferido al tabernáculo por medio de la sangre, y si era posible que uno llevase los pecados del otro. El caso que tenemos ante nosotros es concluyente. O debía llevarse la sangre al santuario y asperjarse allí delante del velo, o de lo contrario debía comerse la carne. "Dióla a vosotros para llevar la iniquidad de la congregación, para que sean reconciliados delante de Jehová". Al comer la carne, los sacerdotes tomaban sobre sí mismos los pecados que por la imposición de las manos y por la confesión habían sido transferidos del pecador al animal. El comer la carne no era necesario en los casos en que la sangre era llevada adentro del santuario. En tales casos, los pecados eran eficazmente despachados llevando la sangre adentro del santuario y asperjándola delante del velo. El cuerpo era llevado afuera del campamento a un lugar limpio y quemado allí.

La continuación del incidente relatado en los versículos 19 y 20 del capítulo 10 es también interesante. Aarón, Eleazar e Itamar no habían comido la carne de la ofrenda por el pecado como debían haberlo hecho. Aarón explicó esta violación diciendo que le había acontecido una calamidad. Dos de sus hijos, bajo la influencia del vino, habían sido muertos mientras oficiaban delante de Jehová, según se registra en la primera parte del capítulo 10. Aarón y los otros dos hijos que le quedaban no estaban al parecer completamente sin culpa. Aunque tal vez no habían tomado vino, se sentían probablemente perplejos acerca de la justicia del juicio que había caído sobre sus hermanos y compañeros del sacerdocio. En esta condición no les parecía que pudiesen llevar los pecados de otro. Tenían bastante con llevar los suyos. Teniendo este sentimiento Aarón preguntó: "Si comiera yo hoy de la expiación, ¿hubiera sido acepto a Jehová?" "Cuando Moisés oyó esto, dióse por satisfecho" (versículos 19, 20.) De ello podemos acertadamente sacar la conclusión de que Dios no esperaba que los sacerdotes comiesen la ofrenda por el pecado y llevasen así los pecados del pueblo a menos que ellos mismos estuviesen limpios. "Sed limpios, los que lleváis los vasos de Jehová".

Según se ha notado ya, en el estudio crítico que en estos últimos años se ha hecho de muchas partes de la Biblia, se han arrojado dudas sobre la cuestión de la transferencia del pecado. Aunque es claro que en cada caso el pecador había de poner su mano sobre el sacrificio, se niega que eso indicase confesión o transferencia del pecado. Debe admitirse, sin embargo, que algo le sucedía al hombre que traía su ofrenda por el pecado. En cada caso mencionado en el cuarto capítulo de Levítico, excepción hecha del caso del sacerdote ungido, se dice que se hacía la expiación y que el pecado "será perdonado" (Levítico 4:20, 26, 31, 35). El pecado del hombre era perdonado, y él se iba libre.

Pero no sólo le sucedía algo al hombre. De alguna manera, los sacerdotes cargaban con los pecados que el hombre había llevado antes. El hombre había pecado. Había confesado su pecado y sido perdonado. Pero ahora los sacerdotes llevan el pecado. ¿Cómo se ha hecho la transferencia? La deducción parece clara. El hombre, el pecador, ha puesto su mano sobre el animal inocente, ha confesado su pecado, y así, en figura, ha transferido su pecado al animal. Siendo pecador, o por lo menos portador del pecado, el animal era matado. El sacerdote, al comer la carne, tomaba sobre sí carne pecaminosa, y así llevaba "la iniquidad de la congregación".

El hecho de que la culpabilidad fuese transferida en el día de las expiaciones se explica claramente. "Pondrá Aarón ambas manos suyas sobre la cabeza del macho cabrío vivo, y confesará sobre él todas las iniquidades de los hijos de Israel, y todas sus rebeliones, y todos sus pecados, poniéndolos así sobre la cabeza del macho cabrío, y lo enviará al desierto por mano de un hombre destinado para esto" (Levítico 16: 21). Aquí se declara definidamente que Aarón había de poner sus manos sobre la cabeza del macho cabrío, que había de confesar sobre él los pecados de los hijos de Israel, y que así ponía estos pecados sobre la cabeza del macho cabrío. ¿No podemos creer que ése es exactamente el significado en el caso de la ofrenda del pecado mencionada en el capítulo 4 de Levítico? Es claro que de alguna manera los sacerdotes llegaban a llevar la iniquidad de la congregación. Se destaca la declaración al respecto. Es también claro que por comer la carne llegaban a tomar el pecado sobre sí mismos. Este pecado, por supuesto, no era el pecado del animal, sino del pecador que había traído su ofrenda por el pecado con el propósito de obtener perdón. El argumento parece completo. El pecador llevaba originalmente sus pecados. Ahora los sacerdotes los llevan. Los recibían al comer la carne del animal. Por lo tanto, sostenemos que la Biblia enseña la doctrina de la transferencia del pecado.

La imposición de las manos del pecador sobre la ofrenda tenía evidentemente un significado más amplio, especialmente en el caso de los holocaustos y do las ofrendas pacíficas. Después que el pecador había confesado su pecado y había sido perdonado, quedaba en comunión con su Dios. Es esencial una clara comprensión de esta verdad para entender los sacrificios que consideramos.

Las ofrendas por el pecado se empleaban en otros casos además de los mencionados en el capítulo cuarto de Levítico. Un ejemplo de esto es la consagración de Aarón y sus hijos, según se registra en el capítulo 8 de Levítico. Sin embargo, ha de notarse aquí que Moisés es quien cumple la ceremonia y no el sacerdote. Aarón y sus hijos, en verdad, ponen sus manos sobre la cabeza del becerro que sirve de ofrenda por el pecado, y lo matan, pero Moisés es quien administra la sangre y la pone sobre los cuernos del altar en derredor. También debe notarse que en este caso, en vez de contaminar el altar, la sangre lo purifica. "Moisés tomó la sangre, y puso con su dedo sobre los cuernos del altar alrededor, y purificó el altar; y echó la demás sangre al pie del altar, y santificólo para reconciliar sobre él" (Levítico 8:15).

Al terminarse los siete días de la consagración de Aarón, se ordenó una ofrenda por el pecado. Aarón debía tomar un becerro joven como ofrenda por el pecado para sí mismo antes de empezar su ministerio en favor del pueblo. "Entonces llegóse Aarón al altar; y degolló su becerro de la expiación que era por él. Y los hijos de Aarón le trajeron la sangre; y él mojó su dedo en la sangre, y puso sobre los cuernos del altar, y derramó la demás sangre al pie del altar" (Levítico 9:8, 9). "Más la carne y el cuero los quemó al fuego fuera del real" (versículo 11).

Había otras ocasiones en las cuales se requerían ofrendas por el pecado. Después del parto, se había de traer una paloma como ofrenda por el pecado (Levítico 12:6-8). En los casos de contaminación, el nazareno había de ofrecer dos tórtolas o dos palominos como ofrenda por el pecado (Números 6:10). También, cuando se habían cumplido los días de la separación, el nazareno había de llevar una oveja del primer año sin defecto como ofrenda por el pecado (versículo 14) En el momento de la consagración y purificación de los levitas, se requería un becerro como ofrenda por el pecado (Números 8:8, 12). Se requería una ofrenda por el pecado en la fiesta de la nueva luna (Números 28:15), de la Pascua (versículo 22), de Pentecostés (versículo 30), del primer día del séptimo mes (Números 29:5), también en los días décimo, decimoquinto y vigésimo primero (versículos 10-38).

La ceremonia de la vaquilla roja merece una consideración especial. Diferiría en muchos respectos de las ofrendas regulares por el pecado; aunque tenía el mismo propósito. En Números 19: 9 se dice: "Es una expiación". La palabra usada aquí es la que se usa en otras partes para decir ofrenda por el pecado. La Versión Moderna dice: "Es ofrenda por el pecado". Por lo tanto incluimos a la vaquillona roja entre las ofrendas por el pecado que eran ordenadas por Dios.

Se ordenó a Israel que trajese una vaquillona roja, sin mancha ni defecto, y que la diese al sacerdote Eleazar (Números 19:2, 3). El sacerdote había de llevar la vaquillona fuera del campo, y hacerla matar por alguno en su presencia. Luego había de tomar el sacerdote la sangre en su dedo y asperjar la sangre hacia el tabernáculo de la congregación siete veces (versículo 4). Hecho esto, uno debía quemar la vaquillona delante de Eleazar, "su cuero y su carne y su sangre, con su estiércol, hará quemar" (versículo 5). Mientras la vaquilla era consumida así, el sacerdote debía tomar "palo de cedro, e hisopo, y escarlata, y lo echará en medio del fuego en que arde la vaca" (versículo 6). Luego el sacerdote debía lavar sus ropas, bañar su carne, y volver al campamento, permaneciendo inmundo hasta el atardecer (versículo 7). Después de esto, un hombre que estaba limpio, debía juntar las cenizas de la vaquilla y amontonarlas fuera del campamento en un lugar limpio. Había de servir para "el agua de separación: es una expiación" (versículo 9).

Las cenizas así guardadas habían de usarse en ciertas clases de inmundicias, como cuando se tocaba un cuerpo muerto. En tal caso, se habían de tomar las cenizas y "agua viva en un vaso: Y un hombre limpio tomará hisopo, y mojarálo en el agua, y rociará sobre la tienda, y sobre todos los muebles, y sobre las personas que allí estuvieren, y sobre aquel que hubiere tocado el hueso, o el matado, o el muerto, o el sepulcro: Y el limpio rociará sobre el inmundo al tercero y al séptimo día: y cuando lo habrá purificado al día séptimo, él lavará luego sus vestidos, y a sí mismo se lavará con agua, y será limpio a la tarde" (Números 19:17-19).

Es de notar que aunque esta ceremonia era "una expiación" no se había de emplear sangre alguna para purificar al hombre de su contaminación. La única vez en que se menciona el uso de la sangre es en la ocasión en que se mataba la vaquilla cuando los sacerdotes tomaban la sangre y la asperjaban siete veces delante del tabernáculo del testimonio (versículo 4). En la aplicación a la persona individual, no había aspersión de sangre.

También es de notar que la vaquilla no se mataba dentro del atrio del tabernáculo donde se mataban los demás sacrificios. La sangre no se llevaba adentro del tabernáculo, ni se asperjaba delante del velo; no se la ponía delante de los cuernos del altar del incienso, ni tampoco sobre los cuernos del altar de los holocaustos, ni se derramaba ante el altar de los holocaustos; no llegaba a estar en contacto directo ni con el lugar santo ni con el altar de los holocaustos.

En el ritual de la purificación, se requería que oficiase una persona limpia. Otro punto que se destaca es que esta purificación tenía valor no solamente para los hijos de Israel, sino también para el extranjero. "Y será a los hijos de Israel, y al extranjero que peregrina entre ellos, por estatuto perpetuo" (versículo 10).

Tal vez sea bueno notar la declaración registrada en Números 19:13, de que el tabernáculo quedaba contaminado si un hombre no se purificaba. "Cualquiera que tocare en muerto, en persona de hombre que estuviere muerto, y no se purificare, el tabernáculo de Jehová contaminó". "Y el que fuere inmundo, y no se purificare, la tal persona será cortada de entre la congregación, por cuanto contaminó el tabernáculo de Jehová: no fue rociada sobre él el agua de separación: es inmundo" (versículos 13, 20). Que el santuario quedaba contaminado por la confesión del pecado y la aspersión de sangre, es admitido por todos. Aquí se declara que un hombre que se purifica, que confiesa su pecado, contamina el santuario de Jehová. La importancia doctrinal de esta declaración no puede pasarse por alto.

La ceremonia ocasional de la vaquilla roja tiene profundo significado para el que estudia reverentemente la Palabra de Dios. La purificación del pecado se realiza aquí mediante el uso de agua en la cual se hayan puesto cenizas de la vaquillona sacrificada. Esta purificación es para el extranjero tanto como para los hijos de Israel. Su ministerio se realiza fuera del campamento, aparte del culto común a Jehová, y no se relaciona directamente con la rutina usual del servicio del santuario.

A esta ceremonia se refiere el autor de la epístola a los Hebreos cuando dice: "Si la sangre de los toros y de los machos cabríos, y la ceniza de la becerra, rociada a los inmundos, santifica para la purificación de la carne, ¿cuánto más la sangre de Cristo, el cual por el Espíritu eterno se ofreció a sí mismo sin mancha a Dios, limpiará vuestras conciencias de las obras de muerte para que sirváis al Dios vivo?" (Hebreos 9:13, 14). La oración de David es: "Purifícame con hisopo, y seré limpio: Lávame, y seré emblanquecido más que la nieve" (Salmo 51:7).

Un uso parecido del agua con fines de purificación se menciona en el quinto capítulo del libro de los Números. En el caso de ciertos pecados, "tomará el sacerdote del agua santa en un vaso de barro: tomará también el sacerdote del polvo que hubiere en el suelo del tabernáculo, y echarálo en el agua" (versículo 17). El "agua santa" preparada así se llama "aguas amargas" en los versículos 18, 19, 23. Aunque no es necesario entrar en detalles acerca de la ceremonia angustiosa mencionada en este capítulo, llamamos la atención al versículo 23. El sacerdote había de escribir estas maldiciones en un libro, y luego borrarlas "con las aguas amargas".

Aunque la sangre se menciona en el Antiguo Testamento como purificadora del pecado, el agua también se menciona en el mismo sentido. La fuente situada precisamente delante del tabernáculo; el agua usada en la ceremonia de la vaquilla roja; el agua amarga usada para borrar el pecado según se registra en el capítulo 5 de Ni uñeros, testifican acerca del uso del agua para la purificación ceremonial. De Cristo está escrito: "Este es Jesucristo, que vino por agua y sangre: no por agua solamente, sino por agua y sangre" (1 Juan 5:6). En la crucifixión, "uno de los soldados le abrió el costado con una lanza, y luego salió sangre y agua. Y el que lo vio, da testimonio, y su testimonio es verdadero: y él sabe que dice verdad, para que vosotros también creáis" (Juan 19:34, 35). El agua del bautismo, el precioso rito de la humildad, todavía "nos salva (no quitando las inmundicias de la carne, sino como demanda de una buena conciencia delante de Dios)" (1 Pedro 3:21).

Capítulo 10—Ofrendas Por El Pecado Y Delito

Las ofrendas por el pecado eran hechas por los pecados cometidos por ignorancia o por error, y no cubrían los pecados hechos voluntariamente o a sabiendas. Cuando un israelita, sin saberlo, había hecho "algo contra alguno de los mandamientos de Jehová", no se lo tenía por responsable hasta que ello "le fuere conocido". Tan pronto como se le hacía saber que había hecho mal, había de traer una ofrenda "por su pecado que habrá cometido" (Levítico 4:27, 28). Pero, según se ha declarado, las ofrendas por el pecado no tenían ningún valor para la transgresión hecha a sabiendas. Los pecados de esta naturaleza eran llamados delitos, y exigían un trato diferente.

Por lo común, un delito es un pecado voluntario, cometido a sabiendas, una violación deliberada. Podía haber sido cometida inadvertidamente, pero en tales casos el hombre podría y debiera haber sabido portarse mejor, y por lo tanto era responsable de su ignorancia. La palabra hebrea por la ofrenda por los delitos, asham, podría traducirse por culpabilidad u ofrenda de la deuda. Denota mayor grado de culpa que la ofrenda por el pecado, aunque la transgresión misma no sea tal vez mayor.

Hay algunos pecados que participan de la naturaleza de un delito. Son parcialmente pecado y parcialmente delito. Una persona puede ignorar hasta cierto punto el mal que ha hecho, y sin embargo no ser completamente ignorante de él. Indudablemente por esta razón algunas transgresiones mencionadas en la primera parte del quinto capítulo de Levítico se llaman tanto pecados como delitos. A esta clase pertenece el retener la información (versículo 1), el tocar cualquier cosa inmunda (versículo 2), el tocar la impureza de un hombre (versículo 3), el jurar temerariamente (versículo 4). En estos casos se ordenaba al pecador que trajese "por su pecado que ha cometido, una hembra do los rebaños, una cordera o una cubra como ofrenda de expiación por él de su pecado" (versículo 6). Se notará que la ofrenda es llamada ofrenda por el pecado. En el versículo 7 es llamada ofrenda para expiación. En el versículo 9 es llamada expiación (V. M., ofrenda por el pecado). Algunos comentadores bíblicos tratan estas ofrendas como ofrendas por el pecado; otros las tienen por ofrendas por los delitos. En vista del hecho de que son llamadas tanto ofrendas por el pecado como por los delitos, podemos considerarlas como una especie de ofrenda intermediaria entre las dos cosas, y llamarlas ofrendas por el pecado y delito.

Una persona que pecaba en cualquiera de las cosas arriba mencionadas había de traer una hembra del rebaño, una cordera o una cabra como ofrenda por el pecado (versículo 6). Si no podía traer una cordera, podía traer dos tórtolas o dos palominos. Parte de la sangre se ponía sobre el altar del holocausto, el resto se derramaba al pie del altar, y se seguía el mismo ritual que en las ofrendas por el pecado mencionadas en el capítulo precedente (versículos 7-9).

Si el pecador no podía traer dos tórtolas o dos palominos, podía traer como ofrenda la décima parte de un efa de flor de harina como ofrenda por el pecado. Sin embargo, no se le debía permitir poner aceite o incienso sobre ella. La razón de ello se da así: "Es expiación". El sacerdote, al ofrecer esto, tomaba un puñado de harina y lo quemaba como recordativo sobre el altar. El resto pertenecía al sacerdote, lo mismo que la oblación (versículos 11-13).

Nos hallamos aquí frente a un notable acontecimiento nuevo. Por lo común una ofrenda por el pecado debía ser sangrienta, es decir que debía quitarse la vida de algún animal y asperjarse la sangre. Aquí, sin embargo, se acepta la ofrenda de una décima de efa de harina. Se declara definidamente que el sacerdote debía tomar un puñado de esta harina y quemarla sobre el altar, "y hará el sacerdote expiación por él de su pecado que cometió en alguna de estas cosas, y será perdonado" (versículo 13).

Para evitar que alguno piense que es una oblación común, se declara dos veces, "es expiación" (versículos 11, 12). Por lo tanto, parece claro que, en ese caso por lo menos, se aceptaba por el pecado una ofrenda que no contenía sangre, y sin embarco expiaba el pecado.

Esto llama la atención a la declaración hallada en el versículo 22 del capítulo 9 de Hebreos: "Y casi todo es purificado según la ley con sangre; y sin derramamiento de sangre no se hace remisión". Aunque en general es verdad que en el servicio típico no podía haber remisión de pecados sin derramamiento de sangre, no debemos olvidar la excepción notada aquí. La Versión Moderna dice así: "Y según la ley, casi todas las cosas son purificadas con sangre; y sin derramamiento de sangre no hay remisión" El adverbio "casi" califica probablemente ambas cláusulas, de manera que según esa versión, la declaración podría hacerse así: "Casi puedo decir que todas las cosas son purificadas con sangre", y "puedo casi decir que aparte del derramamiento de sangre no hay remisión". Es decir, la regla de que no hay remisión sin derramamiento de sangre, rige, aunque en los tipos se halla la excepción aquí mencionada.

Afrontamos una situación similar con referencia a la vaquilla roja considerada en el capítulo precedente. No había aplicación inmediata de la sangre en el proceso de purificación mencionado allí, sino tan sólo del agua y las cenizas. Sin embargo, era una purificación por el pecado, una ofrenda por el pecado (Números 19:9).

No sostenemos que los pecados fuesen jamás perdonados sin el sacrificio del Calvario. La muerte de Cristo es necesaria para nuestra salvación. Es, sin embargo, significativo que en los tipos arriba mencionados la expiación y el perdón del pecado se lograban a veces sin uso de sangre inmediato y directo.

Al buscar una aplicación de esto en la economía cristiana, ¿no podremos creer que se refiere a las personas que no tienen un conocimiento directo y definido del Salvador y, sin embargo, viven de acuerdo con toda la luz que poseen, haciendo la voluntad de Dios hasta donde la comprenden? ¿No puede significar a aquellos paganos que nunca oyeron hablar del nombre de Jesús y, sin embargo, en mayor o menor grado participan de su espíritu? Creemos que hay quienes no han oído nunca el nombre bienaventurado del Maestro, que no saben nada, del

Calvario ni de la redención obrada para ellos en la cruz, y, sin embargo, han manifestado el espíritu de Cristo y serán salvos en el reino de los cielos. Creemos que los tipos o figuras que consideramos se aplican a los tales.

El primer caso mencionado en el quinto capítulo de Levítico, versículo 1, es el de retener información cuando uno se halla bajo juramento. "Cuando alguna persona pecare, que hubiere oído la voz del que juro, y él fuere testigo que vio, o supo, si no lo denunciare, él llevará su pecado". "La voz del que juró", es llamada "la voz do la imprecación" en la Versión Moderna, y se refiere al juramento administrado en un tribunal judío. Cuando se lo juzgaba a Cristo, "el pontífice dijo: 'Te conjuro por el Dios viviente, que nos digas si eres tú el Cristo, Hijo de Dios'" (Mateo 26:63). En tales circunstancias, Cristo no podía guardar silencio, y contestó: "Tú lo has dicho". Se sintió obligado a contestar cuando se invocó la adjuración, mientras que antes había callado (versículo 63, 64).

Es un caso como éste el que se considera aquí. El hombre se halla bajo juramento o adjuración; es "testigo", y se le ha preguntado si "vio, o supo" algo de la transgresión. Se niega a contestar; "no lo denuncia". En este caso "llevará su pecado".

En los versículos dos y tres se hace referencia a tocar cosas inmundas, de "cualquier inmundicia suya de que es inmundo". El hombre puede haberlo hecho sin saberlo; puede haber sido "que no lo supiere", pero "si después llega a saberlo, será culpable".

El cuarto caso es el de un hombre que jura "inconsideradamente con sus labios hacer mal o hacer bien, respecto de cualquiera de aquellas cosas en que suelen los hombres hablar inconsideradamente con juramento" (V. 124 M.) Cuando llegue a saberlo, él también "se tendrá por culpable" (versículo 4).

En cada uno de estos casos, el pecador había de traer la ofrenda apropiada para su transgresión, "y será perdonado".

A veces se sostiene insistentemente que en los tiempos antiguos Dios no requería la confesión y la restitución a fin de conceder el perdón, sino que tan sólo pedía al pecador que trajese el sacrificio requerido. El ritual de la ofrenda por los delitos debe corregir esta impresión. So requería una confesión definida. "El hombre o la mujer que cometiere alguno de todos los pecados de los hombres, haciendo prevaricación contra Jehová, y delinquiere aquella persona; confesarán su pecado que cometieron" (Números 5:6, 7).

Sin embargo, no bastaba una confesión general. "Y será que cuando pecare en alguna de estas cosas, confesará aquello en que pecó" (Levítico 5:5). Esta declaración es definida y decisiva. No sólo ha de confesar, sino Que ha de confesar que ha pecado en "aquello". Es "aquello" lo que vale. Únicamente si hace esta confesión puede recibir el perdón.

En los casos en que había fraude, la confesión no bastaba, aun cuando fuese específica. Debía haber también restitución. Esta restitución consistía en una quinta parte de la suma, además de dicha suma principal. "Compensarán su ofensa enteramente, y añadirán su quinto sobre ello, y lo darán a aquel contra quien pecaron" (Números 5:7). En caso que no fuese posible devolver la suma al hombre contra el cual se hubiese cometido el delito, porque había muerto o por alguna otra causa, y no tenía parientes cercanos, la recompensa debía entregarse al sacerdote (versículo 8). Esta restitución era en adición al carnero de la ofrenda por el delito.

De esa consideración se desprende claramente que Dios exigía más de su pueblo que el simple acto de traer una ofrenda. Exigía confesión y restitución. Si se dice, además, que el arrepentimiento no se menciona, la respuesta obvia es que Dios trata aquí con los actos exteriores del culto solamente. Si se hubiese exigido el arrepentimiento como requisito para el perdón, habría sido posible a un sacerdote negar la expiación al pecador, aun cuando el hombre hubiese cumplido con la orden de Dios. Pero habría tocado al sacerdote decidir si el hombre se había arrepentido realmente o no. Este era un poder demasiado peligroso para darlo a hombre alguno.

Así que Dios se lo reservó sabiamente. Si queda alguna duda en cuanto a lo que Dios exige como arrepentimiento, y acerca de cómo el pueblo entendía la exigencia de Dios, léase la oración de Salomón en ocasión de la dedicación del templo, especialmente 1 Reyes 8:46-53. O escuchemos la súplica de David: "No quieres tú sacrificio, que yo daría; no quieres holocausto. Los sacrificios de Dios son el espíritu quebrantado: al corazón contrito y humillado no despreciarás tú, oh Dios" (Salmo 51:16, 17). Israel tenía abundante ocasión de saber que lo que Dios quería no eran sacrificios, sino un corazón quebrantado y contrito. Si los israelitas hubiesen querido, podrían haber hecho su culto hermoso y espiritual, como indudablemente algunos lo hicieron.

El sexto capítulo de Levítico menciona ciertos pecados que son predominantemente delitos, y son así llamados. Se refieren a mentir y engañar (versículo 2); y a jurar en falso (versículo 3). Cualquiera que hubiera hecho alguna de estas cosas, y era culpable, "restituirá aquello que robó, o por el daño de la calumnia, o el depósito que se le encomendó, o lo perdido que halló, o todo aquello sobre que hubiere jurado falsamente; lo restituirá, pues, por entero, y añadirá a ello la quinta parte, que ha de pagar a aquel a quien pertenece en el día de su expiación" (versículos 4, 5). Estos pecados son llamados definidamente delitos. Eran específicamente pecados por los cuales se podía hacer restitución. En estos casos, los sacerdotes habían de hacer "expiación por él delante de Jehová, y obtendrá perdón de cualquiera de todas las cosas en que suele ofender" (versículos 7).

Había otras ocasiones que exigían una ofrenda por el delito y por el pecado, y por lo tanto pertenecen a la categoría que estamos considerando. Una de estas ocasiones era la purificación de los leprosos. Después de haber sido examinado por los sacerdotes y proclamado limpio, el leproso quedaba devuelto a la sociedad y a la ciudadanía por una ceremonia de purificación especial descrita en Levítico 14:1-8. Había, sin embargo, otra ceremonia para devolverlo a la comunión de la iglesia y permitirle que tomase parte en el servicio del santuario. Es la que se describe en los versículos 9-32. El leproso había de proveer una ofrenda por el delito como también una ofrenda por el pecado, en adición al holocausto regular y a la oblación. La ofrenda por el delito, el cordero, era matado, y la sangre no era asperjada sobre el altar, sino puesta sobre "la ternilla de la oreja derecha del que se purifica, y sobre el pulgar de su mano derecha, y sobre el pulgar de su pie derecho. Asimismo tomará el sacerdote del log de aceite, y echará sobre la palma de su mano izquierda" (versículo 14). Después de esto, el sacerdote había de tomar del aceite y "esparcirá del aceite con su dedo siete veces delante de Jehová" (versículo 16). Había luego de ungir al leproso, haciendo con el aceite como había hecho con la sangre. El sacerdote había de ponerlo "sobre la ternilla de la oreja derecha del que se purifica, y sobre el pulgar de su mano derecha, y sobre el pulgar de su pie derecho, sobre la sangre de la expiación por la culpa: Y lo que quedare del aceite que tiene en su mano, pondrá sobre la cabeza del que se purifica: y hará el sacerdote expiación por él delante de Jehová" (versículos 17, 18.) Después de esto, el sacerdote había de ofrecer la ofrenda por el pecado y el holocausto.

Si el leproso era pobre, podía substituir los dos corderos por dos palomas o pichones de palomas, "lo que alcanzare su mano" (versículos 21, 22). Esta declaración ocurre varias veces en la narración. Dios pedía únicamente lo que podía proveer el hombre.

Es significativo que la lepra exigiese una ofrenda por el delito tanto como una ofrenda por el pecado. ¿Hemos de sacar la conclusión de que esta lepra era el resultado de una transgresión conocida? No lo creemos así. Es mejor creer que el ritual en el caso de la lepra ilustra sencillamente el hecho de que hay enfermedad provocada por las transgresiones voluntarias y que no puede ser atribuida a simple ignorancia. Tal es indudablemente la verdad, aunque sería muy osado el hombre que se pronunciase finalmente en un caso específico.

Otra ocasión que exigía una ofrenda por el pecado era la contaminación de un nazareo durante el período de separación. Si ella ocurría, él había de traer "un cordero de un año en expiación por la culpa; y los días primeros serán anulados, por cuanto fue contaminado su nazareato" (Números 6:12). Nótese la declaración de que aun cuando se hacía expiación por él, "los días primeros serán anulados". Podía obtener perdón, pero en muchos casos había una pérdida definida. Esto concuerda con la declaración del Nuevo Testamento: "Si la obra de alguno fuere quemada, será perdida: él empero será salvo, mas así como por fuego" (1 Corintios 3:15). El hombre se salva, pero sufre una pérdida.

El ritual de las ofrendas por el delito o por la culpa es el mismo que el de las ofrendas por el pecado. Se mataba al animal en el mismo lugar y las grasas se quemaban sobre el altar de los holocaustos de la misma manera (Levítico 7:1-5). Se ordenaba a los sacerdotes que comiesen las ofrendas por el pecado según lo provisto en Levítico 6:24-30, y lo mismo regía en el caso de las ofrendas por los delitos. "Todo varón de entre los sacerdotes la comerá: será comida en el lugar santo: es cosa muy santa. Como la expiación por el pecado, así es la expiación de la culpa: una misma ley tendrán: será del sacerdote que habrá hecho la reconciliación con ella" (Levítico 7:6, 7).

Una distinción que había entre las ofrendas por el pecado y las ofrendas por los delitos o la culpa era la de la aspersión de la sangre. En la ofrenda por el pecado, la sangre se ponía sobre los cuernos del altar de los holocaustos (Levítico 4:25, 30, 34). Esto no se menciona acerca de la ofrenda por el delito. De acuerdo con Levítico 7:2, la sangre de la ofrenda por el delito se asperjaba en derredor sobre el altar, así como la sangre de los holocaustos y de las ofrendas pacíficas. Algunos piensan que la declaración: "Como la expiación por el pecado, así es la expiación de la culpa: una misma ley tendrán" (Levítico 7:7), se refiere a la aspersión de la sangre. En tal caso, la sangre de la ofrenda por el pecado, como la de la ofrenda por el delito se asperjaba en derredor sobre el altar y también se ponía sobre los cuernos del altar. Sin embargo, parece que "una misma ley" tiene referencia especial al acto de comer la carne. En ausencia de una declaración precisa al respecto, concluimos que la sangre de la ofrenda por el pecado se ponía sobre los cuernos del altar, y la de la ofrenda por el delito se asperjaba en derredor sobre el altar, y que en ambos casos el resto se derramaba al pie del altar de los holocaustos.

Capítulo 11—El Servicio Diario

Los sacerdotes que oficiaban en el Santuario se dividían en 24 turnos, o divisiones, cada una de las cuales servía dos voces al uno, una semana por vez. Los levitas se dividían en forma similar, como también el pueblo. Los corderos destinados a los sacrificios de la tarde y de la mañana eran provistos por el pueblo; y la sección del pueblo que proveía los corderos para una semana particular, mandaba sus representantes a Jerusalén para aquella semana, a fin de que ayudasen en los servicios, mientras que el resto del pueblo permanecía en casa, celebrando una semana especial de devoción y meditación. En ocasión de una gran fiesta, como la Pascua o el Día de las Expiaciones, gran número de sacerdotes era convocado al santuario, y también un número correspondiente de levitas.

El servicio diario incluía la ofrenda de un cordero sobre el altar de los holocaustos cada tarde y cada mañana, con las oblaciones y libaciones apropiadas, el aderezamiento y el encendido de las lámparas en el lugar santo, la ofrenda del incienso, con el trabajo acompañante, la ofrenda de la oblación de Aarón y sus hijos, la ofrenda de los sacrificios individuales, como las ofrendas por el pecado, los holocaustos, las oblaciones y las ofrendas pacíficas. Además de estos deberes diarios, había muchos otros, como los sacrificios de purificación, las ofrendas por los leprosos, por los votos de los nazareos, por la contaminación. También se necesitaban hombres para llevarse las cenizas, proveer y examinar la leña que se usaba en el altar, para custodiar el santuario, abrir y cerrar las puertas, y actuar como cuidadores en general. El recinto del templo era un lugar atareado desde el alba hasta que las puertas se cerraban al atardecer.

Mientras era aún obscuro por la mañana, las puertas se abrían y se permitía al pueblo entrar. Entre los sacerdotes, se echaban suertes para determinar quiénes habían de presentar el sacrificio, quién había de asperjar la sangre, quién había de llevar las cenizas, quién había de ofrecer el incienso, quién había de aderezar las lámparas, y quién había de proveer el vino para la libación. Los sacerdotes habían pasado la noche en las dependencias del templo, aunque únicamente a los sacerdotes más ancianos se les permitía acostarse a descansar. Se esperaba que los demás quedasen despiertos y estuviesen listos cuandoquiera que los llamasen. Por la mañana, antes de amanecer, se bañaban, y cuando llegaba el momento de echar las suertes, estaban todos listos.

Al determinar quién había de ofrecer el incienso, no se esperaba que un sacerdote que había oficiado antes fuese incluido. Cuando se erigió el santuario, Aarón y sus hijos oficiaban diariamente. Más tarde, había tantos sacerdotes, que se habían de echar suertes para decidir quién había de ofrecer el incienso. Era, por lo tanto, insólito que un sacerdote oficiase en el acto de quemar el incienso más de una vez en su carrera. Como esta parte específica del servicio diario ponía al sacerdote más cerca de la presencia divina que cualquier otra, se la consideraba un gran honor al mismo tiempo que una responsabilidad, y un premio muy codiciado.

Al entrar el sacerdote en el santuario para ofrecer el incienso, el cordero del sacrificio matutino, que había sido previamente elegido y presentado a Jehová, estaba atado a uno de los anillos del piso en la parte norte del altar. Con un cuchillo se cortaba la tráquea del cordero, y se recibía la sangre en un tazón de oro y se la asperjaba en derredor sobre el altar. Después de esto, se desollaba el animal y se lo cortaba en varios pedazos. Las entrañas eran colocadas sobre una de las mesas de mármol provistas con este fin, y lavadas. Después de esto, seis sacerdotes llevaban estos pedazos a la parte superior del altar, donde eran colocados en orden y quemados. Otro sacerdote llevaba la oblación de harina; otro aún, la ofrenda de tortas del sumo sacerdote; y aún otro, la libación. Las ofrendas eran todas saladas con sal antes de ser puestas sobre el altar.

Mientras esto se realizaba afuera, el sacerdote cuya obra consistía en ofrecer el incienso entraba en el lugar santo. Iba generalmente acompañado por otro sacerdote que en una vasija de oro llevaba ascuas vivas del altar de los holocaustos y las colocaba sobre el altar del incienso y se retiraba. El sacerdote cuyo deber era ofrecer el incienso alzaba entonces la tapa del incensario que contenía el incienso y lo derramaba sobre las ascuas del altar. Mientras el incienso ascendía en una nube de humo, el sacerdote se arrodillaba delante del altar en silenciosa adoración.

Debe haber sido un momento solemne para el sacerdote hallarse a solas en el lugar santo, cerca de la tremenda presencia de Jehová, el Señor de los ejércitos. Como en muchos casos era la primera vez que oficiaba así, no era una ocasión común. Ningún sacerdote olvidaba jamás los momentos que había pasado a solas con Dios. Y si, como a veces sucedía, el Señor se le revelaba en la nube sobre el propiciatorio, la impresión de la santidad de Dios que ello dejaba sobre la mente del sacerdote era tan profunda que nunca se podía borrar. Había visto la gloria de Jehová sin haber sido consumido.

La ofrenda del incienso se concluía más o menos al mismo tiempo en que los sacerdotes terminaban su tarea matutina en el altar de los holocaustos. Ejecutado el último acto —el derramamiento de la libación—, los levitas empezaban a cantar el salmo señalado, con el cual se intercalaban las voces de las trompetas de plata tocadas por los sacerdotes. Cuandoquiera que tocaban las trompetas, el pueblo se postraba y oraba. El sumo sacerdote avanzaba a las gradas del templo y con las manos extendidas pronunciaba la bendición sacerdotal sobre el pueblo. Esto concluía el servicio matutino. El servicio vespertino, que se realizaba más o menos a las tres de la tarde, era similar al servicio matutino. Se mataba el cordero, se asperjaba la sangre, se ofrecía el incienso, y se volvía a pronunciar la bendición sacerdotal. Al obscurecer, se cerraban las puertas.

Así se llevaba a cabo cada día del año el servicio diario, inclusive los sábados y días de fiesta. El sábado se ofrecían dos corderos por la mañana y dos por la tarde, en vez de uno, como los días de semana. En otros días de fiesta se ofrecían siete corderos adicionales, pero en los demás el servicio permanecía siendo el mismo.

El cordero ofrecido en el servicio diario era en holocausto. Representaba a toda la nación, era una especie de sumario de todas las ofrendas. Contenía en sí las características vitales do cada uno de los sacrificios: era una ofrenda de sangre, que significaba expiación; era una ofrenda en substitución — "será acepto en favor suyo" (Levítico 1:4, V. M.); era una ofrenda dedicatoria, completamente consagrada a Dios, y consumida sobre el altar; era una ofrenda de olor agradable, "ofrenda encendida de olor suave a Jehová" (versículo 13).

Aunque el sacrificio matutino y vespertino era para la nación en conjunto y no valía para alguna persona específica, llenaba, sin embargo, un propósito definido para con el individuo. Cuando un israelita había pecado, había de traer una ofrenda al templo y allí confesar su pecado. Sin embargo, no le era siempre posible hacerlo. Un pecador podía vivir a un día de viaje, o tal vez a una semana de Jerusalén. Le era imposible venir al templo cada vez que pecaba. Para estos casos, el sacrificio de la mañana y de la tarde constituía una expiación provisoria. Proveía un "manto" hasta el momento en que el pecador pudiese comparecer personalmente en el tabernáculo y ofrecer su ofrenda individual.

Esto queda ilustrado en el caso de Job. Sus hijos "hacían banquetes en sus casas, cada uno en su día" (Job 1:4). En tales festines, sucedían indudablemente cosas que no agradaban a Dios. Job mismo temía que sus hijos pecasen, y también que olvidasen o postergasen la realización del sacrificio necesario. Por esta razón Job "levantábase de mañana y ofrecía holocaustos conforme al número de todos ellos. Porque decía Job: Quizá habrán pecado mis hijos, y habrán blasfemado a Dios en sus corazones. De esta manera hacía todos los días" (versículo 5).

Job ofrecía un holocausto por cada uno de sus hijos. "Quizá habrán pecado mis hijos", decía. Creía que su ofrenda constituía una expiación provisoria por ellos hasta el momento en que reconociesen su culpa y estuviesen dispuestos a presentarse a Dios ellos mismos.

Igualmente, el sacrificio matutino y vespertino era una expiación provisoria en favor de Israel. Significaba consagración y aceptación por substitución. Acerca del holocausto individual se dice: "Será acepto en favor suyo" (Levítico 1:4, V. M.) Si la ofrenda individual era así acepta "en favor suyo", ¿no podemos creer que la ofrenda nacional era aceptada en favor de toda la nación?

Cristo murió por todos. Tanto el santo como el pecador participan del sacrificio del Calvario. "Siendo aún pecadores" ¡él dio su vida como rescate! Muchos no harán la aplicación personal del sacrificio, pero permanece el hecho de que Cristo murió por ellos. Su sangre los cubre. Ha sido hecha una provisión amplia y completa para mi salvación. Cristo "es Salvador de todos los hombres, mayormente de los que creen" (1 Timoteo 4:10). Cada alma que vive hoy debe su vida al Gólgota. Si no hubiese sido por "el Cordero, el cual fue muerto desde el principio del mundo", Adán habría quedado sin esperanza. Las palabras: "El día que de él comieres, morirás," habrían sellado su suerte para toda la eternidad (Apocalipsis 13:8; Génesis 2:17). Pero se le perdonó la vida a Adán. No murió. El Cordero tomó su lugar.

Así también sucede ahora. Dios no ha cambiado. El pecado y los pecadores no tienen derecho a existir. El pecado es tan ofensivo a la vista de Dios hoy como en el huerto de Edén. Se permite a los pecadores vivir y se les concede un sobreseimiento de la ejecución únicamente en virtud de la sangre expiatoria de Cristo. Porque murió el Cordero, viven ellos. Se les concede tiempo de gracia. De día en día Cristo les da vida, "si en alguna manera, palpando, le hallen" (Hechos 17:27). 135

"El servicio matutino expiaba los pecados cometidos durante la noche anterior, el servicio de la tarde expiaba los pecados cometidos durante el día" —Jewish Encyclopedia, tomo 2, pág. 277.

Así como los sacrificios de la mañana y de la tarde se ofrecían en favor de la nación, y cubrían provisionalmente todo pecado cometido durante la noche o el día anterior, se comprende fácilmente que algunos de los pecados así cubiertos no eran confesados, y quizás no lo fueran nunca. A menos que so crea que cada hombre do Israel reconocía inmediatamente que había transgredido, y confesaba sus pecados, debía transcurrir cierto tiempo entre la comisión del pecado y su confesión. Esto, por supuesto, quedaba más acentuado si transcurrían algunas semanas o meses antes de la confesión. En caso de los impenitentes o de aquellos que apostataban, su día de gracia expiraba en el día de las expiaciones. Toda persona que en esa oportunidad no afligía su alma era "cortada de sus pueblos", es decir, quedaba fuera de la comunidad de la iglesia, excomulgada (Levítico 23:29).

La cuestión de saber si todos los pecados cometidos eran transferidos al santuario, se levanta algunas veces. El estudio que hemos realizado hasta aquí nos induce a creer que los pecados eran provisoriamente cubiertos por el sacrificio matutino y vespertino, cuando se ofrecía el cordero sobre el altar de los holocaustos a favor de toda la nación. La sangre del sacrificio de los holocaustos era siempre asperjada "alrededor sobre el altar" (Levítico 1:5, 11). En el caso que se usara un ave, la sangre era "exprimida sobre la pared del altar" (versículo 15). Por lo tanto, aceptamos la opinión de que en el servicio diario mediante la aspersión de la sangre sobre el altar había una transferencia de los pecados al altar de los holocaustos, y que los pecados así transferidos, incluían los pecados de todo el pueblo. Si se admite que los holocaustos hacían expiación por el pecado, según se declara en Levítico 1:4; si se admite que el holocausto diario era para la nación, y que hacía para Israel la misma obra que los holocaustos de Job hacían para sus hijos (Job 1:5); si se considera muy probable que todos los pecados eran conocidos inmediatamente y confesados antes de la hora del próximo sacrificio matutino o vespertino, parece inevitable la conclusión de que todos los pecados eran provisoriamente atendidos cuando se ofrecía el cordero en sacrificio sobre el altar.

Casi huelga repetir que esta provisión temporal era eficaz únicamente en la medida en que el transgresor hacía una confesión personal de su pecado y traía su sacrificio individual por el pecado, exactamente como un pecador se salva ahora por el sacrificio de Cristo en el Calvario, únicamente si acepta personalmente a Cristo. La muerte del Cordero de Dios en el Gólgota fue por todos los hombres, pero únicamente aquellos que aceptan el sacrificio y hacen una aplicación personal de él serán salvos. La muerte del cordero en el altar judaico era por toda la nación, pero típicamente aquellos que se arrepentían y manifestaban su fe trayendo un sacrificio personal quedaban incluidos en la reconciliación del día de las expiaciones. Los otros eran "cortados".

Es de notar, sin embargo, que esos pómulos no confesados no eran transferidos al santuario propiamente dicho, sino al altar de los holocaustos. Los sacerdotes no comían la carne de los holocaustos; ésta era consumida por completo en el altar (Levítico 1:13). La sangre no era puesta sobre los cuernos del altar, como en el caso de las ofrendas por el pecado, ni era llevada adentro del santuario, sino que era asperjada "alrededor sobre el altar" (Levítico 1:5, 11; 4:25, 30, 34). Es, por lo tanto, claro que estos pecados eran transferidos al altar de los holocaustos y no al santuario propiamente dicho.

Los sacrificios matutinos y vespertinos simbolizaban no solamente la expiación provista por el cordero, sino también la consagración de toda la nación a Jehová. La víctima, totalmente consumida en el altar, era emblema de los que diariamente se dedicaban a Dios, cuyo todo estaba sobre el altar, y que estaban dispuestos a seguir al Cordero, dondequiera que los condujese. Mañana y tarde sus oraciones ascendían al Dios de Israel, mezcladas con el suave incienso de la justicia y perfección de Cristo.

El pan de la proposición era una ofrenda perpetua a Jehová, y podría considerarse, por lo tanto, como parte del servicio diario. Consistía en doce panes colocados en dos hileras sobre la mesa en el primer departamento del santuario. Ese pan era renovado cada sábado en el momento en que se cambiaban los turnos de sacerdotes. El pan que estaba siempre delante de Jehová, se llamaba "el pan de la proposición" (Éxodo 25:30.) Como el sacrificio matutino y vespertino simbolizaba la consagración diaria de la nación a Dios y también su dependencia de la sangre expiatoria, como la ofrenda del incienso simbolizaba los méritos y la intercesión de Cristo, como las lámparas do los candelabros representaban la luz de Dios que resplandecía en el alma e iluminaba el mundo, así el pan de la proposición representaba el reconocimiento de parte del hombre de que dependía de Dios para el alimento temporal y espiritual, y que había de recibirlo únicamente por los méritos y la intercesión de Cristo, el pan que descendió del cielo (Juan 6:48-51).

El servicio diario proveía así expiación por la sangre del cordero; intercesión por la nube ascendente del incienso; vida, física y espiritual, por el pan de la presencia; luz por la lámpara del candelabro. Visto desde el lado humano, el servicio diario significaba consagración, ilustrada por el cordero sobre el altar; oración, por el humo del incienso; reconocimiento de una dependencia completa de Dios, por el alimento diario; y comprensión de que únicamente por la luz que Dios derrama sobre nuestra senda pueden ser iluminadas nuestras obscurecidas mentes y vidas. El servicio diario simbolizaba y significaba la necesidad que tiene el hombre de Dios, y también la completa provisión que hace Dios para suplir esta necesidad.

Los servicios diarios descritos hasta aquí han sido de una naturaleza general, por la nación.

Había otra clase de igual importancia, a saber, la ofrenda de sacrificios traídos por los individuos con propósitos específicos. Estos se dividían en dos clases: ofrendas de olor agradable, y ofrendas que no eran de olor agradable. Las ofrendas de olor agradable eran las que denotaban consagración, dedicación o agradecimiento. Eran holocaustos, ofrendas pacíficas y oblaciones. Las ofrendas que no eran de olor agradable eran las ofrendas por el pecado y los delitos. Con la excepción de las oblaciones, eran todas ofrendas sangrientas; y como tales, tenían valor expiatorio, aunque no todas eran específicamente ofrecidas por el pecado. El holocausto era una ofrenda de consagración y dedicación, y sin embargo tenía significado expiatorio (Levítico 1:4). Así también la ofrenda pacífica. El ofrendante ponía su mano sobre la cabeza de la víctima y la mataba a la puerta del tabernáculo; después de esto el sacerdote asperjaba la sangre en derredor sobre el altar. Esto procedimiento era el mismo que en el caso de los holocaustos, y significaba expiación (Levítico 3:2).

Las ofrendas por el pecado y los delitos eran las más importantes. Expiaban los pecados individuales, y devolvían al transgresor el favor de Dios. Como estas ofrendas han sido consideradas ya, no es necesario entrar en detalles acerca de su ritual. Sin embargo algunas observaciones vienen al caso.

La sangre de la víctima no era siempre llevada hasta adentro del lugar santo, para ser asperjada delante del velo. Esto, como se ha notado ya, se hacía únicamente en el caso del sacerdote ungido y de toda la congregación (Levítico 4:5, 16, 17). Cuando una persona común o un príncipe pecaba, la sangre era colocada sobre los cuernos del altar de los holocaustos afuera del tabernáculo, y la carne era comida por los sacerdotes (Levítico 4:25, 34; 6:30).

Cuando el sacerdote ungido pecaba, no había ninguno de jerarquía superior para llevar su pecado. En tal caso la carne no se comía, pero la sangre se llevaba adentro del lugar santo y allí se asperjaba delante del velo. Lo mismo se hacía en caso que pecase toda la nación. La carne no se comía, pero la sangre se llevaba adentro del lugar santo, y allí se asperjaba delante del velo.

Cuando pecaba un miembro del común del pueblo o uno de los príncipes, la situación era diferente. Por ellos, el sacerdote podía llevar el pecado. Por lo tanto la carne se comía, y el sacerdote que la comía, por este acto, tomaba sobre sí el pecado del individuo. Además de comer el sacerdote la carne, la sangre era puerta sobre los cuernos del altar de los holocaustos.

De esto se desprende que los pecados individuales que eran confesados eran transferidos al santuario de dos maneras. Cuando el sacerdote ungido o toda la congregación pecaban, el pecado era, por medio de la sangre, transferido al santuario, al lugar santo. Cuando un príncipe o un miembro del pueblo común pecaban, el pecado, por medio del acto de comer la carne, era transferido al sacerdocio, y por medio de la sangre, al altar del holocausto.

Cuando fue instituido el servicio del santuario, Aarón y sus hijos ministraban diariamente en el primer departamento del santuario. El sumo sacerdote ofrecía la oblación, cuidaba las lámparas, las encendía, y quemaba el incienso en el lugar santo (Levítico 6:19-23; 24:2-4; Números 8:2, 3; Éxodo 30:7, 8). Más tarde llegó a ser costumbre do los sacerdotes oficiar en el primer departamento, y tan sólo ocasionalmente servía allí el sumo sacerdote, como en el sábado o los días de fiesta, y especialmente en el día de las expiaciones o la semana precedente. Es significativo que aunque en el servicio diario el sumo sacerdote oficiaba vestido de las ropas de sumo sacerdote, llevaba las ropas blancas del sacerdote cuando entraba en el lugar santísimo el día de las expiaciones (Levítico 16:4, 23, 24).

Al resumir la obra del servicio diario en el santuario, se destacan los siguientes puntos:

1. En el sacrificio matutino y vespertino del cordero sobre el altar de los holocaustos se suple una expiación general y provisoria para la nación. La sangre del cordero registra los pecados cometidos y provee la expiación por ellos hasta cuando el transgresor traiga su sacrificio individual por el pecado, o si no lo hace, hasta el día de la expiación. El cuerpo del cordero significa la consagración de Israel a Jehová, y prefigura a Cristo que "nos amó, y se entregó a sí mismo por nosotros, ofrenda y sacrificio a Dios en olor suave" (Efesios 5:2). Los pecados atendidos en forma temporal y provisoria por los sacrificios matutinos y vespertinos son, hablando en general, pecados no confesados. Estos, igualmente como los otros pecados, contaminan el tabernáculo de Jehová (Números 19:13, 20).

2. Los sacrificios individuales por el pecado constituyen un registro de los pecados perdonados. Cada pecado ha sido registrado por la aspersión de la sangre del holocausto matutino y vespertino. El acto de traer una ofrenda individual registra el perdón de estos mismos pecados. Es como si se llevasen libros y se hiciese un registro fiel de todo pecado. Luego, cuando el transgresor se arrepiente de su pecado y pide perdón, el perdón queda registrado frente a su nombre.

3. Los pecados no confesados son registrados en el altar del holocausto fuera del tabernáculo. Los pecados confesados son registrados en el lugar santo, o sobre los cuernos del altar de los holocaustos. Sin embargo, todos los pecados confesados llegan eventualmente al suntuario. Mientras los sacerdotes comen la carne de las ofrendas, la sangre de las cuales es asperjada en los cuernos del altar de los holocaustos, los pecados son, por medio de las ofrendas de los sacerdotes tanto como por la ofrenda diaria del sumo sacerdote (Hebreos 7:27), transferidos al lugar santo. Quedamos, pues, justificados al decir que todos los pecados confesados —y que únicamente los pecados confesados— están en el santuario propiamente dicho. Cuando llega el día de las expiaciones, únicamente los pecados confesados son los que pasan en revista delante de Dios, y únicamente los pecadores que por el arrepentimiento y la confesión han recibido ya el perdón y cuyos pecados han sido transferidos al santuario, reciben la expiación, y el borramiento de sus pecados.

Así, día tras día, durante todo el año, los pecados eran transferidos al santuario y lo contaminaban. Esto, por supuesto, no podía continuar indefinidamente. Debía llegar un día de ajuste final de cuentas, un día de purificación. Ese día era el día de las expiaciones. Era el día del juicio, el día supremo del año. A ese día vamos a dedicar ahora nuestra atención.

Capítulo 12—El Día De Las Expiaciones

El día de las expiación es era el gran día en Israel. Era peculiarmente santo, y en él no se debía realizar trabajo alguno, Los judíos lo llamaban Yoma, el día. Era la clave del sistema de sacrificios. El que no afligía su alma en ese día, era cortado de Israel (Levítico 23:29). El día de las expiaciones caía en el décimo día del mes séptimo, llamado Tishri, que corresponde generalmente a nuestro mes de octubre. La preparación especial que debía hacerse para este día empezaba con diez días de anticipación. Acerca de esto la Enciclopedia Judía dice, en el artículo Expiación: "Los primeros diez días de Tishri llegaron a ser los diez días de penitencia del año destinados a producir un cambio perfecto del corazón, y a hacer a Israel como criaturas recién nacidas, alcanzándose la culminación en el día de las expiaciones, en el cual el mayor don de la religión, la misericordia perdonadora de Dios, era ofrecida al hombre" —Tomo 2, pág. 281. La misma obra declara, además, que "la idea desarrollada también en los círculos judíos era que el primero de Tishri, el día del año nuevo sagrado y aniversario de la creación, se juzgaban los hechos del hombre, y se decidía su destino, y que en el décimo día de Tishri, el decreto del cielo quedaba sellado" —Ibíd.

Un concepto judío de lo que sucedía en el día de las expiaciones se nos presenta así en la misma Enciclopedia: "Dios, sentado en su trono para juzgar al mundo, siendo al mismo tiempo Juez, Intercesor, Experto y Testigo, abre el libro de registros; éste es leído, y se encuentra en él la firma de cada hombre. Suena la gran trompeta; se oye una queda vocecita; los ángeles se estremecen diciendo: Este es el día del juicio; porque sus mismos ministros no son puros delante de Dios. Como un pastor reúne su rebaño, haciéndolo pasar bajo el cayado, así también Dios hace pasar a cada alma viviente delante de sí para fijar el límite de la vida de cada criatura para preordenar su destino.

En el día de año nuevo el decreto está escrito; en el día de las expiaciones queda sellado quién ha de vivir y quién ha de morir, etc. Pero la penitencia, la oración y la caridad pueden suspender el infausto decreto." —Id., pág. 286.

El tercer día del mes séptimo, el sumo sacerdote se trasladaba de su casa de Jerusalén a las dependencias del templo. Allí dedicaba la semana a orar y meditar, y también a repasar el ritual del día de las expiaciones, a fin de no cometer error. Había también con él, por lo menos en los años ulteriores, otro sacerdote, que en caso que el sumo sacerdote enfermase o muriese, podría proseguir con el servicio el día de las expiaciones. Generalmente, uno de los sacerdotes más ancianos estaba también con el sumo sacerdote durante ese tiempo, instruyéndolo y ayudándolo, y asegurándose de que todo era comprendido y sería hecho de la manera aprobada. La noche antes del día de las expiaciones, no se le permitía dormir al sumo sacerdote, no fuera que se contaminase.

El día de las expiaciones todos se levantaban temprano. El sumo sacerdote oficiaba en el sacrificio matutino diario, que se realizaba como en los otros días (Números 29:11). Terminado este servicio, empezaban los servicios especiales. El relato del capítulo 16 de Levítico nos da la siguiente información:

El sumo sacerdote se había de bañar primero y ponerse las santas ropas blancas. Durante todo el año había estado llevando las insignias del sumo sacerdote, el hermoso manto y el efod con las piedras preciosas y el pectoral. Pero en este día, antes de entrar en el lugar santísimo, ponía a un lado estas ropas y se vestía con las ropas blancas del sacerdote, siendo la diferencia entre su atavío y el del sacerdote ésta: que el cinturón era blanco, y que llevaba la mitra de lino del sumo sacerdote en vez del gorro del sacerdote (Levítico 16:4; Éxodo 28:39, 40; 39:28).

Cuando empieza el servicio, el sumo sacerdote recibe de la congregación dos machos cabríos y un carnero, que, juntamente con su propia ofrenda por el pecado, de un becerro, son presentados delante de Jehová. Mata al becerro, que es para él mismo, y un sacerdote toma parte de la sangre en un tazón, y la agita a fin de que no se coagule mientras el sumo sacerdote cumple otra parte del servicio.

Después que se ha matado el becerro, el sumo sacerdote toma ascuas del altar de los holocaustos, y las pone en el incensario. También llena sus manos de suave incienso, y llevando tanto las ascuas como el incienso, penetra en el tabernáculo y entra en el lugar santísimo. Allí pone el incensario sobre el propiciatorio, "y la nube del perfume cubrirá la cubierta que está sobre el testimonio, y no morirá" (Levítico 16:13).

Habiendo terminado esta parte de la ceremonia, sale y recibe del sacerdote la sangre del becerro, que lleva, al lugar santísimo. Allí rocía la sangre con el dedo sobre el propiciatorio hacia el este, y "hacia la cubierta esparcirá siete veces de aquella sangre con su dedo" (versículo 14) Por este acto hace "reconciliación por sí y por su causa" (versículo 6).

Antes de que se mate el becerro, se ha realizado otra ceremonia. Se han echado suertes sobre dos machos cabríos, una suerte para Jehová y la otra para Azazel (versículo 8). El macho cabrío que le toca a Jehová ha de ser ofrecido como ofrenda por el pecado. El otro, el macho cabrío para Azazel, ha de ser presentado vivo delante de Jehová, "para hacer la reconciliación sobre él, para enviarlo a Azazel al desierto" (versículo 9, 10).

Después que el sumo sacerdote sale del lugar santísimo, habiendo cumplido el ritual con la sangre del becerro, mata al macho cabrío de la ofrenda por el pecado que toca al pueblo. Vuelve a entrar en el lugar santísimo, y asperja la sangre del macho cabrío como asperjó la sangre del becerro sobre el propiciatorio y delante de él (versículo 15). Esto hace expiación por el santísimo, "de las inmundicias de los hijos de Israel, y de sus rebeliones, y de todos sus pecados" (versículo 16). Luego hace lo mismo en favor del tabernáculo del testimonio, es decir el lugar santo. Habiendo hecho expiación por el santuario, sale al altar y hace expiación por él, poniendo sobre los cuernos del altar parte de la sangre del becerro y de la sangre del macho cabrío. La asperja con su dedo siete veces, "y lo limpiará, y lo santificará de las inmundicias de los hijos de

Israel" (versículo 19).

Habiendo hecho así reconciliación, "cuando hubiere acabado de expiar el santuario, y el tabernáculo del testimonio, y el altar, hará llegar el macho cabrío vivo: Y pondrá Aarón ambas manos suyas sobre la cabeza del macho cabrío vivo, y confesará sobre él todas las iniquidades de los hijos de Israel, y todas sus rebeliones, y todos sus pecados, poniéndolos así sobre la cabeza del macho cabrío, y lo enviará al desierto por mano de un hombre destinado para esto. Y aquel macho cabrío llevará sobre sí todas las Iniquidades de ellos a tierra inhabitada: y dejará ir el macho cabrío por el desierto" (versículos 20-22).

Terminada esta parte del servicio, Aarón se saca las ropas de lino, se lava en agua, y se pone las ropas regulares de sumo sacerdote (versículos 23, 24). Luego sale y ofrece un holocausto por sí mismo y uno por el pueblo (versículo 24). La grasa de la ofrenda por el pecado es entonces quemada sobre el altar. El hombre que condujo al macho cabrío al desierto debe bañarse y lavar sus ropas antes de que pueda volver al campamento. El hombre que hizo desaparecer el becerro cuya sangre fue llevada adentro del santuario y cuyo cuerpo fue quemado afuera del campamento, debe también lavar sus ropas y bañarse en agua antes de que pueda volver (versículos 26-28.) La ofrenda especial mencionada en Números 29:7-11, que consistía en un becerro, un carnero y siete corderos para el holocausto, y "un macho cabrío por expiación: además de la ofrenda de las expiaciones por el pecado", es entonces ofrecida antes del sacrificio vespertino regular, que cierra los servicios del día.

Acerca de la obra realizada en aquel día, el relato declara: "En este día se os reconciliará para limpiaros; y seréis limpios de todos vuestros pecados delante de Jehová" (Levítico 16:30). Se nos da un resumen en el versículo 33: "Expiará el santuario santo, y el tabernáculo del testimonio; expiará también el altar, y a los sacerdotes, y a todo el pueblo de la congregación".

Al leer el relato acerca del día de las expiaciones en el capítulo 16 de Levítico, se nos presentan algunas preguntas que vamos a considerar ahora. Si se pregunta: ¿Qué era exactamente lo que lograban los servicios del día de las expiaciones? la respuesta es, por supuesto, que se hacía expiación. Si se pregunta además: ¿Para quién o en favor de qué se hacía expiación? la respuesta es, en el lenguaje del versículo 33, que se hacía expiación por el santuario, por el tabernáculo del testimonio, por el altar, por los sacerdotes y por todo el pueblo.

Esto divide la expiación en dos partes: expiación por el santuario, es decir por las cosas santas; y expiación por las personas, es decir, por los sacerdotes y el pueblo. El propósito de la expiación por el pueblo era, se declara, "para limpiaros; y seréis limpios de todos vuestros pecados delante de Jehová" (versículo 30). En cuanto al santuario, se hace esta declaración: "Limpiará el santuario, de las inmundicias de los hijos de Israel, y de sus rebeliones, y de todos sus pecados: de la misma manera hará también al tabernáculo del testimonio, el cual reside entre ellos en medio de sus inmundicias" (versículo 16). Acerca del altar se dice: "Esparcirá sobre él de la sangre con su dedo siete veces, y lo limpiará, y lo santificará de las inmundicias de los hijos de Israel" (versículo 19).

Habrá de notarse que los lugares santos y el altar no eran purificados por causa de algún pecado inherente o mal que hubiese en el santuario o en el altar como tales, sino a causa "de las inmundicias de los hijos de Israel", y a causa "de sus rebeliones, y de todos sus pecados". Lo mismo se aplica al altar. El sacerdote lo "limpiará, y lo santificará de las inmundicias de los hijos de Israel" (versículo 19).

Estas declaraciones recalcan que eran los pecados de Israel los que contaminaban el santuario y el altar. Esta contaminación se había producido durante todo el año en el servicio diario. Cada mañana y cada tarde se había matado un cordero y se había asperjado su sangre sobre el altar. Esto había contaminado el altar. Los transgresores habían traído sus ofrendas por el pecado y los delitos. En el caso de un sacerdote o de toda la congregación, la sangre de la víctima había sido asperjada en el lugar santo. Esto había contaminado el santuario. En el caso de un príncipe o de un miembro del pueblo común, la sangre había sido puesta sobre los Muirnos del altar de los holocaustos, y la carne había sido comida por los sacerdotes. Esto había transferido los pecados al sacerdocio y había contaminado el altar. Por estos medios, el santuario y el altar habían sido contaminados, y el sacerdocio había tenido que llevar los pecados. Los servicios del día de expiaciones tenían por fin liquidar todos estos pecados y purificar tanto el santuario como el sacerdocio y el pueblo.

Puede preguntarse con acierto: ¿Por qué necesitaba el pueblo purificación? ¿No había llevado su sacrificio de vez en cuando durante el año, confesado su pecado y vuelto a su casa perdonado? ¿Por qué necesitaba ser perdonado dos veces? ¿Por qué había de hacerse "conmemoración" de los pecados "cada año"? ¿No estaban "limpios de una vez" los adoradores y no tenían "más conciencia de pecado"? (Hebreos 10:2, 3). Estas preguntas exigen una respuesta.

Puede ser apropiado observar que nuestra salvación se obtiene siempre bajo condición de arrepentimiento y perseverancia. Dios perdona, pero el perdón no es incondicional ni independiente de la conducta futura del pecador. Notemos cómo lo expresa Ezequiel: "Si el justo se apartare de su justicia, y cometiere maldad, e hiciere conforme a todas las abominaciones que el impío hizo, ¿vivirá él? Todas las justicias que hizo no vendrán en memoria; por su rebelión con que prevaricó, y por su pecado que cometió, por ello morirá" (Ezequiel 18:24).

El texto declara que cuando un hombre se aparta de lo recto, todas sus buenas acciones "no vendrán en memoria". Lo contrario es también verdad. Si un hombre ha sido perverso, pero se aparta de sus malos caminos, "todas sus rebeliones que cometió, no le serán recordadas" (versículo 22).

Dios lleva una cuenta con cada hombre. Cuandoquiera que un corazón fiel eleva a Dios una oración por perdón, Dios lo perdona. Pero a veces los hombres cambian de propósito. Se arrepienten de haberse arrepentido. Muestran por su vida que su arrepentimiento no es permanente. Y así Dios, en vez de perdonarlos en forma absoluta y final, anota el perdón frente a los nombres de los hombres y aguarda para borrar en forma final sus pecados hasta que hayan tenido tiempo de reflexionar en el asunto. Si al fin de su vida siguen manteniendo la misma actitud, Dios los tiene por fieles, y en el día del juicio, su registro queda finalmente limpio. Así también sucedía antiguamente en Israel. Cuando llegaba el día de las expiaciones, cada transgresor tenía oportunidad de demostrar que tenía todavía el mismo propósito y quería el perdón. En tal caso, se borraba el pecado, y él quedaba completamente limpio.

El día de la expiación era el día del juicio para Israel, según lo evidencian las citas que hemos dado al principio de este capítulo. Día tras día durante el año, los transgresores so habían presentado en el templo y recibido perdón. En el día de las expiaciones estos pecados pasaban en revista delante de Dios, o como se dice en Hebreos, había una "conmemoración de los pecados" (Hebreos 10:3). En aquel día, cada verdadero israelita renovaba su consagración a Dios y confirmaba su arrepentimiento, como resultado, quedaba no sólo perdonado, sino limpiado. "En este día se os reconciliará para limpiaros; y seréis limpios de todos vuestros pecados delante de Jehová"

(Levítico 16:30). Debe haber sido con felicidad en su corazón como Israel volvía a casa en la noche de aquel día. "Limpios de todos vuestros pecados". ¡Qué admirable promesa! La misma promesa se hace en el Nuevo Testamento: "Si confesamos nuestros pecados, él es fiel y justo para que nos perdone nuestros pecados, y nos limpie de toda maldad" (1 Juan 1:9). ¡No sólo somos perdonados, sino limpiados! ¡Limpiados de "toda maldad," de todos "nuestros pecados"!

Acerca del día final el revelador dice: "Vi los muertos, grandes y pequeños, que estaban delante de Dios; y los libros fueron abiertos: y otro libro fue abierto, el cual es de la vida: y fueron juzgados los muertos por las cosas que estaban escritas en los libros, según sus obras" (Apocalipsis 20:12). "Fueron juzgados los muertos por las cosas que estaban escritas en los libros". El día de las expiaciones era una figura de aquel día. No se llevaban libros en el santuario. Pero había un registro del pecado. Cada gota de sangre puesta en el altar de los holocaustos, en el cual era asperjada en ocasión del servicio matutino y vespertino, constituía un registro de los pecados cometidos. Sobre los cuernos del mismo altar, y también en el lugar santo, por la aspersión de la sangre se hacía un registro de los pecados perdonados cuando los pecadores venían con sus sacrificios personales a obtener perdón. En el día de las expiaciones los pecados de aquellos que habían ya obtenido el perdón eran borrados. Los otros eran "cortados". Así el santuario quedaba purificado del registro del pecado acumulado durante el año. Esta purificación del registro efectuaba también la purificación del pueblo cuyos pecados ya habían sido perdonados. Los pecados eran borrados. Ya no quedaban como testimonio contra el pueblo. La expiación estaba hecha, y el pueblo no se hallaba ya bajo condenación. Estaba limpio, libre, feliz. Ni siquiera el registro subsistía.

Ahora nos toca averiguar exactamente cómo se producía esta expiación. El estudiante observador deseará saber cómo puede limpiarse el santuario por la aspersión de la sangre, cuando por este mismo medio el santuario quedaba contaminado. ¿Acaso el añadir más sangre no había de contaminarlo aún más en vez de limpiarlo? También querrá saber el estudiante por qué se usaba un becerro como ofrenda por el pecado, además de un macho cabrío, y qué lograba cada uno de ellos; y finalmente por qué era necesario un macho cabrío para Azazel.

En cualquier estudio del santuario y del sacerdocio levítico, se ha de recordar que ningún tipo es una contraparte exacta de lo que realmente estaba destinado a representar. La obra real de la expiación en el cielo entraña tantos factores que es completamente imposible hallarle un paralelo terrenal. Cristo vivió, murió y resucitó. ¿Cómo puede hallarse un tipo adecuado para ilustrar esto? Un cordero puede representar a Cristo y ser muerto como él fue muerto. Pero, ¿cómo puede indicarse la resurrección? Puede usarse otro animal vivo, pero la figura no es perfecta.

El sumo sacerdote prefiguraba a Cristo. Pero Cristo era sin pecado, mientras que no sucedía lo mismo con el sumo sacerdote. Cualquier ofrenda que el muso sacerdote ofreciese por sus propios pecados, no podía, por lo tanto, ser un tipo fiel. Por estas razones, se necesitaban varias ceremonias para ilustrar la obra completa de Cristo; sin embargo no alcanzaban a ilustrarla plenamente. El sacerdote representaba ciertos aspectos del ministerio di Cristo. Así también el sumo sacerdote, el velo, el pan de la proposición, el incienso, el cordero, el macho cabrío, la oblación, y muchos otros detalles del servicio del santuario. El departamento santo tenía su significado; también lo tenía el santísimo, el atrio, el altar, la fuente, el propiciatorio. Casi todo era simbólico, desde la ropa del sacerdote hasta las cenizas usadas para rociar a los inmundos. Sin embargo, todo esto puesto junto no constituye un tipo completo, y mucho de ello no refleja sino imperfectamente su original.

En otro capítulo se hace hincapié en el hecho de que Aarón no sólo representaba al pueblo, sino que casi se identificaba con él. Lo que él hacía, el pueblo lo hacía. Lo que el pueblo hacía, el sacerdote lo hacía.

El sumo sacerdote "representaba a todo el pueblo. Todo Israel estaba reconocido como en él". En él "todo lo que pertenecía al sacerdocio se concentraba y llegaba a su culminación". "Cuando él pecaba, el pueblo pecaba".

Adán era el hombre representativo. Por él "el pecado entró en el mundo". Por su desobediencia "los muchos fueron constituidos pecadores". Y así "por un delito reinó la muerte por uno", y "por el delito de aquel uno murieron los muchos" (Romanos 5:12, 19, 17, 15).

Cristo también era el hombre representativo. Era el segundo hombre y el postrer Adán. "El primer hombre, es de la tierra, terreno: el segundo hombre, que es el Señor, es del cielo" (1 Corintios 15:47). Este segundo hombre, "que es el Señor", deshizo todo lo que había hecho el primer hombre por su transgresión. Por la desobediencia del primer hombre "muchos fueron hechos pecadores". Por la obediencia del segundo hombre "muchos serán hechos justos" (Romanos 5:19). Por la ofensa del primer hombre "vino la culpa a todos los hombres para condenación". Por la justicia del secundo hombre "vino la gracia a todos los hombres para justificación de vida" (versículo 18). Y así, "como en Adán tojos mueren, así también en Cristo todos serán vivificados" (1 Corintios 15:22).

El sumo sacerdote era una figura de Cristo y un representante de la nación. Como representante de la nación, se identificaba con sus pecados, y era digno de muerte. Como figura de Cristo, era su mediador y salvador. En ambos casos intercedía con Dios por el pueblo. En este sentido era el pueblo. Si Dios lo aceptaba, aceptaba al pueblo en él. Si Dios lo rechazaba, rechazaba al pueblo en él. Por esta razón el pueblo tenía ansiedad de oír el sonido de las campanas y de las granadas en el día de las expiaciones. Cuando por fin la expiación había sido realizada y la reconciliación había sido completada, el sonido de las campanas al vestirse nuevamente el sumo sacerdote, era la señal de que Dios había aceptado al substituto. Cuando salía y el sonido era oído claramente por todos, su gozo y agradecimiento eran profundos. Dios los había aceptado una vez más en la persona del sumo sacerdote.

Cuando el sumo sacerdote entraba en el lugar santísimo el día de las expiaciones, entraba como representante del pueblo. En él aparecía Israel delante de Jehová a dar cuenta de los pecados del año. El registro de estos pecados aparecía en la sangre sobre el altar de los holocaustos y en el lugar santo. Con el día de las expiaciones, había llegado el día del ajuste de cuentas, el día de juicio en que todos los pecados habían de pasar en revista delante de Dios. El sumo sacerdote aparece en la presencia de Dios mientras que el velo del incienso lo escuda. Por primera vez ese año el pecado es traído delante de Dios en el lugar santísimo. El sumo sacerdote asperja la sangre del becerro "hacia la cubierta al lado oriental: hacia la cubierta esparcirá siete veces de aquella sangre con su dedo", y recibe "reconciliación por sí y por su casa" (Levítico 16:14, 11). Está, limpio. Cualesquiera que sean los pecados de los cuales fuese responsable, han sido en figura transferidos al santuario. Él está limpio; pero no el santuario.

Lo que se ha logrado es esto: el sumo sacerdote, en su carácter de representante, ha aparecido delante de Dios y la ley. Ha reconocido sus pecados y ha asperjado la sangre. La ley preguntaba en efecto:

—¿Has pecado?

El sumo sacerdote contestaba:

—He pecado, y he confesado mis pecados.

La ley dice:

—La paga del pecado es la muerte. No tengo más remedio que exigir tu vida.

El sumo sacerdote responde:

—He traído la sangre de la víctima. Acéptala.

La sangre es asperjada sobre el propiciatorio. Un substituto ha sido aceptado en lugar del pecador. Sobre este substituto ha sido puesto el pecado; ha sido hecho pecado, y como tal ha muerto. Ha pagado la penalidad de la transgresión. Ha muerto en lugar del pecador y por el pecado, ha pagado la deuda de vida a causa del pecado.

En nuestra consideración de los sacrificios por el pecado, se ha recalcado la imposición de las manos sobre la cabeza de la víctima, por la cual se transfería el pecado a la víctima. En cada caso la víctima muere con la culpa sobre su cabeza, muere por el pecado. Así tomó Cristo nuestros pecados sobre sí mismo y fue hecho pecado. Siendo hecho pecado, debe morir; porque la paga del pecado es la muerte.

Sin embargo, Cristo no sólo murió por el pecado, sino por los pecadores. Cuando murió por el pecado, murió porque se identificó con nosotros y tomó nuestros pecados sobre sí mismo. Murió por los pecados porque nuestros pecados fueron puestos sobre él, y debió llevar la penalidad. Al morir así por los pecadores, satisfizo los requerimientos de la ley.

Cristo murió no solamente como substituto del pecador, sino también como el que no había pecado. Al haber tomado nuestros pecados sobre sí —y lo decimos esto con reverencia— debía morir; la ley lo exigía. Pero personalmente Cristo no había pecado. Era sin pecado; y sin embargo murió. Y la muerte del Ser sin pecado es una parte definida del plan do Dios. La muerte del pecador satisface el requerimiento du la ley. La muerte del que no ha pecado provee la redención y libra al pecador de la muerte.

Después que el sumo sacerdote había ofrecido el becerro y asperjado su sangre sobre el propiciatorio y delante del propiciatorio, tenía que matar "el macho cabrío, que era del pueblo, y meterá la sangre de él del velo adentro; y hará de su sangre como hizo de la sangre del becerro, y esparcirá sobre la cubierta y delante de la cubierta: y limpiará el santuario, de las inmundicias de los hijos de Israel, y de sus rebeliones, y de todos sus pecados: de la misma manera hará también al tabernáculo del testimonio, el cual reside entre ellos en medio de sus inmundicias" (Levítico 16:15, 16).

Ya se ha notado, aunque no se pudo recalcar, que la sangre del becerro y la del macho cabrío realizan dos cosas diferentes. La primera hace expiación por Aarón y su casa. La segunda hace expiación por el pueblo y el santuario (versículos 15, 16). Nada se dice en cuanto a que la sangre del becerro hiciese expiación por el santuario o lo purificase, pero esto se declara definidamente en cuanto a la sangre del macho cabrío (versículos 15, 16.) Esto puede explicarse por las siguientes razones:

En todos los casos en que se hace expiación por una persona —con una excepción menor que se considera en otra parte—, la expiación se realiza por medio de la sangre, e indica transferencia de los pecados al santuario. El pecador transfiere sus pecados a la víctima que luego es muerta, y la sangre es asperjada sobre el altar de los holocaustos o en el lugar santo del santuario. La sangre que —por causa del pecado que ha sido confesado sobre la víctima— podría llamarse sangre cargada de pecado, típica y ceremonialmente contamina el lugar en que es asperjada. Así queda inmundo el santuario.

Cuando el sumo sacerdote sale después de haber asperjado la sangre del becerro, él está limpio. Cualesquiera pecados que llevase por haber sido responsable de ellos, han sido confesados y transferidos al santuario. Cuando sale del lugar santísimo, está limpio, libre, santo, es una figura de Cristo, el Ser sin pecado. Ha confesado sus pecados, le han sido perdonados, y no tiene más confesión que hacer por sí mismo. El macho cabrío de Jehová, cuya sangre está por rociar, prefigura también al Ser sin pecado que lleva los pecados. En todas las ofrendas hechas durante el año se representaba la muerte de Cristo como el Ser sin pecado. Era hecho pecado el que no conoció pecado. En el macho cabrío del día de las expiaciones se lo representa como el escogido de Dios, inocente y sin contaminación.

Para repetir: En el macho cabrío ofrecido en el día de las expiaciones tenemos una referencia simbólica a la muerte del Cristo sin pecado, "santo, inocente, limpio, apartado de los pecadores, y hecho más sublime que los cielos" (Hebreos 7:26). La sangre de este macho cabrío tiene eficacia purificadora. Hace posible la purificación del santuario.

La aspersión de la sangre de los sacrificios matutino y vespertino para la nación "cubría" todo pecado cometido en todo Israel en ese día particular. El sacrificio diario sobre el altar representaba a Cristo que murió por nosotros "siendo aún pecadores"; que "se entregó a sí mismo por nosotros, ofrenda y sacrificio a Dios en olor suave"; quien "es la propiciación por nuestros pecados: y no solamente por los nuestros, sino también por los de todo el mundo" (Romanos 5:8; Efesios 5:2; 1 Juan 2:2). El holocausto diario simboliza por lo tanto a Aquel que se dio a sí mismo por el pecado del mundo, muriendo por todos los hombres, haciendo así provisión por todos aquellos que quieran venir a él para ser salvos. La aspersión de la sangre "alrededor sobre el altar" denota la expiación temporal o provisional que se ofrecía, y también constituye un registro de los pecados cometidos pero que no han sido todavía expiados individualmente.

Las ofrendas individuales, como las que se ofrecían por el pecado, los delitos y los holocaustos, constituían, en efecto, un registro de los pecados por los cuales se buscaba expiación. Los pecados habían sido ya registrados en el servicio matutino y vespertino. Ahora los transgresores individuales registraban su arrepentimiento trayendo las ofrendas requeridas, y la sangre se ponía debidamente colocada sobre los cuernos del altar de los holocaustos, o so asperjaba sobre el altar del incienso, o delante del velo. La sangre así rociada registraba los pecados confesados. Ya se ha notado que todos los pecados confesados llegaban finalmente al santuario; porque en los casos en que la sangre no era llevada directamente al santuario, la carne era comida por los sacerdotes que así llevaban el pecado; y cuando los sacerdotes ofrecían sacrificios por sí mismos, estos pecados iban con los suyos propios y eran llevados al lugar santo.

El servicio del tabernáculo terrenal representaba la obra realizada en el santuario celestial, donde se lleva un registro completo de los pecados cometidos y de los pecados confesados. Cuando llegaba el día de las expiaciones, todo Israel debía confesar sus pecados y hacer registrar esta confesión por medio de la sangre en el santuario. Para completar la obra, era necesario luego que este registro fuese eliminado, que los pecados fuesen borrados, es decir, limpiar el santuario de su contaminación de sangre. Antes que se hiciese esta purificación específica, el sumo sacerdote entraba en el lugar santísimo con la sangre del becerro y hacía expiación por sí mismo y su casa. Habiéndose hecho esto, empieza la obra de la purificación. Se purifica el lugar santísimo con la sangre del macho cabrío, y luego el lugar santo. Así queda borrado el registro del pecado. Después de esto se purifica el altar.

"Esparcirá sobre él de la sangre con su dedo siete veces, y lo limpiará, y lo santificará de las inmundicias de los hijos de Israel" (Levítico 16:19). Así hace reconciliación en "el santuario, y el tabernáculo del testimonio, y el altar" (versículo 20). Todo está ahora purificado, reconciliado y expiado.

Es de notar que hasta aquí no se ha dicho nada en el relato acerca de la purificación del pueblo. Y así debe ser. El pueblo ya había confesado sus pecados. Estos eran perdonados. Quedaba únicamente el registro de sus pecados, y en ese día dicho registro quedaba borrado. Y con este acto de borrar el registro, el último vestigio del pecado quedaba eliminado del santuario y el pueblo estaba limpio. "En este día se os reconciliará para limpiaros; y seréis limpios de todos vuestros pecados delante de Jehová" (Levítico 16:30). Todos los que habían enviado sus pecados de antemano al juicio los tenían ya borrados. El acto de borrar el registro constituía la purificación del pueblo. Este empezaba el nuevo año con un registro limpio.

Queremos llamar la atención a una cosa más, a saber, al acto de poner la sangre del becerro sobre los cuernos del altar (versículo 18). El hecho de que la sangre del macho cabrío fuese puesta sobre el altar no necesita más explicación, porque era para limpiarlo. Pero, ¿para qué era la sangre del becerro?

El sumo sacerdote representa a todo el pueblo. Obra por él delante de Dios. Como representante de Cristo efectúa típicamente la expiación, de manera que cuando termina su obra en el día de la expiación, todo el pueblo ha sido atendido, y borrado todo pecado confesado. Por lo tanto, cuando confiesa estos pecados, lo hace en favor de Israel y recibe la expiación. De ahí que se diga que el sumo sacerdote "os reconciliará para limpiaros; y seréis limpios de todos vuestros pecados" (versículo 30).

Había indudablemente miembros de Israel que postergaban su confesión hasta que era demasiado tarde para traer una ofrenda individual por el pecado antes del día de las expiaciones. Se arrepentían, pero habían postergado la venida al santuario. Otros estaban enfermos y no podían ver, o estaban de viaje en países lejanos. Ninguno de éstos había traído sus ofrendas por el pecado o los delitos. ¿Habían de quedar separados del pueblo?

Sus pecados estaban registrados en los sacrificios diarios matutino y vespertino, pero no se había registrado ninguna confesión en el santuario, porque no habían traído sacrificios. ¿Qué había de hacerse? El sumo sacerdote pone parte de la sangre sobre los cuernos del altar, registrando así en favor de estas personas mencionadas la confesión y el perdón. Hace la obra que ellos habrían hecho si hubiesen tenido tiempo o hubiesen podido hacerla, y a causa de su arrepentimiento, están incluidos en la expiación. A éstos pertenecen el ladrón en la cruz y otros.

Así queda terminada la obra el día de las expiaciones, en cuanto se refiere a todos los pecados confesados. Cada uno de los que han confesado sus pecados y se han arrepentido de ellos tiene la seguridad de que sus pecados están borrados, ha oído las campanillas del sumo sacerdote cuando éste vuelve a vestirse las ropas de sumo sacerdote, y sabe que este sonido le indica que ha completado su obra. No sólo es un pecador perdonado, sino que es un pecador purificado. "Si confesamos nuestros pecados, él es fiel y justo para que nos perdone nuestros pecados, y nos limpie de toda maldad" (1 Juan 1:9). El perdón ha sido logrado en el servicio diario; la purificación, en el día de las expiaciones. Aun el registro del pecado ha sido borrado. Israel está limpio.

Capítulo 13—El Macho Cabrío De Azazel

En la consideración del día de las expiaciones omitimos una parte importante del servicio que merece un estudio especial a saber, la del macho cabrío para Azazel. Sobre este tema se ha escrito mucho y se han dado diferentes interpretaciones. Daremos la que consideramos verdadera y que armoniza mejor con el propósito general de la expiación.

El macho cabrío para Azazel se destaca el día de las expiaciones después de haberse completado la obra de reconciliación. Después que Aarón "hubiere acabado de expiar el santuario, y el tabernáculo del testimonio, y el altar, hará llegar el macho cabrío vivo. Y pondrá Aarón ambas manos suyas sobre la cabeza del macho cabrío vivo, y confesará sobre él todas las iniquidades de los hijos de Israel, y todas sus rebeliones, y todos sus pecados, poniéndolos así sobre la cabeza del macho cabrío, y lo enviará al desierto por mano de un hombre destinado para esto. Y aquel macho cabrío llevará sobre sí todas las iniquidades de ellos a tierra inhabitada: y dejará ir el macho cabrío por el desierto" (Levítico 16:20-22).

Se recordará que la sangre del macho cabrío para Jehová purificaba el lugar santo, el lugar santísimo y el altar de "las inmundicias de los hijos de Israel", y "de sus rebeliones, y de todos sus pecados" (Levítico 16:16, 19). Se recalcó ya que eso no era simplemente perdón, sino purificación. El perdón había sido obtenido en el servicio diario cuando se traían las ofrendas individuales por el pecado. La sangre había sido asperjada y el pecado perdonado. Se declara repetidas veces que "hará el sacerdote expiación por él, y será perdonado." (Levítico 4:26, 31, 35). Sin embargo, quedaba el registro del pecado hasta el día de la expiación, cuando era finalmente borrado. Esto es exactamente lo que sucede en el gran día del juicio, del cual el día de las expiaciones es una figura. Entonces los libros se abren, y los pecados de los justos se borran (Hechos 3:19; Apocalipsis 20:12; Daniel 7:10). De aquellos cuyos pecados no han sido borrados, se borran los nombres (Éxodo 32:33; Apocalipsis 3:5; Salmo 69:28.) Esto significa la perdición eterna.

El macho cabrío para Azazel cumplía un propósito definido en el servicio del día de las expiaciones. El sumo sacerdote confesaba "sobre él todas las iniquidades de los hijos de Israel, y todas sus rebeliones, y todos sus pecados, poniéndolos así sobre la cabeza del macho cabrío" (Levítico 16:21). El macho cabrío llevaba los pecados "a tierra inhabitada" (versículo 22.) Esta ceremonia eliminaba los pecados del campamento de Israel y era el último acto del sumo sacerdote antes de lavarse y revestirse de sus ropas acostumbradas (versículos 23, 24.)

Dos preguntas reclaman nuestra consideración: ¿A quién o qué representa el macho cabrío para Azazel? Y, ¿cuál es exactamente su parte en los servicios del día de las expiaciones?

Cuando se echaban suertes sobre los dos machos cabríos recibidos de la congregación, una suerte era para Jehová y la otra para Azazel. Esa palabra Azazel ha sido tema de mucha discusión. Algunos creen que los dos machos cabríos simbolizan a Cristo, representando simplemente dos fases de su obra. Otros creen que representan dos fuerzas opuestas, y que si "uno es para Jehová", y el otro "para Azazel", este último debe significar "para Satanás". Algunos eruditos, probablemente la mayoría, sostienen que Azazel es un ser personal, perverso, sobrehumano; otros aseveran que significa "el que quita", especialmente "por una serie de actos". Parece muy razonable creer que como un macho cabrío es para "Jehová", un ser personal, así también el otro debe ser para un ser personal. Además, como los dos machos cabríos son evidentemente antitéticos, la opinión más consecuente debe ser la que sostiene que Azazel deba estar opuesto a "Jehová". No puede ser otro que Satanás.

Aunque creemos que el peso de las evidencias está en favor de considerar a Azazel como el nombre de un espíritu personal y perverso, aparecen ciertas dificultades cuando se recalca esta opinión, y ellas requieren consideración. Ante todo está la declaración de que el macho cabrío "lo presentará vivo delante de Jehová, para hacer la reconciliación sobre él, para enviarlo al desierto" (Levítico 16:10). Si Azazel significa "un espíritu malo" Satanás, ¿cómo puede hacerse "reconciliación sobre él"? Por cierto, se dice, no se puede hacer reconciliación con un macho cabrío que represente a Satanás.

Creemos que una consideración del oficio desempeñado por el macho cabrío o chivo emisario proporciona una solución de este problema. Después que se ha terminado la expiación con el macho cabrío para Jehová, después que se han hecho la reconciliación y la purificación por el santuario y el altar, se trae el macho cabrío para Azazel Nótese que el sacerdote ha "acabado de expiar;" el santuario y el altar han sido purificados; se ha hecho expiación; se ha terminado la purificación; entonces, y no antes, aparece el macho cabrío para Azazel con una función especial. Por lo tanto, sostenemos que el macho cabrío para Azazel no tiene parte en la expiación que ha sido realizada con la sangre del macho cabrío para Jehová. Esa obra está terminada. El macho cabrío para Azazel no tiene parte en ella.

Puede objetarse que como es la iniquidad de los hijos de Israel la que se pone sobre la cabeza del macho cabrío para Azazel, nuestro argumento no puede tener validez. El texto en cuestión dice que Aarón debe confesar "sobre él todas las iniquidades de los hijos de Israel, y todas sus rebeliones, y todos sus pecados, poniéndolos así sobre la cabeza del macho cabrío, y lo enviará al desierto por mano de un hombre destinado para esto" (Levítico 16:21). Consideremos esto.

La mayor parte de los pecados cometidos admiten una responsabilidad compartida. La persona que comete el pecado es con frecuencia la que tiene más culpa, pero no es siempre tal el caso. Algunas personas pecan menos de lo que se peca contra ellas. El hombre que enseña a un niño a robar para él, no puede escapar a la responsabilidad diciendo que él mismo no ha robado. El que induce a una joven a pecar, aunque no participe él mismo en el pecado, es culpable. Los padres que no inculcan los principios correctos a sus hijos, tendrán que dar cuenta de ello algún día. Así es como debe ser. La responsabilidad por el pecado rara vez puede imputarse a una sola persona. Generalmente es compartida.

Esto es particularmente verdad en cuanto a la parte que tiene Satanás en los pecados do los justos. El verdadero cristiano no desea pecar. Aborrece el pecado. Pero Satanás lo tienta. Mil veces resiste el hombre, y mil veces vuelve Satanás. Al fin cede el hombre; peca. Pero pronto se arrepiente; pide perdón. El pecado ha sido registrado en el cielo. Ahora se anota el perdón frente a su nombre. El hombre queda feliz. Está perdonado. El Señor ha sido misericordioso para con él. Luego viene el juicio. El pecado está borrado. El registro del hombre está limpio. Pero, ¿qué se hace con la parte que ha tenido Satanás con el pecado? ¿Ha sido expiada? No. Satanás debe expiarla con su vida.

Idealmente, el cristiano no debiera pecar. Sin embargo, existe la posibilidad de que peque. Un incidente que ocurrió hace años puede ser de interés:

En cierto colegio, un alumno portero estaba intentando cerrar las ventanas durante una reunión en la capilla. Iba silenciosamente por el pasillo exterior con un palo largo en alto, y los ojos puestos en las ventanas. Un condiscípulo vio una excelente oportunidad que no quiso dejar pasar. Mientras el joven que llevaba el palo en alto pasaba a su lado, concentrado en su trabajo, el condiscípulo le hizo una zancadilla, y con estrépito el portero y su palo cayeron al suelo. La represión que se le dirigió por su torpeza quedó prontamente retirada cuando las circunstancias fueron comprendidas. Un hombre era el que había caído. El otro era sin embargo el responsable.

Así, idealmente, debiera ser con el cristiano. Puede caer, pero si eso sucede, debe ser únicamente porque Satanás lo hace tropezar. Pero con frecuencia él mismo tiene la culpa, o por lo menos parcialmente. Tienta a Satanás a que lo tiente, y no puede eludir su parte de la responsabilidad. No sería justo echar sobre Satanás toda la culpa de aquello en lo cual nosotros hemos participado. Por otro lado, Satanás no puede eludir su parte. Es el instigador del pecado. El tienta continuamente a los hombres. Participa de todos los pecados cometidos.

Es concebible que algunos hombres hayan llegado al punto en que se deleitan en el pecado, y en que Satanás casi no necesita invitarlos a pecar. Aunque Satanás debe llevar la primera responsabilidad, los hombres mismos deben llevar su parte. No así con los justos. Ellos aborrecen el pecado; éste les repugna. Pero Satanás está continuamente persiguiéndolos. A veces logra hacerlos tropezar. Debe llevar su parte de la responsabilidad.

Así todo pecado entraña una responsabilidad conjunta. Satanás tiene una parte en todos ellos. Cuando, en el día de las expiaciones, eran borrados los pecados de los fieles de Israel, era porque se habían arrepentido previamente y habían sido perdonados. La parte que habían tenido ellos en cada pecado estaba expiada, pero no la de Satanás. Él no se había arrepentido; no había confesado nada; no había puesto por la fe su pecado sobre el gran Expiador del pecado. Por lo tanto, debía llevar el pecado el mismo. Y así los pecados de los israelitas, que les había inducido a, cometer, eran puestos sobre él.

Pero esto no constituye una expiación por sangre. No hay sangre derramada. Al macho cabrío para Azazel no se lo mata. Su sangre no es asperjada. No es llevada al lugar santo. No es puesta sobre los cuernos del altar. La carne no es comida por los sacerdotes. El cuerpo no es quemado fuera del campamento. La grasa no es puesta sobre el altar, ni son lavadas y quemadas las entrañas.

No se hace ninguna de las cosas que constituyen una ofrenda o un sacrificio por los pecados. El macho cabrío expía los pecados, únicamente de la manera en que un criminal expía sus pecados cumpliendo la penalidad de la ley.

Por lo tanto creemos que Azazel representa a Satanás, y que como tal no tiene parte alguna en la expiación efectuada por nuestro Señor. El primer macho cabrío representa a Cristo. Su sangre es derramada, y por medio de ella el santuario es purificado. No aparece el macho cabrío para Azazel hasta que esto haya sido hecho y terminado. Este macho cabrío cumple una obra definida que vamos a considerar ahora, pero que de ninguna manera afecta a la expiación ya completada. Este punto merece ser recalcado.

Si la opinión presentada aquí es correcta, tenemos en los dos machos cabríos el completo exterminio de todo el pecado. Los pecados del pueblo de Dios son expiados en la sangre del macho cabrío para Jehová. El santuario está limpio; el pueblo está limpio; el sacerdote está limpio. En esta purificación no podemos admitir a Satanás. Él no tiene cabida en ella. Cristo hizo una obra completa y no necesita la ayuda de Satanás. Satanás, prefigurado por el macho cabrío emisario, expía sus propios pecados, y la parte que ha tenido en los pecados que ha hecho cometer a otros.

Hay otros pecados además de los cometidos por el pueblo de Dios. Cristo murió por todos los hombres; pero todos los hombres no deciden valerse de su expiación. De ahí que deban llevar sus propios pecados y la penalidad de ellos. Cristo murió por ellos. Llevó sus pecados. Pero llega el momento en que ya no los llevará más. Sobre Satanás como originador e instigador del pecado, serán puestos todos los pecados de los cuales es responsable.

Por lo tanto, cuando los dos machos cabríos eran presentados delante de Jehová en el día de las expiaciones, representaban a Cristo y a Satanás. El pueblo podía elegir al uno o al otro como su representante. Si elegían al macho cabrío para Jehová, se identificaban con Cristo. Si decidían no aceptar el perdón ofrecido, se aliaban automáticamente con las potestades del mal. Delante de ellos había una elección. De esa elección dependía su destino.

Ya se ha mencionado antes que todo el servicio del día de las expiaciones simbolizaba el día del juicio. El juicio final incluye más que el acto de borrar los pecados de los justos. Incluye la erradicación del pecado del universo. Incluye el acto de poner sobre la cabeza de Satanás todo el pecado del cual sea responsable. Incluye la supresión eventual de todos los que no hayan afligido su alma. Así en el servicio del santuario, los pecados eran puestos sobre la cabeza del macho cabrío después que se había terminado la purificación del santuario. Entonces los que no se habían arrepentido eran "cortados" de su herencia. (Levítico 16:20-22; 23:29).

"Cuando el servicio en el lugar santísimo había terminado, y los pecados de Israel habían sido quitados del santuario por virtud de la sangre del sacrificio por el pecado, entonces el macho cabrío emisario era ofrecido vivo ante el Señor; y en presencia de la congregación el sumo sacerdote confesaba sobre él 'todas las iniquidades de los hijos de Israel, y todas sus transgresiones, a causa de todos sus pecados, cargándolos así sobre la cabeza del macho cabrío'. De la misma manera, cuando el servicio de propiciación huya terminado en el santuario celestial, entonces, en presencia de Dios y de los santos ángeles y de la legión do los redimidos, los pecados del pueblo de Dios serán puestos sobre Satanás; se le declarará culpable de todo el mal que les ha hecho cometer. Y así como el macho cabrío emisario era despachado a un lugar desierto, así también Satanás será desterrado en la tierra desolada, sin habitantes y convertida en un desierto horroroso." —El conflicto de los siglos, pág. 716.

"Así como el sacerdote al quitar los pecados del santuario, los confesaba sobre la cabeza del macho cabrío emisario, así también Cristo colocará todos estos pecados sobre Satanás, autor e instigador del pecado. El macho cabrío emisario, que cargaba con los pecados de Israel, era enviado 'a tierra inhabitada'; así también Satanás, cargado con la responsabilidad de todos los pecados que ha hecho cometer al pueblo de Dios, será confinado durante mil años en la tierra entonces desolada y sin habitantes, y sufrirá finalmente la entera penalidad del pecado en el fuego que destruirá a todos los impíos. Así el gran plan de la redención alcanzará su cumplimiento en la extirpación final del pecado y la liberación de todos los que han estado dispuestos a renunciar al mal" — Id., págs. 539, 540.

El destierro del macho cabrío emisario representa la erradicación final del pecado. Desempeña por lo tanto un papel importante en los servicios del día de las expiaciones. En él queda finalmente destruido el pecado e Israel es salvo.

E1 día de las expiaciones era el gran día en Israel. En aquel día se dividía el pueblo en dos grupos. El uno afligía sus almas. Habían confesado sus pecados; habían hecho restitución y traído sus ofrendas. Ahora aguardaban el resultado. Cuando se oían las campanillas del sumo sacerdote que terminaba la obra de la expiación, sabían que todo iba bien. Dios los había aceptado. Estaban purificados, felices, libres. Sus pecados habían sido borrados.

El otro grupo no tenía parte en la expiación. No había afligido sus almas. No había confesado sus pecados ni hecho restitución. Ahora sus pecados recaían sobre sus propias cabezas. Eran "cortados".

Así que el día de las expiaciones era el gran día de división. Había dos clases en ese día, y sólo dos. La una era perdonada, purificada, salvada. La otra era impenitente, impura, "cortada". Cada uno había hecho su propia decisión. Su decisión determinaba su destino. Cuando había transcurrido el día, el campamento estaba limpio. Una de dos cosas había sucedido a cada persona: o su pecado le había sido quitado, o él mismo había sido quitado. En ambos casos el campamento quedaba limpio. Así será al fin del mundo. "Acontecerá que el que quedare en Sión, y el que fuere dejado en Jerusalén, será llamado santo; todos los que en Jerusalén están escritos entre los vivientes" (Isaías 4:3). Dios volverá a limpiar a su pueblo. Los que permanezcan en

Sión serán santos, "todos los que en Jerusalén están escritos entre los vivientes". El resto será sacudido, cortado.

Debe haber sido con profundo sentimiento cómo Israel presenciaba la eliminación final del pecado del campamento. Cuando el macho cabrío era alejado llevando su carga de pecado, sabía Israel que de no ser por la gracia de Dios, él mismo estaría en camino a la ejecución llevando sus pecados. Habían visto morir al macho cabrío para Jehová. Había muerto por ellos. Ahora se les presentaba en forma visible la eliminación del pecado de Israel. El macho cabrío era conducido a una suerte desconocida. Eventualmente, iba a morir. Esta también hubiera sido su suerte si el Señor no los hubiese ayudado.

La figura no es perfecta en todo respecto. En la eliminación final del pecado, los impíos son destruidos. Esto no sucedía en Israel. Eran "cortados". Esto significaba generalmente exclusión de los privilegios de Israel, o lo que llamaríamos ahora la exclusión de la iglesia. Era, por lo tanto, posible que un pecador impenitente viese al macho cabrío emisario alejado y excluido del campamento. Esto representaba para él su propia exclusión. Ya no iba a tener parte en Israel. Quedaba cortado del pueblo de Dios, como paria que sólo merecía la destrucción. Esto constituía una poderosa lección objetiva para él, y podía inducirlo a reflexionar seriamente y a arrepentirse.

Capítulo 14—Las Fiestas Y Santas Convocaciones

En el capítulo 23 de Levítico se registran las fiestas y las santas convocaciones que el Señor ordenó a su pueblo que observase. Son siete en total. Tres de ellas son las grandes fiestas del año: la Pascua, el Pentecostés y la fiesta de las Cabañas. De éstas está escrito: "Tres veces cada un año parecerá todo varón tuyo delante de Jehová tu Dios en el lugar que él escogiere: en la solemnidad de los ázimos, y en la solemnidad de las semanas, y en la solemnidad de las cabañas. Y no parecerá vacío delante de Jehová" (Deuteronomio 16:16). (Véase también Éxodo 23:17; 34:23).

Las dos palabras empleadas para denotar "fiestas" y "santas convocaciones" difieren considerablemente en su significado. Hag, que pertenece especialmente a las tres fiestas mencionadas, significa "una ocasión de gozo, una fiesta, un banquete". Moadeem se refiere más bien a fechas señaladas, observancias fijas, santas convocaciones, o reuniones solemnes. Un ejemplo de Moadeem sería el día de las expiaciones, que no era una fiesta en ningún sentido de la palabra, sino una santa convocación (Levítico 23:26-32).

Además de la Pascua, el Pentecostés, la fiesta de las Cabañas, y el día de las expiaciones, había otras tres, a saber, la fiesta de las Trompetas, que ocurría en el primer día del mes séptimo, la fiesta de los Panes Ázimos, y la fiesta de las Primicias (Levítico 23:24, 6, 9-14; Éxodo 12:17; Números 28:17). Las últimas dos fiestas nombradas se celebraban en relación con la observancia de la Pascua, pero se distinguen claramente de ella. (Éxodo 12:12, 15, 17; Números 28:16, 17; Levítico 23:9-14). Como se mencionan separadamente, y tienen un significado especial, las colocamos entre las siete fiestas de Jehová.

La Pascua se observaba el día catorce del primer mes, la fiesta de los Panes Ázimos empezaba el día 15 del mismo mes, y las Primicias eran presentadas en el día 16 (Levítico 23:5, 6, 11). Las primeras tres fiestas caían así en el primer mes del año. Las últimas tres fiestas caían en el séptimo mes: la fiesta de las Trompetas el primer día, el día de las expiaciones el décimo día, y la fiesta de las Cabañas en el día 15 (versículos 24, 27, 39). La fiesta de Pentecostés caía entre estos dos grupos de fiestas, cincuenta días desde "el siguiente día del sábado", por lo cual eso significaba el día 16 de Abib, el primer mes. Esto hacía caer Pentecostés en la última parte del tercer mes del año judaico, o sea nuestro mes de mayo o junio (versículos 15, 16).

La Pascua

La Pascua fue instituida para con memorar la liberación de Israel de la servidumbre egipcia. El día décimo del primer mes se elegía un cordero para cada familia, "según el número de las personas", o si la familia era pequeña, podían unirse dos o más de ellas para un sacrificio. Se guardaba el cordero hasta el día catorce, cuando se lo mataba al atardecer, y se rociaban los dinteles de la puerta con su sangre (Éxodo 12:1-7.) Esa misma noche se comía la carne, no hervida como de costumbre, sino asada. Podía consumirse solamente pan ázimo, es decir sin levadura, y "con hierbas amargas lo comerán" (versículo 8). En años ulteriores, se hicieron algunas modificaciones a este ritual, pero los puntos esenciales permanecieron iguales.

El sacrificio de la Pascua se distingue llamándoselo "Mi sacrificio" (Éxodo 23:18; 34:25). Aunque probablemente no convenga recalcar demasiado esta expresión, merece, sin embargo, que se la note. La Pascua conmemoraba la partida de Israel de Egipto. El Nuevo Testamento hace también de ella un rito que miraba hacia adelante. "Nuestra pascua, que es Cristo, fue sacrificada por nosotros" (1 Corintios 5:7). Teniendo presente esta representación simbólica, se perciben fácilmente algunas analogías. En la crucifixión, ni un hueso del cuerpo de Cristo fue roto (Juan 19:36). Ni un hueso del cordero pascual debía ser quebrantado (Éxodo 12:46; Números 9:12). La Pascua se mataba el día catorce de Abib y se comía el día 15 (Éxodo 12:6-10). Cristo murió en tiempo de la Pascua (Juan 19:14). La aspersión de la sangre significaba transmitir la misericordia, una liberación de la muerte (Éxodo 12:13.) Así, por intermedio de su sangre se pasaban por alto los pecados cometidos antes. (Romanos 3:25). El sacrificio de la Pascua era un cordero (Éxodo 12:3). Así también era Cristo "el Cordero de Dios" (Juan 1:29). El cordero había de ser sin defecto (Éxodo 12:5). Así también era Cristo sin defecto (1 Pedro 1:19). La carne del cordero había de ser comida (Éxodo 12:7). Así también hemos de participar de su carne (Juan 6:51).

Íntimamente relacionada con la Pascua, aunque distinguiéndose de ella, se celebraba la fiesta de los Panes Ázimos Las dos fiestas eran en realidad parte de la misma observancia, de manera que los nombres se usan en forma intercambiable; sin embargo, en propósito diferían algo. La orden de Dios era explícita en cuanto a lo que debía hacerse. "Siete días comeréis panes sin levadura; y así el primer día haréis que no haya levadura en vuestras casas: porque cualquiera que comiere leudado desde el primer día hasta el séptimo, aquella alma será cortada de Israel" (Éxodo 12:15). El comentario que Dios hace sobre esto es el siguiente: "Así que hagamos fiesta, no en la vieja levadura, ni en la levadura de malicia y de maldad, sino en ázimos de sinceridad y de verdad" (1 Corintios 5:8).

La Pascua y la fiesta de los Panes Ázimos son fructíferas en sus enseñanzas de las verdades evangélicas. En el cordero que se mataba, se proveía la salvación de los primogénitos. Pero la muerte del cordero no era suficiente para asegurar la salvación. Debían rociarse los dinteles con sangre. Debía hacerse una aplicación individual del sacrificio. La aspersión de la sangre era tan importante como la muerte del cordero. Sin embargo, no bastaba. Debía comerse la carne, y comerse en ciertas condiciones. "Así habéis de comerlo: ceñidos vuestros lomos, vuestros zapatos en vuestros pies, y vuestro bordón en vuestra mano; y lo comeréis apresuradamente: es la Pascua de Jehová" (Éxodo 12:11). Y aún esto no bastaba. Toda levadura tenía que ser eliminada. "Cualquiera que comiere leudado, así extranjero como natural del país, aquella alma será cortada de la congregación de Israel" (versículo 19).

La Pascua simboliza la muerte de Cristo. Él es nuestra Pascua (1 Corintios 5:7). En la cruz él murió por nosotros. Allí se hizo provisión para que pudiese salvarse todo aquel que cumpla las condiciones de vida. Pero la cruz en sí misma y por sí misma no salva a nadie. Tan sólo provee la salvación. Debe haber una aplicación individual de la sangre provista. La orden dada a Israel era: "Tomad un manojo de hisopo, y mojadle en la sangre que estará en una jofaina, y untad el dintel y los dos postes con la sangre que estará en la jofaina" (Éxodo 12:22). La promesa ora que si hacían esto, entonces cuando el Señor viese "la sangre en el dintel y en los dos postes, pasará Jehová aquella puerta, y no dejará entrar al heridor en vuestras casas para herir" (versículo 23).

Las provisiones mencionadas aquí sal varón del ángel destructor a los primogénitos. La muerte del cordero proveía el medio de la salvación; la aplicación de la sangre hacía eficaz el medio provisto. Ambas cosas eran necesarias.

Es una cosa ser salvado de la muerte. Es otra tener los medios de sostener la vida. Estos eran provistos positivamente por el consumo de la carne, y negativamente, por la abstención de la levadura. Cristo dice: "Yo soy el pan vivo que he descendido del cielo: si alguno comiere de este pan, vivirá para siempre; y el pan que yo le daré es mi carne, la cual yo daré por la vida del mundo" (Juan 6:51). A Israel se le dijo que asara todo el cordero. La orden era de asarlo "al fuego; su cabeza con sus pies y sus intestinos" (Éxodo 12:9). Cada familia había de reunir bastantes personas para que alcanzasen a comer toda la carne (versículo 4). Nada había de ser llevado fuera de la casa, y nada había de quedar hasta la mañana. Cualquier cosa que quedase de aquellas partes que no podían comerse había de quemarse (versículos 10, 46). Esto no podía prefigurar otra cosa sino que aquellos por quienes la sangre era derramada debían asimilarse completamente a Aquel a quien representaba el cordero. Significa la completa identificación de Cristo y del creyente. Significa la aceptación de la plenitud de Dios.

La levadura había de ser completamente excluida. No somos dejados en duda acerca del significado espiritual de la levadura. Representa la malicia y la perversidad (1 Corintios 5:8). Representa las falsas doctrinas ejemplificadas en las enseñanzas de los fariseos, saduceos y los herodianos (Mateo 16:6; Marcos 8:15). La levadura de los fariseos es codicia e injusticia (Mateo 23:14), un espíritu de quererlo todo para sí (versículo 13), un falso celo (versículo 15), un cálculo equivocado de los valores espirituales (versículos 16-22), la omisión del juicio, la misericordia y la fe (versículo 23), una vana escrupulosidad (versículo 24), hipocresía (versículos 25-28), intolerancia (versículos 29-33), crueldad (versículos 34-36). La levadura de los saduceos es escepticismo (Mateo 22:23), falta del conocimiento de las Escrituras y del poder de Dios (versículo 29). La levadura de los herodianos es adulación, mundanalidad e hipocresía (Mateo 22:16-21), y la maquinación del mal contra los siervos de Dios (Marcos 3:6).

La contraparte que se encuentra en el Nuevo Testamento es la Santa Cena, el servicio de la comunión. Después que vino Cristo, no podía ya haber virtud en matar el cordero pascual que prefiguraba su venida. Pero había virtud en conmemorar el sacrificio del Calvario, y su poder sostenedor. Por esta razón el Señor instituyó la cena de la comunión para recordar los hechos de nuestra salvación y lo provisto en la cruz. Como su prototipo, señala hacia atrás y hacia adelante. Hemos de recordar el Calvario "hasta que él venga" (1 Corintios 11:26).

"Estos símbolos se cumplieron no sólo en cuanto al acontecimiento sino también en cuanto al tiempo. El día catorce del primer mes de los judíos, el mismo día y el mismo mes en que quince largos siglos antes el cordero pascual había sido inmolado, Cristo, después de haber comido la pascua con sus discípulos, estableció la institución que debía conmemorar su propia muerte como 'Cordero de Dios que quita el pecado del mundo'. En aquella misma noche fue aprehendido por manos impías, para ser crucificado e inmolado. Y como el antitipo de la gavilla mecida, nuestro Señor fue resucitado de entre los muertos al tercer día, 'siendo primicia de los que han dormido', cual ejemplo de todos los justos que han de resucitar, cuyo 'vil cuerpo' será transformado y hecho 'semejante a su cuerpo glorioso.'" — El Conflicto de los Siglos, págs. 450, 451.

La observancia de la presentación de las primicias era parte de la celebración de los días de los panes ázimos. La presentación se verificaba "el siguiente día del sábado" el día 16 de Abib (Levítico 23:11). Este día no era de santa convocación, ni era un sábado, sin embargo se realizaba una obra importante en él. En el día 14 de Abib, cierta porción de un campo de cebada quedaba señalada para ser cortada en preparación para la presentación del día 16. Tres hombres elegidos cortaban la cebada en presencia de testigos, habiendo ya atado las gavillas antes de cortarlas. Después de cortarlas, las gavillas se ataban juntas en una sola y se presentaban delante de Jehová como "una gavilla, por primicias de vuestra siega". "El cual mecerá la gavilla delante de Jehová, para que sea acepta a favor vuestro; el día siguiente al sábado de la Pascua, la mecerá el sacerdote" (Levítico 23:10, 11, V. M.) Además de esto, se ofrecían a Dios "un cordero de un año, sin defecto" y una oblación de harina mezclada con aceite, y una libación (versículos 12, 13). Mientras esto no se había hecho, Israel no podía empezar a consumir parte alguna de los frutos del campo.

Esta ofrenda era una ofrenda de aceptación. Era una presentación de las primicias. Indudablemente se refería ante todo a "Cristo las primicias; luego los que son de Cristo, en su venida" (1 Corintios 15:23). Si resumimos las enseñanzas de la observancia de la Pascua, tenemos las siguientes reflexiones importantes: La Pascua simboliza la muerte de Cristo. Como el cordero pascual moría, Cristo murió. La sangre del cordero libraba al antiguo Israel del ángel destructor. La sangre de Cristo nos reconcilia ahora.

La Pascua simboliza la resurrección según se prefigura en la primicia de las gavillas. El tipo es perfecto aun en cuanto al tiempo. El cordero moría al atardecer del día 14 de Abib. En el día 16, "el siguiente día del sábado", las primicias, que habían sido previamente cortadas, eran presentadas ante el Señor. Cristo murió el viernes de tarde. Descansó en la tumba durante el sábado. "El siguiente día del sábado", "Cristo las primicias" resucitó de la tumba y se presentó ante el Señor para ser aceptado. "El siguiente día del sábado" no era una "santa convocación", ni un sábado, ni en el tipo ni en la realidad prefigurada, pero se realizaba en ese día una obra importante que tal vez necesite más amplias explicaciones.

Cuando Cristo resucitó el primer día de la semana, tuvo que ascender al Padre para oír las palabras de, aceptación del sacrificio de parte de Dios. En la cruz, su alma estaba en tinieblas. El Padre ocultó su rostro de él. Con desesperación y agonía exclamó: "Dios mío, Dios mío, ¿por qué me has desamparado?" (Mateo 27:40).

"Satanás, con sus fieras tentaciones, torturaba el corazón de Jesús. El Salvador no podía ver a través de los portales de la tumba. La esperanza no le presentaba su salida del sepulcro como vencedor, ni le hablaba de la aceptación de su sacrificio por el Padre. Temía que el pecado fuese tan ofensivo para Dios que su separación resultase eterna. Cristo sintió la angustia que el pecador sentirá cuando la misericordia no interceda más por la raza culpable. Lo que hizo tan amarga la copa que bebía, y quebrantó el corazón del Hijo de Dios, fue el sentido del pecado que atraía sobre él, como substituto del hombre, la ira del Padre" —El Deseado de todas las gentes, pág. 686.

Ahora se había cumplido la resurrección. Lo primero que Cristo debía hacer era aparecer en presencia del Padre y oír de él las palabras bienaventuradas de que su muerte no había sido inútil, sino que el sacrificio era aceptado como ampliamente suficiente. Así que debía ascender a los cielos y en presencia del universo oír del Padre mismo las palabras de seguridad; luego debía volver a la tierra a aquellos que todavía lloraban su muerte, sin saber que había resucitado, y revelarse abiertamente. Así lo hizo.

"Jesús se negó a recibir el homenaje de los suyos hasta tener la seguridad de que su sacrificio era aceptado por el Padre. Ascendió a los atrios celestiales, y de Dios mismo oyó la seguridad de que su expiación por los pecados de los hombres había sido amplia, de que por su sangre todos podían obtener vida eterna. El Padre ratificó el pacto hecho con Cristo, de que recibiría a los hombres arrepentidos y obedientes, y que los amaría como ama a su Hijo. Cristo había de completar su obra, y cumplir su compromiso de hacer 'más precioso que el oro fino al varón, y más que el oro de Ofir al hombre'. Toda potestad en el cielo y en la tierra fue dada al Príncipe de la vida, y volvió a sus seguidores en un mundo de pecado, a fin de que pudiese impartirles su poder y gloria.

"Mientras el Salvador estaba en la presencia de Dios, recibiendo dones para su iglesia, los discípulos reflexionaban en su tumba vacía, se lamentaban y lloraban. Aquel día de regocijo para todo el cielo, era para los discípulos un día de incertidumbre, confusión y perplejidad" — Íd., pág. 722.

Las Escrituras se cumplieron al pie de la letra. "Cristo resucitó de entre los muertos como primicias de aquellos que dormían. Él estaba representado por la gavilla agitada, y su resurrección se realizó en el mismo día en que esa gavilla era presentada delante del Señor. Durante más de mil años, se había realizado esa ceremonia simbólica. Se juntaban las primeras espigas de grano maduro de los campos de la mies, y cuando la gente subía a Jerusalén para la Pascua, se agitaba la gavilla de las primicias como ofrenda de gratitud delante de Jehová. No podía ponerse la hoz a la mies para juntarla en gavillas antes que esa ofrenda fuese presentada.

La gavilla dedicada a Dios representaba la mies. Así también Cristo, las primicias, representaba la gran mies espiritual que ha de ser juntada para el reino de Dios. Su resurrección es el tipo y la garantía de la resurrección de todos los justos muertos. 'Porque si creemos que Jesús murió y resucitó, así también traerá Dios con él a los que durmieron en Jesús'

"Al resucitar Cristo, sacó de la tumba una multitud de cautivos. El terremoto ocurrido en ocasión de su muerte, había abierto sus tumbas, y cuando él resucitó, salieron con él. Eran aquellos que habían sido colaboradores con Dios, y que a costa de su vida, habían dado testimonio de la verdad. Ahora iban a ser testigos de Aquel que los había resucitado" —Íd., pág. 716.

La Pascua prefiguraba la comunión. El comer del cordero pascual reunía a las familias y vecinos. Era una comida común que representaba la liberación. Se había efectuado un cambio, y su primogénito había sido perdonado porque el cordero había muerto. Una liberación tal exigía consagración. Debía ponerse a un lado todo pecado No debía haber levadura en ninguna parte. Debía examinarse todo rincón en busca de ella. "Santidad a Jehová". Nada menos que esto podía aceptarse.

Todo esto y más significaba la Pascua para el antiguo Israel. Al ser "la Pascua de Jehová" reemplazada en el Nuevo Testamento por la Cena del Señor, ésta no debe significar menos para nosotros. Hay grave peligro de que lo olvidemos, o dejemos de apreciar las maravillosas bendiciones que Dios tiene en reserva para los que participan "dignamente" de los ritos de la casa del Señor. Será bueno que estudiemos la Pascua tal como fue dada a Israel, a fin de que apreciemos más a Cristo, que es nuestro verdadero Cordero pascual, y cuya muerte conmemoramos en el servicio de la comunión.

El Pentecostés

El Pentecostés caía cincuenta días después de la presentación de la gavilla de las primicias en el día 16 de Abib. Desde ese día "contaréis cincuenta días; entonces ofreceréis nuevo presente a Jehová. De vuestras habitaciones traeréis dos panes para ofrenda mecida, que serán de dos décimas de flor de harina, cocidos con levadura, por primicias a Jehová" (Levítico 23:16, 17).

Puesto que la gavilla de las primicias era presentada al principio de la siega antes que pudiese usarse parte alguna de la nueva cosecha, el Pentecostés caía al fin de la siega de todos los granos, no solamente de la cebada como en el caso de la gavilla de las primicias, y representaba el gozoso reconocimiento de cuánto dependía Israel de Dios como dador de todos los buenos dones. En esta ocasión no se presentaba una gavilla, sino dos panes de flor de harina, cocidos con levadura, juntamente con "siete corderos de un año sin defecto, y un becerro de la vacada y dos carneros" (versículos 17, 18.) Esto iba acompañado por un macho cabrío como ofrenda por el pecado y dos corderos como ofrenda pacífica (versículo 19).

En la celebración de la Pascua, se ordenaba en forma particular que no se comiese levadura ni la hubiese en la casa. En Pentecostés se habían de presentar dos panes "cocidos con levadura" (versículo 17). La gavilla de las primicias es "Cristo las primicias". Él era sin pecado. El pan no es creación inmediata de Dios. Es parcial mente obra del hombre. Es imperfecto, está mezclado con levadura. Pero es aceptado. Es mecido "delante de Jehová, con el pan de las primicias, y los dos corderos: serán cosa sagrada de Jehová para el sacerdote" (versículo 20).

El Pentecostés simboliza el derramamiento del Espíritu Santo. Así como los panes mecidos eran presentados cincuenta días después que se presentara la gavilla de las primicias, así también hubo exactamente cincuenta días entre la resurrección de Cristo y el derramamiento del Espíritu Santo en Pentecostés (Hechos 2:1-4). Cuarenta de estos días los pasó Cristo en la tierra instruyendo y ayudando a sus discípulos (Hechos 1:3). Luego ascendió al cielo, y durante diez días los once discípulos perseveraron en oración y súplica hasta que "se cumplieron los días de Pentecostés". Con el día de Pentecostés llegó la plenitud del Espíritu.

Estos diez días fueron importantes para la iglesia en la tierra. Fueron también importantes en el cielo. Cuando Cristo subió "a lo alto, llevó cautiva la cautividad, y dio dones a los hombres" (Efesios 4:8). Los que habían sido resucitados en ocasión de la muerte de Cristo y habían salido "de los sepulcros, después de su resurrección", ascendieron con él al cielo, y fueron entonces presentados delante del Padre como una especie de primicias de la resurrección (Mateo 27:52, 53).

"Todo el cielo estaba esperando para dar la bienvenida al Salvador a los atrios celestiales. Mientras ascendía, iba adelante, y la multitud de cautivos libertados en ocasión de su resurrección lo seguía. La hueste celestial, con gritos y aclamaciones de alabanza y canto celestial, acompañaba al gozoso séquito.

"Al acercarse a la ciudad de Dios, la escolta de ángeles lanzó esta demanda:

'Alzad, oh puertas, vuestras cabezas,

Y alzaos vosotras, puertas eternas,

entrará el Rey de gloria'.

"Gozosamente, los centinelas de guardia responden:

'¿Quién es este Rey do gloria?'

"Dicen esto, no porque no sepan quién es, sino porque quieren oír la respuesta de sublime alabanza:

'Jehová el fuerte y valiente,

Jehová el poderoso en batalla.

Alzad, o puertas, vuestras cabezas,

Y alzaos vosotras, puertas eternas,

Y entrará el Rey de gloria.'

"Vuelve a oírse otra vez: '¿Quién es este Rey de gloria?' porque los ángeles no se cansan nunca de oír ensalzar su nombre. Y los ángeles de la escolta responden:

'Jehová de los ejércitos,

Él es el Rey de la gloria'.

"Entonces los portales de la ciudad de Dios se abren de par en par, y la muchedumbre angélica entra por ellos en medio de una explosión de armonía triunfante.

"Allí está el trono, y en derredor el arco iris de la promesa. Allí están los querubines y los serafines. Los comandantes de las huestes angélicas, los hijos de Dios, los representantes de los mundos que nunca cayeron, están congregados. El concilio celestial delante del cual Lucifer había acusado a Dios y a su Hijo, los representantes de aquellos reinos sin pecado, sobre los cuales Satanás pensaba establecer sus dominios, todos están allí para dar la bienvenida al Redentor. Sienten impaciencia por celebrar su triunfo y glorificar a su Rey.

"Pero con un ademán, él los detiene. Todavía no; no puede recibir ahora la corona de gloria y el manto real. Entra a la presencia de su Padre. Señala su cabeza herida, su costado traspasado, sus pies lacerados; alza sus manos que llevan la señal de los clavos. Presenta los trofeos de su triunfo; ofrece a Dios la gavilla de las primicias, aquellos que resucitaron con él como representantes de la gran multitud que saldrá de la tumba en ocasión de su segunda venida. Se acerca al Padre, quien se regocija con canción por un solo pecador que se arrepiente. Desde antes que fueran echados los cimientos de la tierra, el Padre y el Hijo se habían unido en un pacto para redimir al hombre si hubiese de ser vencido por Satanás. Habían unido sus manos en un solemne compromiso de que Cristo sería fiador do la especie humana. Cristo había cumplido este compromiso. Cuando sobre la cruz exclamó: 'Consumado es', se dirigió al Padre. El pacto había sido llevado plenamente a cabo. Ahora declara: Padre, consumado es. He hecho tu voluntad, oh Dios mío. He completado la obra de la redención. Si tu justicia está satisfecha, 'aquellos que me has dado, quiero que donde yo estoy, ellos estén también conmigo'.

"Se oye entonces la voz de Dios proclamando que la justicia está satisfecha. Satanás está vencido. Los hijos de Cristo, que trabajan y luchan en la tierra, son 'aceptos en el Amado'. Delante de los ángeles celestiales y los representantes de los mundos que no cayeron, son declarados justificados. Donde él esté allí estará su iglesia. 'La misericordia y la verdad se encontraron: la justicia y la paz se besaron'. Los brazos del Padre rodean a su Hijo, y se da la orden: 'Adórenlo todos los ángeles de Dios'.

"Con gozo inefable, los principados y las potestades reconocen la supremacía del Príncipe de la vida. La hueste angélica se postra delante de él, mientras que el alegre clamor llena todos los atrios del cielo: '¡Digno es el Cordero que ha sido inmolado, de recibir el poder, y la riqueza, y la sabiduría, y la fortaleza, y la honra, y la gloria, y la bendición!' " — El Deseado de todas las gentes, págs. 761-763.

"Cuando Cristo entró por las puertas celestiales, fue entronizado en medio de la adoración de los ángeles. Tan pronto como terminó esta ceremonia, el Espíritu Santo descendió sobre los discípulos en ricos raudales, y Cristo fue de veras glorificado con la gloria que había tenido con el Padre desde toda la eternidad. El derramamiento pentecostal era la comunicación que hacía el cielo de que la inauguración del Redentor se había realizado. Según su promesa, había enviado el Espíritu Santo del cielo a sus seguidores, como prueba de que él, como sacerdote y rey, había recibido toda autoridad en el cielo y en la tierra, y era el ungido sobre su pueblo" — The Acts of the Apostles, pág. 38.

La Fiesta de Las Trompetas

La fiesta de las Trompetas caía en el primer día del mes séptimo, y era una preparación para el día de las expiaciones que caía el día décimo del mes. Era un solemne llamamiento a todos los israelitas a prepararse para encontrarse con su Dios. Les anunciaba que el día del juicio llegaba, y que debían prepararse para él. Les recordaba misericordiosamente su necesidad de confesión y consagración. Como hemos considerado en otra parte el asunto de la expiación, no será tal vez necesario espaciarnos aquí en la fiesta de las Trompetas ni en el día de las expiaciones.

La Fiesta de Las Cabañas

Esta era la última fiesta del año y caía generalmente en la última parte de nuestro mes de octubre, después que había terminado la siega y se habían juntado los frutos de la tierra. Era una ocasión de gozo para todos. Había pasado el día de las expiaciones, todos los malentendidos se habían aclarado, se habían confesado y puesto a un lado todos los pecados. Israel era feliz, y su felicidad se expresaba en la fiesta de las Cabañas.

La fiesta empezaba con un día de santa convocación (Levítico 23:35). El pueblo había de tomar "gajos con fruto de árbol hermoso, ramos de palmas, y ramas de árboles espesos, y sauces de los arroyos; y os regocijaréis delante de Jehová vuestro Dios por siete días" (versículo 40). Con estas ramas habían de hacer cabañas, y en ellas habían de vivir durante la fiesta. En el día de las expiaciones habían de afligir sus almas. En la fiesta de las Cabañas habían de regocijarse "delante de Jehová vuestro Dios por siete días". Era desde todo punto de vista la ocasión más feliz del año, en la cual amigos y vecinos renovaban su comunión y se amistaban en amor y armonía. A este respecto, prefiguraba el tiempo en que se realizará la gran congregación del pueblo de Dios, y "vendrán muchos del oriente y del occidente, y se sentarán con Abrahán, e Isaac, y Jacob, en el reino de los cielos" (Mateo 8:11).

La fiesta de las Cabañas conmemoraba el tiempo en que Israel vivió en tiendas en el desierto durante sus cuarenta años de peregrinación. "Y acuérdate que fuiste siervo en Egipto; por tanto guardarás y cumplirás estos estatutos. La solemnidad de las cabañas harás por siete días, cuando hubieres hecho la cosecha de tu era y de tu lagar. Y te alegrarás en tus solemnidades, tú, y tu hijo, y tu hija, y tu siervo, y tu sierva, y el levita, y el extranjero, y el huérfano, y la viuda, que están en tus poblaciones. Siete días celebrarás solemnidad a Jehová tu Dios en el lugar que Jehová escogiere; porque te habrá bendecido Jehová tu Dios en todos tus frutos, y en toda obra de tus manos, y estarás ciertamente alegre" (Deuteronomio 16:12-15).

Es bueno recordar cómo Dios nos ha conducido en los tiempos pasados. Es bueno recordar sus providencias. Propendemos a veces a quejarnos. ¿No sería bueno pensar en las muchas bendiciones que Dios nos ha concedido, y en la manera admirable en que nos ha conducido? Nos daría más aprecio y agradecimiento. Y esta es una parte vital de la religión.

Capítulo 15—La Oracion

Todo sacrificio ofrecido era en realidad, una oración dirigida a Dios para pedirle ayuda. Podía ser, como en el caso de las ofrendas por el pecado y los delitos, una súplica de perdón. O podía ser una oración de agradecimiento y alabanza como en el caso de la ofrenda pacífica. También podía ser oración de consagración y dedicación como en el holocausto, o de comunión como en la oblación. Podía ser una oración de agradecimiento por una liberación especial, o una oración por algo que se deseaba mucho como en el voto y la ofrenda voluntaria. O podía ser que uno había sido sanado por Dios de alguna enfermedad, o una mujer había tenido familia con toda felicidad, o se había realizado alguna gran liberación. Todas estas ocasiones exigían agradecimiento especial, alabanza y una ofrenda apropiada.

En su más alto ejercicio, la oración es comunión. Esto necesita recalcarse, porque para muchos cristianos la oración es simplemente un medio de obtener algo de Dios. Sienten su falta en ciertos respectos. ¿Qué modo más fácil hay que el de pedir a Dios lo que necesitan? ¿No ha prometido Dios suplir lo que les falta? Como resultado de esta manera de pensar, muchas oraciones consisten mayormente en pedir cosas, algunas de ellas buenas, otras que no son tan buenas, otras positivamente perjudiciales, otras de cumplimiento imposible. Para tales personas, Dios es la fuente de provisión, el gran Dador, el manantial inagotable de los dones. Todo lo que necesitan hacer es pedir, y Dios hará el resto. Miden su cristianismo por las respuestas que reciben sus peticiones, y sienten que sus oraciones no son eficaces cuando se les niega lo que piden. Sus oraciones asumen mayormente la forma de peticiones. Están continuamente pidiendo algo, y creen que Dios contesta o debe contestar su petición. Como el hijo pródigo, niegan: "Padre, dame" (Lucas 15:12).

No puede negarse que las oraciones destinadas a pedir alguna cosa, constituyen una forma legítima de oración. Siempre necesitaremos pedir a Dios las cosas que deseamos. Pero ha de recalcarse que las oraciones de petición no deben llegar a ser la forma prevaleciente de orar. Las oraciones de alabanza, agradecimiento y adoración deben tener siempre la preeminencia. El someterse a la voluntad de Dios, el dedicarse completamente a él, y hacer una consagración completa, indicarán la forma que las oraciones deben asumir. Cuando nuestras oraciones cambian de un esfuerzo por lograr que Dios haga lo que queremos, en un deseo intenso de descubrir lo que Dios quiere, nuestras oraciones no asumirán tan a menudo la forma de pedir simplemente cosas, y demandar que Dios conteste nuestras oraciones en la manera específica que deseamos.

Sería de veras mejor para muchos de nosotros dejar de pedir cosas durante un tiempo y concentrar todos nuestros esfuerzos en lo que Dios quiere que tengamos o seamos. Cuando lo descubrimos, estamos en terreno seguro. Entonces podemos hacer peticiones a Dios, confiados en que su voluntad será hecha. El gran problema que afrontamos es descubrir la voluntad de Dios, y luego escudriñar nuestro corazón para asegurarnos de que realmente queremos que la voluntad de Dios sea la nuestra.

Alguien ha dicho que las oraciones son un esfuerzo de parte del suplicante para que Dios cambie su parecer. Muchos no hacen esfuerzo alguno para descubrir lo que Dios quiere, aunque están muy seguros de lo que ellos quieren. Su oración es realmente: "Cámbiese tu voluntad," no "Hágase tu voluntad." Luchan con Dios. Agonizan en oración. Exigen de Dios lo que ellos creen que debe hacerse. No se les ocurre que lo primero que han de descubrir es si Dios quiere realmente que tengan lo que tanto desean. Debieran preguntar: ¿Es para mi bien? ¿Es la voluntad de Dios? ¿Ha llegado el momento en que debe ser hecho? ¿Hay algo que yo debo hacer primero? ¿Estoy realmente dispuesto a someterlo todo a Dios de tal manera que si no me da, lo que deseo, estaré satisfecho y le daré gracias por lo que me dé; o estoy realmente más decidido a obtener lo que quiero que a averiguar la voluntad de Dios?

Tal vez sea bueno enumerar algunas cosas que no es la oración. No es un substituto del trabajo. Un cristiano que arrostra un problema difícil tiene derecho a pedir la ayuda de Dios y esperar que él responderá. Pero esto no lo excusa de trabajar arduamente. Dios fortalecerá el intelecto, vigorizará la mente; pero no aceptará la oración como substituto del esfuerzo mental ni ayudará a los perezosos. Los que son capaces de aprender la tabla de multiplicar, y tienen oportunidad de hacerlo, no deben rehuir el esfuerzo necesario, confiando que por la oración Dios hará innecesario para ellos el ejercicio mental. En la mayoría de los casos, el trabajo y la oración van juntos. Ninguno de los dos basta por sí mismo.

El blanco de la oración no consiste meramente en lograr que Dios haga algo que queremos. Algunos aplican métodos mundanales y tienen una filosofía mundanal acerca de la oración. Han aprendido que en cuanto concierne al mundo, para obtener algo deben ir a buscarlo, y dan por sentado que para obtener algo de Dios debemos ir a buscarlo. Obran como si Dios no estuviese dispuesto a conceder su petición sin hacerse rogar mucho, y parecen creer que por la persistencia pueden obtener de Dios lo que de otra manera no les daría. Toman como ejemplo suyo a la viuda importuna, y no parecen comprender que se nos da esta parábola para demostrar lo que Dios no es. Nadie puede obtener de Dios lo que desea, simplemente importunándolo sin cesar. Es necesario recalcar que Dios no es el juez injusto. Es un Padre, más dispuesto a dar buenas dádivas a sus hijos de lo que ellos están dispuestos a recibirlas. La insistencia importuna no es lo que prevalece para con Dios. No debe, sin embargo, predominar la impresión de que no hay necesidad de luchar en la oración, o que necesitamos solamente mencionar de una vez por todas a Dios lo que queremos recibir. La oración no es tan sencilla como esto. No, la oración agonizante y prevaleciente es necesaria, la oración que llega al corazón de las cosas y no se satisface hasta que han cambiado las vidas y las cosas. Jesús oraba toda la noche. Jacob luchó con el ángel. Daniel buscó al Señor con oración y ayuno; Pablo rogaba a Dios vez tras vez. No necesitamos menos oraciones, sino más. Necesitamos aprender a orar con fe. Esto es tal vez el punto vital.

La oración o es un monólogo. Puede ser audible, o puede ser el deseo del alma no expresado en palabras. En cualquier caso, la oración ideal es comunión. Algunos oran largamente informando a Dios de las cosas que ya sabe. Llaman su atención a muchos asuntos que necesitan ser corregidos. Parecen creer que Dios está en peligro de olvidar ciertas cosas que necesitan ser hechas, y sus oraciones consisten mayormente en recordar a Dios lo que debe hacer. Habiendo llamado la atención a Dios a la necesidad del mundo tal como la ven ellos, sienten que han hecho su deber. Han "dicho sus oraciones" e informado a Dios de sus propias necesidades y de las ajenas, y con un "amén" termina su "conversación". Ha sido enteramente un monólogo. Esperan que Dios empleará juiciosamente la información que le han transmitido, y que él hará algo acerca de los asuntos mencionados en su oración.

Muchos consideran la oración como comunicación en un solo sentido, del hombre que habla a Dios. Sin embargo, ésta no es la forma más elevada de la oración; porque según se ha declarado ya, la oración ideal es comunión. En la verdadera oración Dios habla al alma tanto como el hombre a Dios. La verdadera amistad no durará mucho donde uno solo sea el que hable siempre. En nuestras oraciones nos conformamos con demasiada frecuencia con ser los únicos que hablamos, y esperamos que Dios se conforme con escuchar todo el tiempo. Y sin embargo, ¿no puede darse el caso de que Dios quiera comunicarse con nosotros tanto como nosotros con él? Lo realiza frecuentemente recordándonos ciertos pasajes de la Escritura. ¿Es demasiado creer que después que hemos ofrecido una oración ferviente que creemos que Dios ha oído en el cielo, él podría desear decirnos una palabra? ¿Es posible que después que hayamos dicho "amén", Dios esté dispuesto a comunicarse con nosotros, pero nosotros nos levantemos de nuestras rodillas y no demos a Dios oportunidad de hablar? Colgamos el receptor, por así decirlo. Damos por terminada la comunicación. ¿Puede concebirme que el verdadero cristiano esté siempre hablando a Dios y que Dios no tenga mensaje para él? Debe ser doloroso para Dios quedar interceptado precisamente en el momento en que está listo para comunicarse con nosotros. Parecería que cuando esto ha sucedido varias veces, Dios no puede concluir otra cosa, sino que no sentimos mucho anhelo de tener comunión con él. Simplemente "decimos" nuestras oraciones, y cuando lo hemos hecho, nos apartamos. Tales oraciones no pueden ser todo lo que Dios quiere decir por la palabra "comunión."

Repitamos, pues, que la oración es comunión, es más que una conversación; es un compañerismo íntimo. Es un intercambio de opiniones e ideas. Supone comprensión, simpatía y confianza. No necesita ir siempre acompañada do palabras. El silencio puede ser más elocuente que los torrentes de oratoria. Es más bien una especie de amistad basada en la tranquila confianza y seguridad, sin ir acompañada de demostraciones o estallidos espectaculares.

La meditación es un elemento vital de la oración. Puede casi decirse que es su mejor parte. Y, sin embargo, es grandemente descuidada. Nos presentamos delante de Dios, ofrecemos nuestra petición, y nos apartamos. La vez siguiente, hacemos lo mismo. Mantenemos a Dios informado acerca de nuestro estado, le hablamos de algunas cosas que necesitan atención, y habiendo así aliviado nuestras almas, clausuramos la entrevista. Esto se repite día tras día, pero no puede decirse que sea muy satisfactorio. ¿No hay algo mejor? Debe haberlo.

Los salmos, especialmente los de David, sondean las profundidades del sentimiento cristiano. David pasó por algunos momentos muy tristes. Una vez huía de Saúl en el desierto. Allí escribió el salmo 63. Es el clamor de un alma que anhela a Dios, que desea mayor conocimiento de Dios, especialmente en la oración. Es evidente que David no estaba satisfecho con lo que había experimentado antes en la oración. Dios parecía lejano. No contestaba. David tenía la sensación de estar dirigiéndose aparentemente a nadie, en una habitación vacía. Sin embargo, anhelaba a Dios. Su alma tenía sed del Dios viviente. ¿No había alguna manera por la cual podía ponerse en verdadera comunión con él? Luego David encontró el camino. Halló satisfacción. Aprendió el significado real y el método de la oración. De esto nos habla en Salmo 63: 5, 6: "Como de meollo y de grosura será saciada mi alma; y con labios de júbilo te alabará mi boca, cuando me acordaré de ti en mi lecho, cuando meditaré de ti en las velas de la noche". Nótese la expresión: "Será saciada mi alma... cuando me acordaré de ti en mi lecho, cuando meditaré". David había orado antes. Ahora a la oración añade la meditación, y dice que cuando hace esto su alma "será saciada". Para él es como "meollo y grosura", y alaba a Dios "con labios de júbilo." Por fin su alma está satisfecha.

Lo que se registra allí es de gran valor. Muchas almas, como David, claman por el Dios viviente. No están satisfechas. Creen que debe haber algo mejor que lo que han experimentado. Oran, y oran y oran, y Dios parece estar lejos. No se revela. De vez en cuando tienen una vislumbre pasajera de él, y luego desaparece. ¿No hay nada mejor en reserva, o es esto todo lo que les puede dar el cristianismo y la oración? Debe haber algo mejor. Y David lo halló.

"Será saciada mi alma". ¡Cuán admirable es sentir satisfecha el hambre del alma! ¡Y esta posibilidad puede llegar a ser una realidad! David señala el camino cuando dice que puede obtenerse recordando a Dios y meditando.

La mayor parte de los cristianos se acuerdan de Dios. Oran. De hecho se puede decir acertadamente que nadie puede ser hijo de Dios sin orar. Pero no muchos practican el arte de la meditación. Oran, pero no meditan. Sin embargo, una cosa es tan importante como la otra. Fue cuando David añadió la meditación a la oración cuando pudo decir por fin que su alma estaba satisfecha. Puede ser que nosotros hayamos de experimentar lo mismo.

Pocos cristianos meditan. Están demasiado atareados. Su obra exige demasiado de ellos. Se apresuran de una cosa a la otra y tienen poco tiempo para consultar con sus propias almas o con Dios. Hay tanto que hacer. A menos que esfuercen todos sus nervios y estén ocupados cada momento, están seguros de que se perderán almas. No tienen tiempo para sentarse a los pies del Maestro mientras el mundo está pereciendo. Deben estar de pie, trabajando. La actividad es su consigna. Con todo, son honrados y concienzudos.

Sin embargo, ¡cuánto pierden ellos mismos y el mundo a causa de la falta de meditación! Ningún alma puede precipitarse a la presencia de Dios y volver a salir de ella y esperar gozar comunión con él. La paz que sobrepuja el entendimiento no mora en un corazón inquieto.

"Tomad tiempo para ser santos," ser santo es más que un simple sentimiento. Se requiere tiempo para ponerse en comunión con Dios, tiempo para ser santo. "Temblad, y no pequéis: conversad en vuestro corazón sobre vuestra cama, y desistid" (Salmo 4:4). La última declaración necesita recalcarse en forma especial. "Desistid." Estamos demasiado inquietos. Necesitamos aprender a permanecer quietos con Dios. Necesitamos tranquilidad.

"En Dios solamente confía callada, oh alma mía." (Salmo 62:5, V. M.) Penetren estas palabras en cada conciencia. "Alma mía." Esto se dirige a todo cristiano. "Confía callada." Esto es una orden y también una promesa. Aguardemos en silencio. Aguardemos en silencio a Dios. Aguarda tú en silencio a Dios. Aguarda tú en silencio a Dios solamente. Y el que aguarda en silencio a Dios solamente, a su invitación, no quedará chasqueado. Será satisfecho.

¡Qué admirable invitación es esta declaración! Hemos orado, hemos derramado nuestra alma a Aquel que es el único que comprende. No digamos "amén" para alejarnos. Demos una oportunidad a Dios. Aguardémosle. Aguardémosle en silencio. Aguardésmosle a él solamente. Y en el silencio del alma, Dios puede hablar. Nos ha invitado a esperar. Dejemos que toda nuestra alma se concentre en él. Aguardémosle a él solamente. Puede ser que por medio de la queda vocecita Dios se dé a conocer. Aguardemos en silencio a Dios.

Para algunos cristianos ésta no es una doctrina nueva. Ellos saben lo que es estar en comunión con Dios. Han pasado preciosos momentos a solas con él. Han aprendido a aguardar en silencio. Y preciosas han sido las revelaciones que han recibido.

Para otros, sin embargo, ésta puede ser una experiencia nueva. Han aprendido a orar, pero no han aprendido a aguardar en silencio a Dios. La meditación como parte de la oración no ha sido importante para ellos. Han concebido que la oración fuese cierta forma de palabras dirigidas reverentemente al Padre celestial. Con su "amén", la comunión termina. Y así puede ser de hecho, aunque Dios no se propone que sea así. El amén puede significar el fin de las palabras del hombre, pero no debe ser el fin de la entrevista. Dios nos invita a guardar silencio. Tal vez desea hablar, o tal vez no. En cualquier caso, hemos de aguardar. Mientras aguardamos, Dios puede considerar propio hacer penetrar la convicción en nuestras mentes.

Muchos se inclinan a hablar demasiado. Todos hemos tratado con personas que vienen ostensiblemente a pedir consejo, pero que en realidad vienen tan sólo para presentar sus propias opiniones. Parecen deseosas de entrevistarnos, y sin embargo apenas nos dan oportunidad de aconsejarlas, porque ocupan el tiempo ellas mismas y parecen satisfechas cuando han presentado su caso. Se conforman cuando expresamos cierta medida de acuerdo con su opinión. Uno tiene claramente la impresión de que no vinieron a buscar consejo, sino a impartir información.

Así sucede con demasiada frecuencia al orar. La parte más importante no es que hablemos a Dios, sino que Dios nos hable a nosotros. Es verdad que Dios se deleita en que oremos a él. Nuestras oraciones son música para él. No podemos cansarlo. Y sin embargo, ¿no sería bueno darle una oportunidad de comunicarse con nosotros? ¿No sería bueno que tuviésemos una actitud atenta, de quienes quieren escuchar? ¿No sería bueno que hiciésemos exactamente lo que se nos aconseja hacer, aguardar en silencio a Dios solamente? Por cierto que Dios no nos dejará aguardar en vano. ¿Quién no ha sentido el tremendo poder de los pocos momentos de silencio que han seguido a la oración? ¿Quién no ha sentido la presencia de Dios en la quietud del santuario? Sería bueno que nosotros explorásemos el poder del reino del silencio. Dios está allí.

Siempre hay peligro de ir a los extremos. Hay quienes rechazan la instrucción dada en la Biblia o piensan livianamente acerca de ella, y dependen casi completamente de las impresiones. Los tales están en grave peligro. Creemos que Dios conducirá a los que estén dispuestos a ser conducidos, pero creemos también que esta dirección estará siempre en armonía con la voluntad revelada de Dios, y no contradecirá de ninguna manera la palabra escrita. Por admirable que sea el privilegio de comunicarse con Dios, por admirable que sea el privilegio de la meditación, hay peligro de que se los emplee mal. Especialmente deben estar en guardia los cristianos más jóvenes. Únicamente la larga experiencia en las cosas de Dios, respaldada por una vida de obediencia a la voluntad de Dios, lo habilita a uno para juzgar los procesos de la mente. Satanás está siempre cerca para sugerir sus propios pensamientos, y se necesita discernimiento espiritual para conocer la voz que habla. Esto, sin embargo, no debe inducir a los cristianos jóvenes a omitir la meditación. Muy lejos de ello. Dios está siempre cerca para ayudar y guiar, y podemos creer que la tranquila hora pasada con Dios dará grandes resultados para el reino. Estamos tan sólo haciendo una advertencia a aquellos que quisieran ser conducidos por una voz que hable al alma y descuidar la voz que habla por medio de la Palabra.

En el santuario antiguo, el sacrificio y la oración se combinaban. El sacrificio representaba el pesar por el pecado, el arrepentimiento, la confesión, la restitución. Cuando el cordero era colocado sobre el altar, el pecador arrepentido se ponía figurativamente a sí mismo y todo lo que tenía sobre el altar. Significaba su aceptación de la justicia de la ley que exigía una vida, significaba su consagración a Dios. Sin esta actitud, el sacrificio del cordero era tan sólo un escarnio. Así también nuestras oraciones pueden ser un escarnio a menos que con corazón sincero nos abstengamos de pecar y nos dediquemos completamente a Dios. La oración debe tener la sinceridad como fundamento y apoyo. Debe fundarse en el arrepentimiento y el pesar piadoso por el pecado. Debe ser evidenciada por la confesión y la restitución. Una oración que reúna estas condiciones no permanecerá sin respuesta. Dios es fiel a su palabra.

Capítulo 16—La Ley

Todos los servicios del santuario se cumplían con referencia a la ley de Dios, custodiada en el arca, en el departamento de más adentro del tabernáculo. Fue precisamente por la violación de esta ley por lo que los sacrificios tuvieron que instituirse. "Cuando alguna persona pecare por yerro en alguno de los mandamientos de Jehová sobre cosas que no se han de hacer, y obrare contra alguno de ellos; si sacerdote ungido pecare según el pecado del pueblo, ofrecerá a Jehová, por su pecado que habrá cometido, un becerro sin tacha para expiación" (Levítico 4: 2, 3).

Fue la transgresión de "los mandamientos de Jehová" lo que hizo necesario el sistema de sacrificios. Fue el pecado contra la ley de Dios lo que puso en movimiento todo el ritual del templo. El pecado era el motivo de los sacrificios matutinos y vespertinos, los servicios del día de las expiaciones, la ofrenda del incienso y los sacrificios individuales por los pecados personales. Y el pecado es la transgresión de la ley. El amado Juan tuvo una visión del templo de Dios en el cielo. En ese templo vio la ley de Dios, "el arca de su testamento" (Apocalipsis 11:19). La ley es central aun en el cielo; a tal punto que el templo es llamado "el templo del tabernáculo del testimonio", no el templo del incienso, o de la sangre, o siquiera del arca. Es "el templo del tabernáculo del testimonio", el templo de la ley de Dios (Apocalipsis 15: 5).

La ciudad más sagrada del Antiguo Testamento era la ciudad que Dios había elegido como su morada. El lugar más sagrado de aquella ciudad era el templo. El lugar más sagrado del templo era el santísimo. El objeto más sagrado del santísimo era el arca dentro de la cual estaban las tablas de piedra sobre las cuales Dios había escrito con su propio dedo los diez mandamientos, la ley de vida, los oráculos de Dios. Esta ley era el centro en derredor del cual giraba todo el servicio, la base y la razón de todo el ritual. Sin la ley, el servicio del templo no tendría significado.

La ley es una expresión del carácter, una revelación de la voluntad. Por esta razón, la ley de Dios es importante. Es parte de Dios, por así decirlo. Lo revela. Es un trasunto do su carácter, una expresión finita de lo infinito. En ella se nos da una vislumbre del mismo parecer de Dios; una visión del fundamento de su gobierno. Así como Dios es perfecto, la ley es perfecta. Así como Dios es eterno, los principios de la ley son eternos. Como Dios es inmutable, la ley es inmutable. Esto tiene que ser necesariamente así. La ley, por ser un trasunto del carácter de Dios, no puede ser cambiada a menos que se realice un cambio correspondiente en Dios. Pero Dios no puede cambiar. "Yo Jehová, no me mudo" (Malaquías 3:6). En Dios no hay "mudanza, ni sombra de variación" (Santiago 1:17). "Es el mismo ayer, y hoy, y por los siglos" (Hebreos 13:8).

La ley de Dios, tal como está contenida en los diez mandamientos, ha sido siempre un campo fructífero de estudio para los hijos de Dios. Numerosas son en la Biblia las referencias al deleite que los santos de Dios han hallado al mirar la perfecta ley de libertad. Lejos de serles una tarea, han considerado un placer contemplar las cosas profundas de Dios. Oigamos al salmista: "He amado tus mandamientos más que el oro, y más que oro muy puro". "Maravillosos son tus testimonios". "Me has hecho más sabio que mis enemigos con tus mandamientos; porque me son eternos. Más que todos mis enseñadores he entendido: porque tus testimonios son mi meditación". "A toda perfección he visto fin: ancho sobremanera es tu mandamiento" (Salmo 119:127, 129, 98, 99, 96).

Los diez mandamientos fueron primero proclamados por Dios en el monte Sinaí, y luego escritos por él en dos tablas de piedra (Éxodo 20; 24:12; 31:18.) Estas tablas fueron puestas en el arca situada en el lugar santísimo del santuario, directamente bajo el propiciatorio, y cubiertas por él (Éxodo 25:16, 21). Lo escrito en ellas, según se registra en nuestra versión de Valera, es como sigue:

"Yo soy Jehová tu Dios, que te saqué de la tierra de Egipto, de casa de siervos.

1. "No tendrás dioses ajenos delante de mí.

2. "No te harás imagen, ni ninguna. semejanza de cosa que esté arriba en el cielo, ni abajo en la tierra, ni en las aguas debajo de la tierra: no te inclinarás a ellas, ni las honrarás; porque yo soy Jehová tu Dios, fuerte, celoso que visito la maldad de los padres sobre los hijos, sobre los terceros y sobre los cuartos, a los que me aborrecen, y que hago misericordia en millares a los que me aman, y guardan mis mandamientos.

3. "No tomarás el nombre do .Jehová tu Dios en vano; porque no dará por inocente Jehová al que tomare su nombre en vano.

4. "Acordarte has del día. del reposo, para santificarlo: Seis días trabajarás, y harás toda tu obra; mas el séptimo día será reposo para Jehová tu Dios: no hagas en él obra alguna, tú, ni tu hijo, ni tu hija, ni tu siervo, ni tu criada, ni tu bestia, ni tu extranjero que está dentro de tus puertas. Porque en seis días hizo Jehová los cielos y la tierra, la mar y todas las cosas que en ellos hay, y reposó en el séptimo día: por tanto Jehová bendijo el día del reposo y lo santificó.

5. "Honra a tu padre y a tu madre, porque tus días se alarguen en la tierra que Jehová tu Dios te da.

6. "No matarás.

7. "No cometerás adulterio.

8. "No hurtarás.

9. "No hablarás contra tu prójimo falso testimonio.

10. "No codiciarás la casa de tu prójimo, no codiciarás la mujer de tu prójimo, ni su siervo, ni

su criada, ni su buey, ni su asno, ni cosa alguna de tu prójimo" (Éxodo 20:2-17).

Los diez mandamientos no son decretos arbitrarios impuestos a súbditos mal dispuestos. Son más bien la ley de la vida, sin la cual la existencia nacional, la seguridad personal, la libertad humana, y aun la civilización serían imposibles. Esto se hará más patente a medida que prosigamos.

Los mandamientos se dividen en dos secciones. La primera, que abarca los primeros cuatro mandamientos, define el deber del hombre hacia Dios, y la otra sección, de los últimos sois mandamientos, define el deber del hombre para con sus semejantes. Cristo reconoció esta división cuando declaró que los dos grandes principios de la ley son el amor hacia Dios y el amor hacia el hombre. "Amarás al Señor tu Dios de todo tu corazón, y de toda tu alma, y de toda tu mente. Este es el primero y el grande mandamiento. Y el segundo es semejante a éste: Amarás a tu prójimo como a ti mismo. De estos dos mandamientos depende toda la ley y los profetas." (Mateo 22:37-40).

La ocasión en que Dios proclamó su ley en el Sinaí, constituyó el principio de una relación de pacto con Israel. Dios había elegido a Israel para que fuese su pueblo. Lo había sacado de Egipto y lo iba a llevar a la tierra prometida. Había prometido bendecirlo y hacer de él una nación santa y un sacerdocio real. Estas promesas estaban, sin embargo, sujetas a la aceptación de ellas por el pueblo y a su cooperación. Dios había prometido hacer mucho en favor de ellos. ¿Iban ellos por su parte a amar y obedecer a Dios? ¿Iban a observar fielmente lo provisto en el pacto? Se habían familiarizado en una manera general con la ley de Dios. Pero ahora Dios se la proclama desde el cielo, a fin de que no pueda haber duda acerca de lo que se espera de ellos. La santidad no debe depender de la interpretación privada. Dios da una norma de justicia. Esa norma es perfecta. "La ley a la verdad es santa, y el mandamiento santo, y justo, y bueno" Es una expresión de la voluntad de Dios acerca del hombre. Es la regla perfecta que contiene todo el deber del hombre.

Causa cierta perplejidad hallar cristianos opuestos a la ley de Dios. ¿Qué objeción pueden presentar contra una ley que ordena amar a Dios y al hombre, que condena el mal y estimula el bien? ¿Qué objeción pueden presentar contra una ley cuyo autor es Jehová, cuyo fin es la santidad, y que está encerrada en el santuario de Dios? Podríamos esperar esta oposición de parte de los pecadores, porque la ley expone y condena el pecado. Pero los cristianos están en otro nivel. Con el salmista, exclaman: "¡Cuánto amo yo tu ley! Todo el día es ella mi meditación" (Salmo 119: 97).

Así como la ley en general es el fundamento del gobierno, la ley de Dios es el fundamento del gobierno de Dios. Diez declaraciones claras y concisas proclaman todo el deber del hombre. Es una constitución completa, concisa, perfecta. Nada puede añadírsele ni sustraérsele.

La ley es emblema de seguridad, estabilidad, fidelidad, uniformidad, igualdad. La ausencia, de ley significa el caos con sus males acompañantes. El mundo está edificado sobre la ley, el universo la obedece. La infracción de la ley universal significaría el aniquilamiento de la creación de Dios. Cada parte está relacionada con todas las demás, y lo que sucede en un lugar se refleja hasta los finos del universo. Esto hace necesaria la ley universal. Una ley debe regir dondequiera que exista la creación. Dos leyes en conflicto producirían desastre. La única ley moral fundamental del universo es la ley de Dios, encarnada desde toda la eternidad en los dos grandes principios del amor a Dios y del amor al hombre. Estos principios fueron ampliados y aplicados a la humanidad, y los diez mandamientos fueron proclamados, para dirección del hombre, en el monte Sinaí. Constituyen la ley básica de la vida y la existencia. Como se ha dicho ya, no son requerimientos arbitrarios impuestos por amor a la autoridad. Son los que Dios en su sabia previsión vio que eran necesarios para que los hombres viviesen juntos, y fuese posible la sociedad humana. Y la experiencia de los hombres ha confirmado la sabiduría de Dios. El mundo ha demostrado que la obediencia a la ley de Dios es necesaria para la existencia, la seguridad y la vida.

La Gran Guerra mundial fue una demostración de este hecho. Los hombres se burlaron de los diez mandmientos. Los ridiculizaron. Empezaron a matarse y destruirse unos a otros. Cada nación creyó que si ganase la guerra, no sólo ella obtendría gran beneficio, sino incidentalmente el mundo. Pero el mundo ha quedado desilusionado. Ha aprendido que no hay ganancia en el odio y en las matanzas. La Guerra Mundial fue una ilustración categórica de lo insensato que es rechazar los mandamientos de Dios. No sólo fueron mutilados y muertos millones de seres humanos, se acumularon inmensas deudas, y llegó a ser inminente el desastre general, sino que muchos se convencieron definidamente de que una continuación de la guerra significaría el fin de la civilización y de la vida nacional. Los hombres quedaron espantados ante la magnitud de la calamidad que afrontaban. Empezaron a creer que el mandamiento: "No matarás", no es un decreto arbitrario, sino una de las leyes de la vida. Guarda los mandamientos y vivirás, recházalos y morirás; ésta fue la lección.

La misma lección se está enseñando a las naciones hoy. La criminalidad abunda, es agresiva, desafiante. Siempre ha habido hombres perversos, pero nunca en la escala en que los hay hoy. La criminalidad está ahora organizada, y en algunos casos realiza verdaderamente una guerra contra la sociedad. En algunos casos, los criminales están mejor armados y organizados que las fuerzas de la ley y del orden. Hace tan sólo poco que los gobiernos han comprendido realmente que se hallan frente a agentes desintegrantes empeñados en destruir la civilización. Están ahora haciendo todo esfuerzo posible para desarraigar ese mal, pero no hallan fácil la tarea. Es costosa; agotadora; a veces desalentadora; pero debe llevarse a feliz término, o el resultado será el desastre. La tentativa de los gobiernos para reducir el cohecho, desarraigar el vicio, detener la explotación, sostener el carácter sagrado de las relaciones familiares, imponer la honradez en las relaciones públicas, y para proteger las propiedades, es admisión de su parte de que Dios tiene razón, de que los hombres no deben mentir, robar ni cometer adulterio; que la transgresión de estos mandamientos conduce al desastre y el desorden, y que el gobierno está justificado por tomar las medidas necesarias para mejorar las condiciones.

Todo el movimiento destinado a suprimir la criminalidad es un poderoso testimonio en favor de la integridad y el valor permanente de los mandamientos de Dios. Los hombres y los gobiernos están aprendiendo que la criminalidad es mala, que es costosa, que arruina y destruye. Esa es la lección que Dios quiere que aprendan. Y están descubriendo a su manera el valor que tiene el obedecer la ley. Nunca ha tenido el mundo semejante lección objetiva en el costo del crimen, de la transgresión. El mundo mismo nos proporciona el material de la demostración y paga su costo. Esto hace tanto más eficaz la lección.

La ley es una expresión de la voluntad, naturaleza y carácter del poder gobernante. Cualquier ley que no sea una expresión tal deja pronto de funcionar y caduca. La ley humana es generalmente resultado de la experiencia, de un propósito meditado, basado en el descubrimiento de lo que es y debiera ser, y una tentativa de formular en declaraciones concisas las reglas que necesita una conducta y un proceder apropiados. Debe tener la voluntad como factor básico, y ser una expresión de aquella voluntad, y también de la naturaleza y el carácter del legislador. La ley, por lo tanto, indica personalidad, y define y revela esa personalidad.

La expresión "ley de la naturaleza" como se emplea comúnmente, es engañosa, y debe emplearse únicamente en un sentido acomodado. Hablando propiamente, no hay ley de la naturaleza, porque la naturaleza no tiene voluntad ni pensamiento propios, ni manera de expresar tal voluntad o pensamiento. Lo que se entiende generalmente por "ley de la naturaleza" es el proceso ordenado por el cual obra la naturaleza, un modo definido de consecuencias generalmente predecibles. El cristiano cree que las leyes de la naturaleza son las leyes de Dios, una expresión de voluntad personal, y que no dotan a la naturaleza con atributos que pertenecen solamente a una personalidad, a Dios.

A. H. Strong emplea una ilustración que señala una lección importante. Supone a un cristiano mirando un árbol de transmisión que hace girar una máquina grande y complicada. En sus tentativas por descubrir lo que hace girar ese largo eje, llega a una pared de ladrillo de la cual sale el árbol, más allá de la cual no puede ver ni puede ir. Pero no llega a la conclusión de que el árbol de transmisión gira por sí mismo. No puede ver ni probar la existencia del motor que hay más allá de la pared y da su poder al árbol. Pero sabe que está allí. El buen sentido se lo dice. El hombre que asevera ser estrictamente científico y creer sólo lo que ve, mira el árbol de transmisión y se maravilla de su poder inherente.

El cristiano ve también el árbol de transmisión. Pero ve más allá de él. Ve lo invisible, y sabe que hay un poder oculto detrás del árbol. Para él es algo sencillo, claro y nada misterioso. Se admira tan sólo de que todos no puedan ver lo que a él le parece tan evidente. Igualmente, a través de la naturaleza ve al Dios de la naturaleza; y las leyes de la naturaleza son para él simplemente las leyes de Dios.

La ley de Dios es un trasunto de la naturaleza divina, y como tal no es "hecha" como son hechas las leyes humanas, como tampoco Dios es "hecho." No se puede decir que la ley haya tenido un principio como no se puede decir tampoco que Dios haya tenido comienzo. Siendo una revelación de lo que él es, su existencia es coeva con Dios. Puede ser cambiada únicamente si cambia Dios. No es provisoria, como no lo es Dios. No es una expresión de una voluntad arbitraria, sino la revelación de un ser. No es local ni se limita a situaciones específicas únicamente, como Dios no es local. Es incapaz de modificación, por representar la naturaleza inmutable de Dios. Es inmutable, santa y buena, porque Dios es inmutable, santo y bueno. Es espiritual; es justa; es universal. La ley es todo esto y debe serlo, por ser un trasunto de la naturaleza esencial de Dios.

Además de la ley de Dios moral y escrita, hay una ley elemental, impresa en las mismas fibras de toda criatura moral, que no está escrita, y sin embargo ejerce autoridad. Existió antes del Sinaí, y es también una expresión y un reflejo de la naturaleza moral de Dios, aunque no es tan clara como la ley escrita. Los paganos que "no tienen ley [en forma escrita], naturalmente haciendo lo que es de la ley, los tales, aunque no tengan ley, ellos son ley a sí mismos: mostrando la obra de la ley escrita en sus corazones, dando testimonio juntamente sus conciencias, y acusándose y también excusándose sus pensamientos unos con otros" (Romanos 2:14, 15).

Esta ley no escrita tiene tanta autoridad que Dios queda justificado por usarla en el juicio. "Porque todos los que sin ley pecaron, sin ley también perecerán; y todos los que en la ley pecaron, por la ley serán juzgados" (versículo 12). Los paganos hacen "naturalmente... lo que es de la ley"; es decir, que tienen un sentido inherente de lo bueno y de lo malo, y por este sentido son juzgados. "Los tales, aunque no tengan ley, ellos son ley a sí mismos". Según la ley que tengan, o podrían haber tenido, son juzgados.

Esa ley elemental, aunque no escrita, licué todas las características de la ley escrita de Dios, y en su campo tiene igual autoridad. Ningún hombre puedo violar la ley natural y esperar escapar a las consecuencias. Las leyes do la naturaleza son inviolables, y son administradas sin acepción de personas. Quienquiera que cometa transgresión, sea príncipe o mendigo, paga la penalidad. Un rey que sin saberlo o deliberadamente se lanza al espacio mientras trepa una montaña escarpada, se destroza contra las rocas tan seguramente como su súbdito más humilde. Los hombres han aprendido la certidumbre de la ley moral y confían en su uniformidad infalible. Están convencidos de que las leyes de la física, de la matemática, de la tensión, no cambian de la noche a la mañana. Así que hacen sus planos, edifican, viven y trabajan, confiados en la seguridad de la ley. Y Dios no falta a la ley. Los hombres pueden confiar en Dios y en su ley natural.

La ley moral no escrita es igualmente segura. La conciencia da testimonio de un poder superior al del hombre, una fuerza compulsora, un poder casi irresistible. Es cierto que la ley moral, por obrar en un reino superior al físico, no puede ser demostrada inmediatamente, y los efectos de la transgresión pueden no ser tan aparentes .como en el caso de la violación de la ley física. Pero son, sin embargo, tan seguros como estos últimos.

No toda violación de la ley física es castigada inmediatamente. Si un hombre toca un alambre cargado de alta tensión eléctrica queda fulminado en el acto. Otro viola la ley de su ser en cuanto a la vida en general y la comida y no nota ningún efecto inmediato. Pero años más tarde, los resultados son visibles. Aunque los resultados sean postergados, son seguros e inevitables. Así sucede con la ley moral. Los resultados de las transgresiones pueden ser postergados. Pero llegan seguramente. Pueden hasta no aparecer en esta vida, y ser reservados para el juicio venidero. Pero en cualquier caso, los resultados son seguros o inevitables, de no mediar la gracia de Dios.

El modo de obrar de Dios tiene una razón. Si el castigo se impusiese siempre inmediatamente, la formación del carácter sería muy estorbada, si no hecha imposible. Cada pecado físico, por pequeño que sea, tiene en sí la simiente de la muerte. Si esa muerte se produjese inmediatamente, la persona afectada no tendría por supuesto oportunidad de aprender lección alguna de la experiencia. Por otra parte, los demás, sabiendo que el resultado de la desobediencia era la muerte inmediata, se apartarían de la transgresión, no por principio sino por temor. A fin de dar a los hombres oportunidad de arrepentirse de los pecados físicos y de hacerlo sin que en su decisión influya el temor de la muerte inmediata, Dios debe postergar las consecuencias de la transgresión por un tiempo. Así lo hace, y los resultados justifican el proceder. Este principio es aún más aplicable a la ley moral.

Dios no debe ejecutar el castigo de la transgresión de la ley moral inmediatamente, a fin de no viciar su plan y hacer difícil si no imposible la salvación. Aunque a veces es cierto que "porque no se ejecuta luego sentencia sobre la mala obra, el corazón de los hijos de los hombres está en ellos lleno para hacer mal". Dios no debe ejecutar inmediatamente el juicio, no sea que haga más daño que bien. Dios sabe lo que hace. Se ha impuesto la tarea de salvar a los hombres, y la realiza de la mejor manera posible.

La ley escrita de Dios tal como está contenida en los diez mandamientos resume todo el deber del hombre para con Dios y para con el hombre. El Dios que hizo la ley de la naturaleza es el mismo Dios que hizo los diez mandamientos. Ambas leyes son dadas por Dios, y aunque obran en reinos diferentes, están igualmente en vigor y no pueden transgredirse impunemente. La ley de Dios tal como fue escrita en las dos tablas de piedra, como también en el corazón del creyente, está en armonía con la ley general y no escrita de Dios.

Pero la naturaleza no indica en parte alguna un día definido de descanso. Esto aparece en la ley escrita de Dios. Los paganos tienen percepciones de lo bueno y de lo malo, y su conciencia los acusa o los excusa. Esto no parece ser el caso, sin embargo, respecto del séptimo día o día de reposo. No hay nada en la naturaleza que induzca a uno a observar un día de cada siete, y mucho menos un séptimo día definido. Esto puede requerir cierto estudio.

El sábado fue instituido en ocasión de la creación. "Por causa del hombre fue hecho" (Marcos 2:27.) Por su propio ejemplo de reposo, Dios santificó el día y lo bendijo. Entre todos los días de la semana eligió uno y lo puso aparte para un uso santo. Desde entonces fue bendecido entre los demás días, santificado por Dios mismo.

La selección de un día particular de la semana fue un acto distinto de Dios que puede conocerse únicamente por la revelación. La naturaleza no nos da clave alguna en cuanto a qué día es el día de reposo, o si hay algún día de reposo. El mandamiento de observar el séptimo día es una declaración del Dios soberano, que pone aparte un día particular como tiempo santo. Aunque parece apropiado que el último día de la semana de la creación haya sido elegido como día de reposo, es concebible que el miércoles o cualquier otro día podría cumplir igualmente el propósito, si así lo hubiese ordenado el Creador. La elección del séptimo día descansa no sobre algún hecho de la naturaleza, sino sobre una orden positiva de Dios, que no está acompañada por ninguna ley adicional, elemental o natural. Se basa enteramente en un "así dice Jehová".

Creemos que esto tiene una razón. Y proseguiremos con este estudio.

Capítulo 17—El Sábado

Acordarte has del día de reposo para santificarlo: Seis días trabajarás, y harás toda tu obra; mas el séptimo día será reposo para Jehová tu Dios: no hagas en él obra alguna, tú ni tu hijo, ni tu hija, ni tu siervo, ni tu criada, ni tu bestia, ni tu extranjero que está dentro de tus puertas. Porque en seis días hizo Jehová los cielos y la tierra, la mar y todas las cosas que en ellos hay, y reposó en el séptimo día: por tanto Jehová bendijo el día del reposo y lo santificó" (Éxodo 20:8-11).

Si una persona que no hubiese conocido antes los diez mandamientos se encontrase repentinamente cara a cara con ellos, se sorprendería inmediatamente de su carácter razonable y buen sentido. Al leer el mandamiento: "No hurtarás", convendría en que era un buen mandamiento. Lo mismo pensaría de los demás mandamientos: "No matarás", y "No cometerás adulterio". Observaría indudablemente que la mayoría de las naciones tiene leyes similares y las ha encontrado necesarias y buenas. No podría hallar defecto en la ley de Dios.

Sin embargo, una cosa podría dejarlo perplejo. ¿Por qué debe considerarse santo el séptimo día? Podría ver la razón de los otros mandamientos, pero el mandamiento del sábado le parecería arbitrario. Desde el punto de vista de la salud, cada quinto o sexto día, o cada octavo o décimo día, serviría igualmente bien. Y como quiera que sea, ¿por qué elegir el séptimo día de la semana más bien que solamente una séptima parte del tiempo? Los otros mandamientos son razonables, pensaría él, pero el mandamiento del sábado es de índole diferente. No se basa en la naturaleza o las relaciones humanas; sino que es un decreto arbitrario, sin razón suficiente para ser obedecido o impuesto.

El autor tuvo una vez con cierta persona una conversación en la cual se presentaron los argumentos mencionados. Era una persona bien educada. La conversación se refirió a la ley de Dios, especialmente al mandamiento del sábado. El argumento de nuestro interlocutor era como sigue:

"Aprecio la contribución que su denominación está haciendo respecto del orden y de la ley. En una época como ésta, en la cual prevalecen la criminalidad y la iniquidad, debemos esperar que las iglesias defiendan tesoneramente la justicia. Lamento notar que algunas de las iglesias no están haciendo esto. Se burlan de la ley de Dios, y esto no puede sino reaccionar sobre los asuntos civiles. Ni la ley de Dios puede pasarse impunemente por alto, es fácil asumir una actitud igual para con la ley civil. Me alegro, por lo tanto, de que estéis predicando la ley tanto como el evangelio. Ambas cosas son necesarias.

"Hay, sin embargo, una cosa en la cual creo que estáis equivocados. Guardáis el séptimo día, y creéis que Dios lo requiere de vosotros. Aunque honro sinceramente vuestra creencia, me parece que estáis equivocados, he dedicado cierto estudio a la cuestión, y creo que la voluntad y el propósito de Dios se pueden cumplir tan bien guardando el primer día de la semana como el último; y sería mucho más fácil para vosotros, y vuestra influencia aumentaría. Aunque personalmente creo que no tiene importancia el que uno guarde un día o el otro, o ningún día, honro a los que dedican un día a Dios. Pero creo que estáis equivocados al creer que debéis observar el séptimo día. Dios no requiere eso de vosotros. Lo más que él podría esperar sería que guardaseis un día de cada siete.

"El mandamiento del sábado es diferente de los otros. Se distingue por el hecho de no basarse en la naturaleza del hombre como los otros mandamientos. Si un grupo de hombres que nunca hubiese oído hablar de los diez mandamientos hubiera de vivir en comunidad, no tardaría en desarrollar una serie de leyes para su propio gobierno. Las naciones paganas y las tribus salvajes tienen reglas contra el robo, el asesinato y el adulterio. Creo que estos pueblos primitivos elaborarían después de un tiempo un código de leyes en conformidad con el Decálogo; pero no puedo ver cómo habrían de desarrollar jamás una ley del sábado. No hay nada en la naturaleza que los habría de guiar en una empresa tal. Esto prueba, creo yo, mi argumento de que la ley del sábado no se funda en la ley natural, no se funda en la naturaleza del hombre como los otros mandamientos, y los hombres sostienen con ese mandamiento una relación diferente de la que tienen con los demás. Considero que los otros mandamientos están en vigor, pero no el mandamiento del sábado".

A esto, respondimos más o menos como sigue:

"Sin admitir la verdad de todos sus argumentos, admitamos que el mandamiento del sábado está sobre una base diferente del resto de los mandamientos, y que el hombre sin ayuda de la revelación no podría nunca llegar a creer en el reposo del séptimo día.

"Que el mandamiento del sábado ocupe un lugar único en la ley de Dios es, creemos, reconocido por la mayor parte de los que han estudiado la cuestión. Es el único mandamiento que trata del tiempo. Tiene la distinción de declarar ciertas cosas correctas si se hacen en un tiempo definido, y malas las mismas cosas si se hacen un otro tiempo. Crean el bien y el mal por definición sin razón discernible basada en la naturaleza. En esto difiere de los otros mandamientos.

"Fue este mandamiento el que Dios eligió en los tiempos antiguos para que sirviese de mandamiento de prueba. Antes que la ley fuese proclamada públicamente en el Sinaí, 'toda la congregación de los hijos de Israel murmuró contra Moisés y Aarón en el desierto; y decíanles los hijos de Israel: Ojalá hubiéramos muerto por mano de Jehová en la tierra de Egipto, cuando nos sentábamos a las ollas de las carnes, cuando comíamos pan en hartura; pues nos habéis sacado a este desierto, para matar de hambre a toda esta multitud' (Éxodo 16:2, 3). La situación era crítica. Había que hacer algo. 'Y Jehová dijo a Moisés: He aquí yo os haré llover pan del cielo; y el pueblo saldrá, y cogerá para cada un día, para que yo le pruebe si anda en mi ley, o no' (versículo 4).

"El recoger y preparar el pan que Dios enviaba del cielo constituía para Israel una prueba, 'para que yo le pruebe si anda en mi ley, o no.' Cada día habían de recoger bastante maná para las necesidades del día, pero en el sexto día habían do recoger doble cantidad, a fin de que les alcanzase para el sábado. Mientras que de costumbre el maná no se conservaba más de un día, el sexto día Dios lo preservaba milagrosamente de la corrupción. Así que 'en el sexto día recogieron doblada comida' (versículo 22). 'Y él les dijo: Esto es lo que ha dicho Jehová: Mañana es el santo sábado, el reposo de Jehová: lo que hubiereis de cocer, cocedlo hoy, y lo que hubiereis de cocinar, cocinadlo; y todo lo que os sobrare, guardadlo para mañana. Y ellos lo guardaron hasta la mañana, según que Moisés había mandado, y no se pudrió, ni hubo en él gusano. Y dijo Moisés: Comedlo hoy, porque hoy es sábado de Jehová: hoy no hallaréis en el campo. En los seis días lo recogeréis; mas el séptimo día es sábado, en el cual no se hallará' (versículos 23-26).

"Algunos del pueblo no se quedaron satisfechos. Salieron 'en el séptimo día a recoger, y no hallaron. Y Jehová dijo a Moisés: ¿Hasta cuándo no querréis guardar mis mandamientos y mis leyes? Mirad que Jehová os dio el sábado, y por eso os da en el sexto día pan para dos días. Estése, pues, cada uno en su estancia, y nadie salga de su lugar en el séptimo día. Así el pueblo reposó el séptimo día' (versículos 27-30).

"De todos los mandamientos, Dios eligió el cuarto como el mandamiento de prueba. Cuando quiso probar al pueblo 'si anda en mi ley, o no,' le dijo que juntase cada día bastante maná para sus necesidades, el doble en el sexto día, y nada en el séptimo. Esta era la prueba. Cuando desobedecieron, no era simplemente el sábado lo que violaron; era toda la ley. '¿Hasta cuándo no querréis guardar mis mandamientos y mis leyes?' dijo Dios. Y no, '¿por qué no guardasteis el sábado?' La cuestión era más amplia. Abarcaba toda la ley. La observancia del sábado era la prueba. Si lo guardaban, eran obedientes. Si lo violaban, violaban toda la ley.

"A esto y a sucesos ulteriores, se refiere Ezequiel cuando atribuye a Dios la siguiente declaración en el desierto: 'Y diles también mis sábados, que fuesen por señal entre mí y ellos, para que supiesen que yo soy Jehová que los santifico.' (Ezequiel 20:12). Se declara aquí que los sábados de Dios son una señal de santificación. En el versículo 20, los sábados de Jehová son llamados 'señal entre mí y vosotros, para que sepáis que yo soy Jehová vuestro Dios'. En el primer pasaje citado los sábados son llamados símil do santificación, y en el segundo una señal de que 'yo soy Jehová vuestro Dios'. En ambos casos se refiere a una señal.

"Es interesante notar la relación en que se hacen estas declaraciones. Los ancianos de Israel habían venido a inquirir del Señor, pero el Señor declaró enfáticamente que no quería que le interrogasen (Ezequiel 20:3). Les había hablado muchas veces, y no habían escuchado. ¿Por qué se habría de comunicar con ellos, cuando se negaban a hacer lo que les ordenaba? Dios dijo que eran como sus padres. Los padres no habían sido obedientes, ni los hijos habían manifestado la menor inclinación a escuchar. Cuando Ezequiel se siente inclinado a interceder por ellos, al Señor le ordena que les diga claramente en qué han faltado. 'Notifícales las abominaciones de sus padres', dice Jehová (versículo 4). Ezequiel hace esto relatándoles la dificultad que el Señor tuvo para sacar a Israel de Egipto a la tierra prometida y conseguir que guardasen sus mandamientos, especialmente el cuarto.

"Mientras estaban en Egipto. Dios les había ordenado que desechasen todos los ídolos. No lo habían hecho. Sin embargo, Dios los sacó de Egipto al desierto y les proclamó su ley. En esa ley les dio el sábado, diciendo que era su señal de santificación, y que él quería que lo santificasen. 'Mas rebeláronse contra mí la casa de Israel;... mis sábados profanaron en gran manera; dije, por tanto, que había de derramar sobre ellos mi ira en el desierto para consumirlos' (versículo 13). Sin embargo, Dios decide no consumirlos. Por otra parte, siente que no puede llevarlos a 'la tierra que les di... porque... mis sábados profanaron' (versículos 15, 16).

"Dios los amonesta: 'No andéis en las ordenanzas de vuestros padres, ni guardéis sus leyes, ni os contaminéis en sus ídolos. Yo soy Jehová vuestro Dios; andad en mis ordenanzas, y guardad mis derechos, y ponedlos por obra: Y santificad mis sábados, y sean por señal entre mí y vosotros, para que sepáis que yo soy Jehová vuestro Dios'. Pero 'los hijos se rebelaron... profanaron mis sábados. Dije entonces que derramaría mi ira sobre ellos, para cumplir mi enojo en ellos en el desierto' (versículos 18-21). Dios decide que 'los esparciría entre las gentes, y que los aventaría por las tierras; porque no pusieron por obra mis derechos, y desecharon mis ordenanzas, y profanaron mis sábados, y tras los ídolos de sus padres se les fueron sus ojos' (versículos 23, 24).

"Dos veces se declara que los hijos de Israel 'se rebelaron... profanaron mis sábados'. Dios decide por fin esto: 'Apartaré de entre vosotros los rebeldes, y los que se rebelaron contra mí... a la tierra de Israel no vendrán' (versículos 38). Parece íntima la relación entre los rebeldes y los que contaminan el sábado.

"Nadie puede leer con reverencia este capítulo sin llegar a la conclusión de que Dios da mucha importancia al sábado, que es una prueba, una señal, elegida por encima de todos los demás mandamientos como prueba de la obediencia. 'Para que yo le pruebe', dice Dios, 'si anda en mi ley, o no'. La observancia del sábado es la prueba. Es la señal de santificación. Es la señal de que 'yo soy Jehová vuestro Dios'.

"¿Por qué exactamente eligió Dios el mandamiento del sábado como prueba más bien que cualquiera de los otros mandamientos? Admitiendo el hecho de que el sábado descansa únicamente sobre un 'así dice Jehová', se le da una eminencia y un significado especiales. Los otros mandamientos están fundados no solamente en un decreto de Dios, sino también en la naturaleza del hombre; son una parte de la ley elemental o natural. Un mandamiento es elegido de entre los demás, a fin de destacarlo como prueba, como señal, para que si una persona lo acata, esté en armonía con toda la ley.

"Es como si Dios razonase así de los otros nueve mandamientos: Les he dado mi ley. La he escrito en sus corazones; está grabada en toda fibra de su ser. Conocen instintivamente lo que es bueno y lo que es malo. Su propia conciencia les atestigua la veracidad de mi ley. Sin embargo, falta una cosa. La ley es tan clara, y es tan evidente para todos que estos mandamientos básicos son necesarios para la existencia, la paz y la vida, que los hombres podrían no aceptarlos como de origen divino. Algunos contenderán que los nueve mandamientos son tan vitales y evidentes que sin ayuda de ninguna dirección divina, el pueblo, de por sí, habría de poder hacer una ley comparable a la mía. Se jactarán de que, con el transcurso de los siglos, los hombres han llegado por la experiencia a la conclusión de que no es bueno robar ni mentir ni matar, y han desarrollado leyes apropiadas acerca de estos asuntos, y que estas leyes no son de origen divino, sino el resultado del experimento humano y que están definidamente entretejidas con la vida de la especie humana. Mostrarán con aplomo las tribus y razas que durante siglos han estado separadas de la civilización, y que sin embargo tienen reglas que cubren muchos puntos de la ley. Sostendrán que esta es una prueba de que el hombre, sin ayuda de poder alguno, puede duplicar mi ley. Asegurarán que la ley no es de origen divino, que los hombres están simplemente siguiendo una ley que su propia experiencia les enseña que es buena para beneficio de la humanidad.

"Dios continúa: Haré una provisión en mi ley que no esté basada en la ley elemental o natural; que no tenga correspondencia en la naturaleza. Será una orden definida, y de ella no podrán hallar razón alguna fuera de mi orden. El hombre puede hallar una razón que justifique los demás mandamientos. Apelan a su buen sentido. Pero este mandamiento no tendrá otra razón que mi palabra. Si lo obedecen, me obedecen a mí. Si lo rechazan, me rechazan a mí. Haré de este mandamiento una prueba, una señal. Haré de él una prueba de si quieren guardar mi ley o no. Haré de él una señal de que yo soy Dios.

"Haré el sábado y les pediré que lo observen. No hay nada en todo el mundo que explique un día de reposo. Si guardan el mandamiento del sábado, será porque yo lo ordeno. Haré de ello una prueba y se lo diré. Esto probará si quieren andar en mi ley o no. El sábado será mi señal, mi prueba de obediencia. El séptimo día, no es un día en siete. Quienquiera que lo guarde, me obedece. Quienquiera que lo rechace, rechaza no solamente el sábado, sino toda la ley. Más aún, cuando rechazan el séptimo día, me rechazan a mí. La observancia del séptimo día es la señal de que me aceptan como su Dios.

"Con el transcurso del tiempo se levantarán hombres que se declararán religiosos, pero que en realidad se apoyarán en su propio entendimiento. Muchos de ellos rechazarán el relato y el Dios de la creación, substituyendo sus propias teorías acerca de cómo llegaron a ser las cosas. Aunque no estaban presentes en ocasión de la creación cuando yo por mi palabra llamé las cosas a la existencia, se pronunciarán sabiamente acerca de cómo fue hecho, rechazando mi testimonio al respecto. Algunos de ellos me rechazarán definidamente. Otros aseverarán creer en mí, y sin embargo cuando haya conflicto entre mi palabra y sus hallazgos, rechazarán mi palabra y aceptarán sus propias teorías. Al rechazar la historia de la creación, rechazarán naturalmente el monumento recordativo de la creación, el sábado. No aceptarán aquello acerca de lo cual no puedan razonar. Su propio intelecto es su fuente final de autoridad. Les daré una prueba que demostrará si creen en mí o no. Los probaré, si quieren realmente andar en mi ley o no. Si aceptan mi señal, mi prueba, mi sábado, reconocen por esa aceptación un intelecto superior al suyo. Si rechazan mi sábado, me rechazan a mí, mi palabra, mi ley. Haré del sábado la prueba.

"Los hombres comprenderán el desafío. No podrán eludir la cuestión. Verán claramente que en la aceptación del sábado deben aceptar mi palabra por la fe, más bien que su propio raciocinio. La observancia del sábado descansa sobre la fe únicamente. Los hombres no pueden descubrirlo por la razón en virtud de la experiencia o la investigación humana. Si aceptan el sábado, lo aceptan porque tienen fe en mí.

"El maligno, mi adversario, hará todo esfuerzo por destruir la fe de mis hijos. Intentará falsificar mi obra. Presentará un falso día de reposo, y lo hará más conveniente y popular que el día que yo elegí en la creación. Tendrá éxito en el caso de muchísimas personas que lo aceptarán con preferencia a mí. Desafiará mi día de reposo, y congregará a la gente bajo su bandera. El pueblo tendrá delante de sí una cuestión presentada con toda claridad. Será la cuestión de mi sábado y mi palabra por un lado, y el día de reposo falso de mi adversario por el otro. Yo tengo mi señal. Él tiene la suya. A cada uno le tocará elegir ha.jo qué bandera se colocará.

"Conociendo el fin desde el principio, lie elegido deliberadamente el sábado como prueba, para probar si los hombres quieren andar en mi ley o no. Esta es la razón por la cual lo he puesto en el seno de mi ley. Esto explica también por qué he preferido no relacionarlo con la ley natural. Se destaca absolutamente solo y descansa únicamente en mi palabra. He hecho de él el mandamiento de prueba. Es mi señal".

No sostenemos que Dios haya realizado todo el proceso de pensar como se lo ha sugerido aquí. Él sabe todas las cosas. Por razones buenas y suficientes, dio el sábado como señal y prueba. Creemos que podemos ver algunas razones de ello. Nos incumbe colocarnos de todo corazón del lado de Dios en este asunto importante.

El mandamiento del sábado tiene una influencia vital sobre la expiación. Con referencia a la transgresión de la ley era asperjada la sangre en el santuario. Cuando uno había hecho "algo contra alguno de los mandamientos de Jehová" necesitaba expiación (Levítico 4:27). ¿Constituye la transgresión del mandamiento del sábado "algo" contra uno de los mandamientos? El capítulo 15 de Números contiene una lección al respecto.

El Señor, hablando a Israel, dice: "Cuando errareis, y no hiciereis todos estos mandamientos que Jehová ha dicho a Moisés... será perdonado a toda la congregación de los hijos de Israel, y al extranjero que peregrina entre ellos, por cuanto es yerro de todo el pueblo" (Números 15:22-26).

Cualquier pecado que Israel o el extranjero cometiese ignorantemente debía ser perdonado. "El natural entre los hijos de Israel, y el peregrino que habitare entre ellos, una misma ley tendréis para el que hiciere algo por yerro" (versículo 29).

Si un hombre pecaba voluntariamente, era tratado de modo diferente. "La persona que hiciere algo con altiva mano, así el natural como el extranjero, a Jehová injurió; y la tal persona será cortada de en medio de su pueblo. Por cuanto tuvo en poco la palabra de Jehová, y dio por nulo su mandamiento, enteramente será cortada la tal persona: su iniquidad será sobre ella" (versículos 30, 31).

Sigue una ilustración en cuanto a lo que significaba pecar "con altiva mano". Un hombre fue hallado juntando leña en sábado. Los dirigentes no estaban seguros de lo que debía hacerse, así que "pusiéronlo en la cárcel, porque no estaba declarado qué le habían de hacer" (versículo 34). El Señor no los mantuvo mucho tiempo en suspenso. "Jehová dijo a Moisés: Irremisiblemente muera aquel hombre; apedréelo con piedras toda la congregación fuera del campo. Entonces lo sacó la congregación fuera del campo, y apedreáronlo con piedras, y murió; como Jehová mandó a Moisés" (versículos 35, 36).

Dios había proclamado sus mandamientos a Israel. Les había dicho que se acordasen del sábado. Había anunciado que era su prueba acerca de si querían andar en su ley o no. No había excusa. Cuando el hombre salió a juntar leña el sábado, no ignoraba lo que hacía. Era rebelde. "Tuvo en poco la palabra de Jehová". Violó los mandamientos. No había más que una ley para él. Había pecado presuntuosamente.

Es una cosa que los hombres terrenales piensen livianamente cambiar el día del sábado. Es otra cosa que toquen la ley eterna de Dios, que es el fundamento de su trono en los cielos. Estos mandamientos constituyen la base de la expiación. Una copia de ellos se conservaba en el arca sagrada del lugar santísimo en el santuario terrenal. Nadie sino el sumo sacerdote podía entrar jamás en el lugar santísimo. La ley era el mismo fundamento del trono y gobierno de Dios. Cuando en cierta ocasión un hombre tocó el arca, murió inmediatamente (1 Crónicas 13:9, 10). ¡Qué habría sucedido si hubiese puesto su mano en el arca e intentado cambiar lo que Dios había escrito en las tablas! ¡Sin embargo, los hombres consideran impíamente una posibilidad tal! ¡Se olvidan de la santidad de Dios y del carácter sagrado de la ley, sin mencionar la imposibilidad de cambiar lo que está grabado en piedra, y eso por el mismo dedo do Dios!

¿Es posible que la ley que es la base de la expiación y que necesitó la muerte del Señor haya sido cambiada? Si el mandamiento del sábado ha sido cambiado, ¿han sido cambiados los otros también? ¿Murió Cristo por algo en el Antiguo Testamento y por otra cosa en el Nuevo? ¿Exigió Dios la penalidad de muerte por la transgresión voluntaria del mandamiento del sábado el día antes de que Cristo muriese en la cruz, y no la exigió al día siguiente? ¿O hubo zona "neutral" en cuanto a la penalidad de muerte? Hay divergencias entre los cristianos en cuanto a muchas cosas. ¿Puede haber alguna divergencia de opinión en cuanto a la necesidad de la expiación? ¿Es Cristo todavía nuestro Sumo Sacerdote? En tal caso, ¿qué es lo que expía? ¿Está todavía la ley debajo del propiciatorio en el arca?

Sin la ley la expiación viene a ser una farsa, la encarnación de Cristo una fábula piadosa, su muerte un aborto de la justicia, Getsemaní una tragedia. Si la ley, o cualquiera de los mandamientos, puede violarse impunemente; si la ley ha sido abrogada o cambiada en sus preceptos; si la ley como fue dada por Dios ha dejado de ser la norma del juicio, entonces la muerte de Cristo llega a ser innecesaria, el Padre mismo deja de ser la personificación de la justicia y la bondad, y Cristo no puede escapar a la acusación de haber tomado parte en un engaño. Clamen todos los cristianos contra una doctrina tal. Si se destruye la ley, no es necesaria la expiación, ni tampoco el Cristo. Permanezcan siempre claros los hechos en todos los intelectos: Cristo vivió, sufrió, murió y resucitó por nosotros. Habíamos pecado, transgredido la ley, y estábamos condenados a muerte. Cristo nos salvó, no anulando la ley, porque entonces no habría necesitado morir, sino muriendo por nosotros, estableciendo por ello para siempre los requerimientos de la ley. El ministra ahora su preciosa sangre por nosotros en el santuario celestial. Es nuestro Abogado, nuestra Garantía, nuestro Sumo Sacerdote. Es el mismo ayer, hoy y por los siglos. Por la fe en él somos salvos.

Capítulo 18—El Último Conflicto

En Daniel 8:14 se presenta una declaración que requiere nuestra atención ahora. Es así: "Hasta dos mil y trescientos días de tarde y mañana; y el santuario será purificado".

Cualquier declaración concerniente al santuario es importante. El texto citado lo es particularmente. Declara que en cierto momento el santuario será purificado. Esto es más bien insólito, porque el santuario terrenal era purificado cada año, en el día de las expiaciones. ¿Por qué, entonces, debe transcurrir cierto tiempo, dos mil trescientos días, antes de que se realice esta purificación particular?

El octavo capítulo de Daniel contiene una profecía importante. Describe una visión que Daniel tuvo concerniente a un carnero y un macho cabrío:

"En él año tercero del reinado del rey Belsasar, me apareció una visión a mí, Daniel, después de aquella que me había aparecido antes. Vi en visión, (y aconteció cuando vi, que yo estaba en Susán, que es cabecera del reino en la provincia de Persia); vi pues en visión, estando junto al río Ulai, y alcé mis ojos, y miré, y he aquí un carnero que estaba delante del río, el cual tenía dos cuernos: y aunque eran altos, el uno era más alto que el otro; y el más alto subió a la postre.

"Vi que el carnero hería con los cuernos al poniente, al norte, y al mediodía, y que ninguna bestia podía parar delante de él, ni había quien escapase de su mano: y hacía conforme a su voluntad, y engrandecíase. Y estando yo considerando, he aquí un macho de cabrío venía de la parte del poniente sobre la haz de toda la tierra, el cual no tocaba la tierra: y tenía aquel macho de cabrío un cuerno notable entre sus ojos. Y vino hasta el carnero que tenía los dos cuernos, al cual había yo visto que estaba delante del río, y corrió contra él con la ira de su fortaleza. Y vilo que llegó junto al carnero, y levantóse contra él, e hiriólo, y quebró sus dos cuernos, porque en el carnero no había fuerzas para parar delante de él; derribólo por tanto en tierra, y hollólo; ni hubo quien librase al carnero de su mano. Y engrandecióse en gran manera el macho de cabrío; y estando en su mayor fuerza, aquel gran cuerno fue quebrado, y en su lugar subieron otros cuatro maravillosos hacia los cuatro vientos del cielo" (Daniel 8:1-8).

La interpretación se da en los versículos 20, 21: "Aquel carnero que viste, que tenía cuernos, son los reyes de Media y de Persia. Y el macho cabrío es el rey de Javán: y el cuerno grande que tenía entre sus ojos es el rey primero".

Los comentadores creen unánimemente que "el cuerno grande", es Alejandro Magno. Mientras era aún fuerte, el "gran cuerno fue quebrado" (versículo 8.) En su lugar surgieron otros cuatro, que denotan las cuatro divisiones del Imperio Griego a la muerte de Alejandro (versículo 22).

La parte de la profecía en la cual nos interesamos especialmente empieza con el versículo nueve. "Del uno de ellos salió un cuerno pequeño, el cual creció mucho al mediodía, y al oriente, y hacia la tierra deseable. Y engrandecióse hasta el ejército del cielo; y parte del ejército y de las estrellas echó por tierra, y las holló. Aun contra el príncipe de la fortaleza se engrandeció, y por él fue quitado el continuo sacrificio, y el lugar de su santuario fue echado por tierra. Y el ejército fuere entregado a causa de la prevaricación sobre el continuo sacrificio: y echó por tierra la verdad, e hizo cuanto quiso, y sucedióle prósperamente. Y oí un santo que hablaba; y otro de los santos dijo a aquel que hablaba: ¿Hasta cuándo durará la visión del continuo sacrificio, y la prevaricación asoladora que pone el santuario y el ejército para ser hollados? Y él me dijo: Hasta dos mil y trescientos días de tarde y mañana; y el santuario será purificado".

Es evidente que la profecía gira en derredor del "cuerno pequeño" que "creció mucho." Alejandro es "el cuerno grande" (Daniel 8:21). El poder simbolizado por el cuerno pequeño se inició de una manera poco notable, pero "creció mucho". Es de notar lo que hace este cuerno. "Destruirá maravillosamente" al pueblo de Dios (versículo 24). Esto lo hace no tanto por la guerra como por la "paz" (versículo 25). Es sabio y astuto, y tiene una "sagacidad" definida (versículo 25). Es poderoso, "mas no con fuerza suya", "e hizo cuanto quiso, y sucedióle prósperamente" (versículos 24, 12). Es un poder orgulloso, porque "en su corazón se engrandecerá", "aun contra el príncipe de la fortaleza se engrandeció" (versículos 25, 11). Es un poder perseguidor, porque destruye "fuertes y al pueblo de los santos", y le es dado un "ejército" para ser "hollado" (versículos 24, 10, 13). Enseña doctrinas falsas y echa "por tierra la verdad" (versículo 12). Hace la guerra contra la verdad; el santuario "fue echado por tierra" y hollado, y esto por "causa de la prevaricación" (versículos 11-13). Se llega a la culminación cuando este poder se levanta "contra el príncipe de los príncipes". Es entonces "sin mano quebrantado" (versículo 25.) Cuando Daniel vio todo esto en visión, quedó tan afectado que se desmayó y estuvo "enfermo algunos días". Se asombró "acerca de la visión", pero ni él ni nadie pudo comprenderla (versículo 27).

Tenemos especial interés en el tiempo mencionado en el versículo 14. La conversación sostenida entre dos ángeles se destinaba evidentemente a los oídos de Daniel. La visión del carnero y del macho cabrío parece relatada simplemente para conducirnos a la historia del cuerno pequeño que "creció mucho". Cuando Daniel vio las persecuciones realizadas por este poder, y cómo iba a prosperar por métodos astutos y engrandecerse y destruir "maravillosamente", se preguntó, como es natural, cuánto tiempo continuaría esto. En la conversación de los ángeles, se le dice que iba a haber un período de 2.300 días durante los cuales "el santuario y el ejército" iban a "ser hollados", y esta potencia perversa prosperaría.

¿Cómo podía esta potencia fortalecerse, "mas no con fuerza suya"? Esto parece una contradicción de términos. ¿Cómo podría echar por tierra "parte del ejército y de las estrellas", y pisotearlos? ¿Cómo podría derribar y pisotear el santuario? ¿Cómo podría derribar "por tierra la verdad" y prosperar haciendo esto? Sin embargo, iba a hacer todo esto (versículos 24, 10-12, 25). Daniel quedó asombrado, y no comprendía la visión.

Pero quedó aún más que asombrado. Cuando vio lo que este poder iba a hacer al santuario, la religión, el pueblo de Dios, la verdad, estuvo "enfermo algunos días" (versículo 27). Allí había un poder blasfemo que iba a perseguir al pueblo de Dios e intentar destruir la verdad, y prosperaría al hacerlo. Aun el santuario sería derribado y pisoteado. El único rayo de esperanza en toda la visión se refería al tiempo. El santuario y la verdad no iban a ser pisoteados para siempre. La verdad sería reivindicada. Al fin de los dos mil trescientos días, el santuario sería purificado. Y el pueblo de Dios debía esperar durante este plazo

Pero esto en sí no podía ser de mucho consuelo para Daniel. ¿Qué significaban los dos mil trescientos días? ¿Cuándo empezaban? ¿Cuándo terminaban? Él no lo comprendía. Empezó a estudiar más fervientemente que nunca antes. Su estudio lo indujo a comprender por "los libros el número de los años, del cual habló Jehová al profeta Jeremías, que había de concluir la asolación de Jerusalén en setenta años" (Daniel 9:2). Pero hasta ahora nada se le revelaba acerca de los dos mil trescientos días. ¿Tenían éstos algo que ver con el fin de los setenta años? ¿Quizá empezaban cuando terminaba ese período? Él no lo sabía. Así que se dedicó a orar. Debía ser iluminado respecto a esa cuestión.

Algunos comentadores sostienen que el cuerno pequeño que se engrandeció enormemente representa el reino de los seleúcidas, especialmente bajo los reyes Antíoco Epífano y Antíoco el Grande. Esta opinión merece graves objeciones. Estos reyes fueron perseguidores. Fueron astutos, impíos, orgullosos. Sin embargo, difícilmente puede decirse que lo fueran más que muchos otros, antes y después de ellos. No puede decirse que fueron mayores que Alejandro Magno. Sin embargo, la visión lo exige. Antíoco Epífano, que muchos creen ser el personaje al cual se refiere especialmente, fue un perseguidor; estorbó el servicio del santuario; pero no es tan destacado como para merecer la atención dada al cuerno pequeño en la visión. Desempeñó su pequeño papel en el drama durante algunos años y desapareció, sin dejar un rastro como el que había dejado Alejandro, y hace mucho que habría pasado a ocupar su lugar entre los reyes diminutos del período, de no haber sido por el esfuerzo persistente de los comentadores por darle una prominencia que no merece.

La visión del capítulo 8 de Daniel no es una visión aislada. No es la primera vez que se habla de Medo Persia y Grecia. El capítulo 7 trata de un tema afín y menciona las bestias que representan a Medo Persia y Grecia, y también se refiere a un "cuerno pequeño". El profeta dice: "Estando yo contemplando los cuernos, he aquí que otro cuerno pequeño subía entre ellos, y delante de él fueron arrancados tres cuernos de los primeros; y he aquí, en este cuerno había ojos como ojos de hombre, y una boca que hablaba grandezas" (Daniel 7:8). Este cuerno pequeño dejó perplejo a Daniel. Quería saber más de ese cuerno que "tenía ojos, y boca que hablaba grandezas" (versículo 20). Había visto que "hacía guerra contra los santos, y los vencía" (versículo 21). Vio, además, que iba a hablar "palabras contra el Altísimo, y a los santos del Altísimo quebrantará, y pensará, en mudar los tiempos y la ley: y entregados serán en su mano hasta tiempo, y tiempos, y el medio de un tiempo" (versículo 25). Al fin, sin embargo, "se sentará el juez, y quitaránle su señorío, para que sea destruido y arruinado hasta el extremo" (versículo 26). El capítulo termina: "Hasta aquí fue el fin de la plática. Yo Daniel, mucho me turbaron mis pensamientos, y mi rostro se me mudó: mas guardé en mi corazón el negocio" (versículo 28). Es fácil ver que esta profecía trata en forma general de los mismos acontecimientos mencionados en la profecía del capítulo 8.

Daniel quedó perturbado por lo que había visto. En el capítulo siete le había sido presentado un poder perseguidor que maltrataba a los santos del Altísimo, que hablaba grandezas contra Dios, que iba a pensar cambiar los tiempos y la ley, que era diferente de los demás reyes (versículo 24), y que al fin sería destruido. Esta potencia era el "cuerno pequeño" que tenía ojos como ojos de hombre, y una boca que hablaba grandezas. ¿Quién podía ser esta potencia? Daniel pensó mucho y tuvo mucha perplejidad. "Mucho me turbaron mis pensamientos" confiesa él (versículo 28.) Pero guardó el asunto en su corazón. Estaba seguro de que Dios podía hacer revelaciones adicionales. "Hasta aquí fue el fin de la plática", dijo. Las palabras "hasta aquí" son significativas. Daniel no dice: "Este es el fin del asunto", sino, "hasta aquí fue el fin". Es decir: "Es el fin hasta aquí. Algo más ha de venir. Nos detenemos ahora, pero va a venir algo más". Tal es el significado de "hasta aquí". Y vino en efecto algo más. El capítulo ocho vuelve a tratar de esta potencia, y el capítulo nueve tiene una explicación ulterior.

Es imposible que el cuerno pequeño de Daniel 7 sea Antíoco Epífano o cualquier otro Antíoco. Casi todos los comentadores protestantes de la antigua escuela concuerdan en ver en él al papado, la potencia que le da su cumplimiento completo. ¿Cómo podía decirse de cualquier Antíoco que "hacía guerra contra los santos, y les vencía, hasta tanto que vino el Anciano de grande edad, y se dio el juicio a los santos del Altísimo; y vino el tiempo, y los santos poseyeron el reino"? (versículos 21, 22). Antíoco murió hace mucho. Reinó tan sólo un corto tiempo. ¿De qué otra potencia fuera del papado es verdad que agobió a los santos del Altísimo, o intentó cambiar los tiempos y las leyes? ¿No son la sagacidad, la sabiduría y la política de largo alcance del papado expresivamente sugeridas por el cuerno que tenía "ojos como ojos de hombre, y una boca que hablaba grandezas"? (versículo 8). Creemos que nos hallamos en sólido terreno exegético cuando sostenemos que el cuerno pequeño de Daniel 8 es Roma, primero pagana, luego papal, y que el cuerno pequeño de Daniel 7 es el papado.

Estas consideraciones nos ayudarán en nuestra tentativa de establecer el significado de los 2.300 días de Daniel 8:14. Se presentan en medio de una profecía relativa a una potencia que existió durante más tiempo que cualquier otra potencia terrenal. Puesto que forman parte de una profecía, indudablemente es un tiempo profético el mencionado aquí. En tal caso, los 2.300 días representan 2.300 años, según la bien establecida interpretación profética. "Día por año, día por año te lo he dado" (Ezequiel 4:6).

Si aceptamos la opinión de que el cuerno pequeño de Daniel 8 se refiere a la Roma imperial y a la iglesia católica romana, nos toca descubrir cualquier conexión posible entre ella y el santuario mencionado en Daniel 8:14. A este estudio nos dedicaremos ahora.

La iglesia católica romana es una tentativa de restablecer la antigua teocracia de Israel con el servicio del santuario acompañante. La iglesia católica ha tomado el ritual esencial del judaísmo con ciertas ceremonias del paganismo. Tiene un servicio del santuario establecido con sus sacerdotes, sumo pontífice, levitas, cantores y maestros. Tiene un servicio de sacrificio que culmina en la misa, con el ritual acompañante y el ofrecimiento de incienso. Tiene sus días destacados de acuerdo con la costumbre israelita. Tiene sus cirios, su altar del incienso, su mesa con el pan, y su altar mayor. La fuente de agua bendita existe en esencia; se observa la misa diaria. El paralelo entre la antigua religión israelita y la religión católica es casi completo.

Todo esto no sería muy importante si no existiera el hecho de que constituye una tentativa para obscurecer la verdadera obra de Cristo en el santuario celestial. Cuando se clausuró el período del Antiguo Testamento, cuando Cristo inició su obra en el santuario celestial, era el propósito de Dios que los servicios del santuario terrenal cesasen. El velo del templo se rasgó en dos, y más tarde el templo quedó enteramente destruido, con lo cual se significaba la cesación del servicio terrenal y la inauguración del servicio celestial. Cristo entró en un templo que no fue construido por manos humanas. Entró en el cielo mismo, para ministrar allí en nuestro favor. Los hombres están invitados a acudir a él con sus pecados y a recibir perdón. El servicio del santuario terrenal había preparado a los hombres para esperar el santuario verdadero del cielo. Había llegado el tiempo para que se realizase el traslado.

La iglesia católica no comprende ni aprecia la obra de nuestro sumo sacerdote en el cielo. No comprende que el servicio del santuario terrenal se anuló. Restableció las antiguas ceremonias y creencias, e intentó hacer volver a los hombres a un ritual descartado. Y tuvo una gran medida de éxito. "Se maravilló toda la tierra en pos de la bestia" (Apocalipsis 13:3).

Esto, como se ha notado ya, tendió a obscurecer la obra de Cristo. Los hombres perdieron el conocimiento del santuario celestial y de la obra realizada por Cristo allí. Su atención fue atraída a la obra rival de su presunto vicario en la tierra. Mientras Cristo en el cielo perdona el pecado, el sacerdote pretende hacer lo mismo en la tierra. Mientras (pie Cristo intercede por el pecador, también lo hace el sacerdote. Y las condiciones del sacerdote para perdonar el pecado son mucho más fáciles de satisfacer que las condiciones de Cristo. Los hombres se olvidaron enteramente de que había un santuario en el cielo. Esta verdad fue derribada por tierra. Siglo tras siglo transcurrió y la iglesia mantuvo a los hombres en completa ignorancia de la obra sumamente importante que se realizaba en el cielo, mientras que ensalzaba lo que ella misma tenía que ofrecer, y hacía negocio de todo lo más sagrado.

El papado vino a ser así, en un sentido real, un competidor, un rival de Cristo. Intentó reemplazarlo en la mente de los hombres, y tuvo una notable medida de éxito. Es obra dada por Dios a la iglesia llamar la atención de los hombres a Cristo y a la verdad. Es el único medio que Dios tiene para instruir a los hombres. Cuando Cristo ascendió al cielo a iniciar su ministerio en el santuario celestial, fue deber y privilegio de la iglesia proclamar estas nuevas hasta los confines del mundo. Desde entonces no había de haber más sacrificios en la tierra. Eso pertenecía a la antigua dispensación. También había cesado el sacerdocio levítico. El velo se había rasgado y se abrió para el hombre un camino nuevo y vivo. Los hombres tenían libre acceso a Dios y podían presentarse osadamente ante el trono de la gracia sin ningún intercesor humano, todo el pueblo de Dios había llegado a ser un sacerdocio real, y desde entonces ningún hombre había de intervenir e interponerse entre un alma y su Hacedor. El camino de acceso estaba abierto a todos.

Que el papado había llegado a ser un rival, un competidor de Cristo, no es una simple figura de lenguaje. Consideremos la situación. Cristo es nuestro Sumo Sacerdote. En el Calvario murió como Cordero de Dios. Derramó su sangre en nuestro favor. Los sacrificios mosaicos lo habían profetizado durante siglos. Ahora había llegado la realidad, aquello de lo cual lo demás había sido tan sólo sombra. En el Antiguo Testamento, la muerte del cordero no bastaba. Debía ser suplementaria por el ministerio del sacerdote mientras rociaba la sangre sobre el altar o en el lugar santo. Eso también ocurre con la muerte y la sangre de Cristo. Habiendo sido provista la sangre, Cristo iba a sor "ministro del santuario, y de aquel verdadero tabernáculo que el Señor asentó, y no hombre" (Hebreos 8:2). Así "Cristo, pontífice de los bienes que habían de venir, por el más amplio y más perfecto tabernáculo, no hecho de manos, es a saber, no de esta creación; y no por sangre de machos cabríos ni de becerros, mas por su propia sangre, entró una sola vez en el santuario, habiendo obtenido eterna redención" (Hebreos 9:11, 12).

El lugar santo mencionado aquí no es el del tabernáculo terrenal. "Porque no entró Cristo en el santuario hecho de mano, figura del verdadero, sino en el mismo cielo para presentarse ahora por nosotros en la presencia de Dios" (Hebreos 9:24). Ante la presencia de Dios, Cristo intercede y presenta su sangre que no santifica simplemente "para la purificación de la carne" como lo hacía antaño la sangre de los becerros y machos cabríos. "¿Cuánto más la sangre de Cristo, el cual por el Espíritu eterno, se ofreció a sí mismo sin mancha a Dios, limpiará vuestras conciencias de las obras de muerte para que sirváis al Dios vivo?" (Hebreos 9:13, 14). Cualquiera que desee sentir su conciencia purificada puede, por lo tanto, osadamente "entrar en el santuario por la sangre de Jesucristo, por el camino que él nos consagró nuevo y vivo, por el velo, esto es, por su carne; y teniendo un gran sacerdote sobre la casa de Dios, lleguémonos con corazón verdadero, en plena certidumbre de fe, purificados los corazones de mala conciencia, y lavados los cuerpos con agua limpia" (Hebreos 10:19-22). En el Antiguo Testamento ninguno sino el sacerdote podía entrar en el santuario. Ahora todos pueden entrar. Es "el camino que él nos consagró nuevo y vivo".

Es deber y privilegio de la iglesia proclamar este bienaventurado camino nuevo y vivo. Cada uno puede llegar directamente a Cristo. No necesita la intercesión de un sacerdote como en el santuario terrenal. Esto ha sido eliminado. Cada hombre puede presentarse ante su Hacedor directamente sin intervención humana. Puede entrar osadamente a través del velo.

Pero el papado pensó y enseñó de otra manera. Intentó restablecer la creencia del Antiguo Testamento, de que el hombre podía acercarse a su Hacedor únicamente por medio de representantes especiales como los sacerdotes. Los hombres fueron alejados más que nunca de Dios. La iglesia cerró el camino nuevo y vivo abierto por Cristo, y obligó a los hombres a acercarse a Dios por intermedio del sacerdocio, que había de apelar a algún santo patrono que influía en María, la cual influía en Cristo, quien tenía influencia para con Dios. Todo el sistema era una tentativa de reemplazar los ritos mosaicos que habían sido definidamente abolidos, que no podían compararse con el camino nuevo y vivo del Nuevo Testamento.

¿Cuál fue el resultado? Los hombres acudieron a la iglesia de Roma y abandonaron el santuario y al Ministro del santuario celestial. La iglesia romana ha obscurecido en efecto el ministerio de Cristo a tal punto que pocos cristianos saben siquiera que hay un templo en el cielo, y mucho menos que se realiza un servicio allí. Día tras día Cristo aguarda para presentar su sangre, esperando que los hombres hallarán el nuevo camino. Pero muy pocos acuden. Por otro lado, millones acuden a la iglesia romana, para recibir allí indulgencia y perdón del pecado en condiciones aceptables. El papado ha logrado casi anular el ministerio de Cristo. Ha inaugurado otro ministerio, establecido no sobre las promesas del evangelio, no sobre la base del nuevo pacto, no sobre Cristo como el Sumo Sacerdote, sino sobre las promesas vanas de un sacerdocio terrenal que necesita él mismo el perdón y el poder de la sangre expiatoria de Cristo.

Al decir que el papado ha intentado substituir un falso sistema de mediación en lugar de la verdadera obra mediadora de Cristo, comprendemos perfectamente el hecho de que la iglesia católica romana profesa creer en el sacrificio de Cristo en la cruz, que él es abogado intercesor del hombre, y que por su medio somos salvos. Acerca de esto las siguientes declaraciones vendrán al caso:

"No hay cosa de donde pueden recibir los fieles mayor alegría y gozo de espíritu que de estar constituido Defensor de nuestra causa y Medianero de nuestra salvación Jesucristo, cuya gracia y autoridad es infinita para con el Eterno Padre". "Debemos creer que se nos ha propuesto por único mediador a Cristo, Señor nuestro, por ser él ciertamente quien nos reconcilió con su Padre celestial por medio de su sangre (1 Timoteo 2:5), y quien, habiendo obtenido una eterna redención del género humano, después que hubo entrado en el santuario del Cielo, no cesa de interceder por nosotros (Hebreos 9:12; 7-25)".

—Catecismo del Concilio de Trento, ed. de Anastasio Machuca Dies, 1911, págs. 68, 343, 344.

"Podemos ir a Dios con toda confianza, dice San Arnaldo, —porque el Hijo es nuestro mediador ante el Padre eterno, y la madre es nuestra mediadora ante su Hijo". —Glories of Mary, Alphonsus Liguori, Doctor de la iglesia, pág. 224, ed. revisada.

Es en el ministerio de la sangre, en la relación entre el hombre y Cristo, donde el papado ha intentado erigir un sistema falso. Allí los santos, y especialmente María, han sido interpuestos entre el alma y Dios. Creemos que ésta es la más grave perversión de la verdad, porque interpone personas extrañas a la mediación como necesarias para allegarnos a Dios, mientras que la Escritura enseña que hay un solo "mediador entre Dios y los hombres, Jesucristo hombre" (1 Timoteo 2:5). La Biblia no reconoce otro mediador, y al enseñar la iglesia de otra manera anula la verdad de Dios.

Hay así dos ministerios que prometen a los hombres perdón y remisión de pecados: El de Cristo en el cielo y el del papado en la tierra. Cada uno tiene un sacerdocio y un servicio acompañantes. Cada uno pretende tener pleno derecho a perdonar. El papado se jacta de tener las llaves del cielo. Puede abrirlo o cerrarlo. Tiene abundancia de méritos sin los cuales pocos pueden ser salvos. Está en posesión del "ejército", el santo misterio de Dios. Posee una cabeza infalible. Tiene poder sobre el purgatorio. Puede remitir el castigo. Pretende tener autoridad sobre los reyes de la tierra. No reconoce superior. Es supremo.

Todas estas pretensiones caerían al suelo si tan sólo los hombres conociesen el verdadero ministerio de Cristo. Un conocimiento de la verdad del santuario es el único antídoto para las falsas pretensiones de la jerarquía de Roma. Por esta razón es importante para el papado que el tema del santuario permanezca desconocido. Por esta razón Dios ha hecho a su pueblo depositario de su verdad acerca del santuario.

No necesitamos entrar en detalles acerca de los problemas matemáticos de los 2.300 días. Referimos al lector a El Conflicto de los Siglos, por Elena G. de White, y otras obras destacadas de los adventistas. Baste decir que estos días, o más bien dicho, estos años, empezaron en 457 a. C. y terminaron en 1844 de nuestra era. En esta última fecha, debía ser purificado el santuario.

Es evidente que esta purificación no puede referirse al santuario terrenal. Este había sido destruido hacía mucho y su servicio suspendido. Debe referirse, por lo tanto, al santuario celestial, del cual se dice que debía ser purificado "con mejores sacrificios que" los del Antiguo Testamento (Hebreos 9:23).

Ya hemos considerado en detalle el asunto de la purificación del santuario terrenal. Esta purificación era una figura de la purificación del santuario celestial. Así como los sacerdotes servían en el primer departamento del tabernáculo cada día del año hasta el gran día de las expiaciones, también Cristo entró en el primer departamento del santuario celestial hasta el tiempo de su purificación. Esa fecha era 1844. Entonces Cristo comenzó la parte final de su ministerio. Entonces entró en el santísimo. Entonces se inició la hora del juicio, que llamamos el juicio investigador. Cuando esa obra esté hecha, cesará el tiempo de gracia y Cristo vendrá.

Al llegar aquí quisiéramos llamar la atención a la palabra "purificado," que se usa en Daniel 8:14. En hebreo es tsadaq, y es traducida "justificado", llegar a ser justo. Algunos traducen: "Entonces el suntuario será justificado". Otros: "Entonces será reivindicado el suntuario". Y aún otros: "Entonces el santuario recibirá el reconocimiento que merece". La palabra encierra la idea de restauración así como de purificación.

Estos significados de la palabra son importantes en vista del hecho de que el santuario ha sido pisoteado y la verdad derribada por tierra. ¿Llegará alguna vez el tiempo en que el tema del santuario recibirá su lugar legítimo, en que Dios vindicará su verdad, y será desenmascarado el error y la maquinación secreta? Sí, contesta la profecía, llegará ese tiempo; se levantará un poder malo que perseguirá al pueblo de Dios, obscurecerá la cuestión del santuario, derribará la verdad por tierra, y prosperará en hacerlo. Levantará su propio sistema en competencia con el sistema de Dios, intentará cambiar la ley, y por su política astuta engañará a muchos. Pero será desenmascarado. Al fin de los 2.300 días, se levantará un pueblo que tendrá entendimiento respecto a las cuestiones del santuario, que seguirá a Cristo por la fe en el lugar santísimo, que tendrá la solución que quebrantará el poder del misterio de iniquidad, y saldrá a pelear por la verdad de Dios. Un pueblo tal es invencible. Proclamará intrépidamente la verdad. Hará la contribución suprema en defensa de la verdad del santuario. "Edificarán los de ti los desiertos antiguos"; "los cimientos de generación y generación levantarás"; "y serás llamado reparador de portillos, restaurador de calzadas para habitar" (Isaías 58:12).

Las controversias finales serán bien definidas. Todos comprenderán lo que está en juego y sus consecuencias. El punto principal será la adoración de la bestia o la adoración de Dios. En esta controversia se abrirá el templo de Dios en el cielo, y los hombres verán "el arca de su testamento" (Apocalipsis 11:19). El pueblo de Dios en la tierra desempeñará una parte en revelar a los hombres el templo abierto. Por otro lado, la iglesia apóstata blasfemará "contra Dios, para blasfemar su nombre, y su tabernáculo, y a los que moran en el cielo" (Apocalipsis 13:6).

Es privilegio especial poder tener una parte en una obra tal. Pero si queremos vencer, debemos saber dónde estamos y por qué. Dios nos dé la gracia de ser hallados fieles.

Capítulo 19—La Última Generación

La demostración final de lo que el evangelio puede hacer en la humanidad y en favor de ella está todavía en lo futuro. Cristo mostró el camino. Tomó un cuerpo humano, y en ese cuerpo demostró el poder de Dios. Los hombres han de seguir su ejemplo y probar que lo que Dios hizo en Cristo, puede hacerlo en todo ser humano que se somete a él. El mundo aguarda esa demostración (Romanos 8:19). Cuando se haya realizado, vendrá el fin. Dios habrá cumplido su plan. Habrá demostrado que él es veraz y Satanás mentiroso. Su gobierno estará reivindicado.

Hoy, se enseñan muchas doctrinas falsas acerca de la santidad. Por un lado, hay quienes niegan el poder de Dios para salvar del pecado. Por otro lado, hay quienes se jactan de su santidad delante de los hombres y quisieran hacernos creer que están sin pecado. Entre la primera clase hay no solamente incrédulos y escépticos, sino miembros de la iglesia cuya visión no incluye la victoria sobre el pecado, sino una transigencia con el pecado. En la otra clase, están aquellos que no tienen un concepto justo ni del pecado ni de la santidad de Dios, cuya visión espiritual está tan perjudicada que no pueden percibir sus propias faltas, y, por lo tanto, se creen perfectos, y cuyo concepto de la religión es tal que su propia comprensión de la verdad y la justicia es superior a la que se revela en la Palabra. No es fácil decidir cuál es el mayor error.

Que la Biblia enseñe la santidad es indisputable. "Y el Dios de paz os santifique en todo; para que vuestro espíritu y alma y cuerpo sea guardado entero sin represión para la venida de nuestro Señor Jesucristo" (1 Tesalonicenses 5:23). "Seguid la paz con todos, y la santidad, sin la cual nadie verá al Señor" (Hebreos 12:14). "Porque la voluntad de Dios es vuestra santificación" (1 Tesalonicenses 4:3). La palabra griega hagios con sus diversas formas se traduce "santificar", "santo", "santidad", "santificado", "santificación". Es la misma palabra que se usa para designar los dos departamentos del santuario, y significa lo que ha sido puesto aparte para Dios. Una persona santificada es una persona que ha sido puesta aparte para Dios, cuya vida entera está dedicada a él.

El plan de la salvación debe necesariamente incluir no solamente el perdón del pecado, sino la restauración completa. La salvación del pecado es más que el perdón del pecado. El perdón presupone el pecado y se da a condición de que rompamos con él; la santificación es apartarse del pecado e indica la liberación de su poder y la victoria sobre él. El primero es un medio de neutralizar el efecto del pecado; la segunda es una restauración del poder para obtener la victoria completa.

El pecado, como algunas enfermedades, deja al hombre en una condición deplorable: abatido, descorazonado. Tiene poco control de su mente, la voluntad le falla, y con las mejores intenciones no puede hacer lo que sabe que es correcto. Siente que no hay esperanza. Sabe que es culpa de él mismo, y el remordimiento llena su alma. A sus males corporales, se añade la tortura de la conciencia. Sabe que ha pecado y que tiene la culpa. ¿No se compadecerá alguno de él?

Entonces llega el evangelio. Se le predican las buenas nuevas. Aunque sus pecados sean como escarlata, serán emblanquecidos como nieve; aunque fueren rojos como carmesí, serán como blanca lana. Todo está perdonado. Está "salvo". ¡Qué liberación maravillosa! Su ánimo descansa. Ya no lo atormenta su conciencia. Ha sido perdonado. Sus pecados han sido arrojados a lo profundo de la mar. Su corazón rebosa de alabanza a Dios por su misericordia y bondad hacia él.

Así como un barco desamparado remolcado al puerto está salvo pero no sano, así también el hombre está "salvo" pero no sano. Es necesario hacer reparaciones en el barco antes de que se lo pueda declarar capaz de navegar, y el hombre necesita reconstrucción antes de estar plenamente restaurado. Este proceso de la restauración se llama santificación, e incluye el cuerpo, el alma y el espíritu. Cuando la obra está acabada, el hombre es "santo," está completamente santificado, y restaurado a la imagen de Dios. Esta demostración de lo que el evangelio puede hacer en favor de un hombre es lo que el mundo está esperando.

En la Biblia, tanto el proceso como la, obra terminada son llamados santificación. Por esta razón los "hermanos" son llamados santos y santificados, aunque no hayan alcanzado la perfección (1 Corintios 1:2; 2 Corintios 1:1; Hebreos 3:1). Quien recorra las epístolas a los Corintios se convence pronto de que los santos mencionados tenían sus faltas. A pesar de esto, se dice que son "santificados" y "llamados a ser santos". La razón consiste en que la santificación completa no es obra de un día o un año, sino de una vida entera. Se inicia en el momento en que una persona se convierte, y continúa toda la vida. Cada victoria apresura el proceso. Pocos cristianos hay que no hayan obtenido la victoria sobre algún pecado que antes los molestaba grandemente y los vencía. Más de un hombre que era esclavo del tabaco ha obtenido la victoria sobre el hábito y se regocija en su victoria. El tabaco ha dejado de ser una tentación. Ya no lo atrae más. Tiene la victoria. En ese punto está santificado. Así como ha sido victorioso sobre una tentación, puede llegar a serlo sobre todo pecado. Cuando la obra haya sido terminada, cuando haya adquirido la victoria sobre el orgullo, la ambición, el amor al mundo, sobre todo mal, estará listo para la traslación. Habrá sido probado en todos los puntos. El maligno habrá venido y no habrá hallado nada. Satanás no tendrá más tentaciones para él. Las habrá vencido todas. Se destacará sin falta aún delante del trono de Dios. Esto pondrá su sello sobre él. Estará salvo y sano. Dios habrá terminado su obra en él. La demostración de lo que Dios puede hacer con la humanidad estará completa.

Así sucederá con la última generación de hombres que vivan en la tierra. Por su medio, Dios hará la demostración final de lo que puede hacer con la humanidad. Tomará a los más débiles de los débiles, a aquellos que llevan todos los pecados de sus antepasados, y en ellos mostrará su poder. Estarán sujetos a toda tentación, pero no cederán. Demostrarán que es posible vivir sin pecar, es decir que harán la demostración que el mundo ha estado esperando y para la cual Dios ha estado haciendo los preparativos. Será evidente para todos que el evangelio puede realmente salvar hasta lo sumo. Dios será hallado veraz en sus dichos.

El último año traerá la prueba final; pero ésta tan sólo demostrará a los ángeles y al mundo que nada de lo que el maligno haga puede conmover a los encogidos de Dios. Caerán las plagas, se verá destrucción por todos lados, se hallarán frente a la muerte, pero como Job, se mantendrán firmes en su integridad. Nada podrá hacerlos pecar. Guardarán "los mandamientos de Dios, y la fe de Jesús" (Apocalipsis 14:12).

En toda la historia del mundo, Dios ha tenido sus fieles. Estos han soportado la aflicción aun en medio de gran tribulación. Y aun en medio de los ataques de Satanás, como dice el apóstol Pablo, han logrado por la fe obrar "justicia".

"Fueron apedreados, aserrados, tentados, muertos a cuchillo; anduvieron de acá para allá cubiertos de pieles de cabras, pobres, angustiados, maltratados; de los cuales el mundo no era digno; perdidos por los desiertos, por los montes, por las cuevas y por las cavernas de la tierra" (Hebreos 11:37, 38).

Y en adición a esta lista de testigos fieles, muchos de los cuales fueron mártires por su fe, Dios tendrá en los últimos días un remanente, un "rebaño pequeño", por así decirlo, en el cual y por medio del cual dará al universo una demostración de su amor, su poder, su justicia, que, con excepción de la vida piadosa de Cristo en la tierra y su sacrificio supremo en el Calvario, será la demostración más abarcante y concluyente de todas las edades.

En la última generación de hombres que vivan en la tierra, quedará plenamente revelado el poder de Dios para la santificación. La demostración de ese poder es la vindicación de Dios. Eliminará cualquier acusación que Satanás haya presentado contra él. En la última generación Dios queda vindicado y Satanás derrotado. Tal vez esto necesite ampliarse un poco más.

La rebelión que se produjo en el cielo e introdujo el pecado en el universo de Dios, debe haber sido algo terrible para Dios y para los ángeles. Hasta cierto momento, todo había sido paz y armonía. La discordia era desconocida; solamente el amor prevalecía. Luego ambiciones profanas conmovieron el corazón de Lucifer. Este decidió que quería ser igual al Altísimo. Iba a ensalzar su solio sobre las estrellas de Dios. No sólo esto, sino que se proponía sentarse "en el monte del testimonio", "a los lados del aquilón" (Isaías 14:12-14). Esta declaración equivale a intentar deponer a Dios y ocupar su lugar. Es una declaración de guerra. Donde Dios se sentaba, Satanás quería sentarse. Dios aceptó el desafío.

No tenemos declaración bíblica en cuanto a los medios empleados por Satanás para ganar a su bando una multitud de ángeles. Es muy claro que mintió. También es indisputable que desde el principio fue homicida (Juan 8:44). Como el homicidio tiene su comienzo en el odio, y como este odio culminó en la muerte del Hijo de Dios en el Calvario, podemos creer que el odio de Satanás no se dirigía solamente contra Dios el Padre, sino también, y tal vez especialmente, contra Dios el Hijo. En su rebelión, Satanás fue más lejos que una simple amenaza. Levantó realmente su trono diciendo: "Yo soy un dios; en la silla de Dios estoy sentado" (Ezequiel 28:2).

Cuando Satanás estableció así su gobierno en el cielo, lo que estaba en disputa quedó bien definido. Ninguno de los ángeles podía ya estar en duda. Todos debían decidirse en favor o en contra de Satanás. En caso de rebelión hay siempre algún agravio, real o imaginario, que se presenta como pretexto. Se levanta descontento en algunos, y al no conseguir que se remedien las cosas, recurren a la rebelión. Los que simpatizan con la causa rebelde se unen a ella, los demás permanecen leales al gobierno, y deben por supuesto correr riesgos acerca de su capacidad de sobrevivir.

Se llegó aparentemente a una situación tal en el cielo. El resultado fue la guerra. "Fue hecha una grande batalla en el cielo: Miguel y sus ángeles lidiaban contra el dragón; y lidiaban el dragón y sus ángeles" (Apocalipsis 12:7). El resultado podría haber sido previsto. Satanás y sus ángeles "no prevalecieron, ni su lugar fue más hallado en el cielo. Y fue lanzado fuera aquel gran dragón, la serpiente antigua, que se llama Diablo y Satanás, el cual engaña a todo el mundo; fue arrojado en tierra, y sus ángeles fueron arrojados con él" (versículos 8, 9).

Satanás fue derrotado pero no destruido. Por su acto de rebelión, había declarado que el gobierno de Dios tenía faltas, por el establecimiento de su propio trono había pretendido tener mayor sabiduría o justicia que Dios. Estas pretensiones son inherentes a la rebelión y al establecimiento de otro gobierno. Difícilmente podía Dios dar a Satanás una oportunidad de demostrar sus teorías. Para quitar toda duda de la mente de los ángeles, y más tarde del hombre, Dios debía dejar a Satanás seguir con su obra. Y así permitió a Satanás que viviese y estableciese su gobierno. Durante los últimos seis mil años, ha estado demostrando al universo lo que hará cuando se le dé la oportunidad.

Se ha permitido que esa demostración continuase hasta ahora. ¡Qué demostración ha sido! Desde el tiempo en que Caín mató a Abel, ha habido odio, derramamiento de sangre, crueldad y opresión en la tierra. La virtud, la bondad y la justicia han sufrido; el vicio, la vileza y la corrupción han triunfado. El justo ha sido presa del malo; los mensajeros de Dios han sido torturados y muertos; la ley de Dios ha sido hollada en el polvo. Cuando Dios envió a su Hijo, en vez de honrarlo, los hombres perversos, bajo la instigación de Satanás, lo colgaron de un madero. Aun entonces no destruyó Dios a Satanás. La demostración debía ser completa. Únicamente cuando se realicen los últimos acontecimientos, y los hombres estén a punto de exterminarse unos a otros, intervendrá Dios para salvar a los suyos. Entonces no quedará duda en la mente de nadie de que si Satanás hubiese tenido el poder habría destruido todo vestigio de bondad, habría arrojado a Dios del trono, habría dado muerte al Hijo de Dios, y habría establecido un reino de violencia fundado en el egoísmo y la ambición cruel.

Lo que Satanás ha estado demostrando es realmente su carácter, y hasta dónde puede llevar la ambición egoísta. En el principio quiso ser como Dios. No estaba conforme con su posición como el más alto de los seres creados. Quería ser Dios. Y la demostración ha revelado que con frecuencia cuando una persona se fija un blanco egoísta, no se detendrá ante nada para alcanzarlo. Quienquiera que se le oponga habrá de ser quitado del camino. Aun cuando fuese Dios mismo, deberá ser eliminado.

La demostración enseña también que la alta posición no es satisfactoria para el individuo ambicioso. Debe tener la más alta posición, y aun así no se queda satisfecho. Una persona de situación humilde se siente tentada a creer que estaría satisfecha si su posición mejorase. Está por lo menos segura de que estaría satisfecha si tuviese la posición más alta posible. ¿Pero resultaría así? Lucifer no se conformó. Tenía la más alta posición posible. Pero no estaba satisfecho. Quería una aún más alta. Quería ser Dios mismo.

En este respecto el contraste entre Cristo y Satanás es muy pronunciado. Satanás quería ser Dios. Y lo deseaba tanto que estaba dispuesto a hacer cualquier cosa para alcanzar su blanco. Cristo, por otro lado, no consideró como cosa de retener el ser igual a Dios. Se humilló voluntariamente y vino a ser obediente hasta la muerte, aun hasta la muerte de cruz. Era Dios, y se hizo hombre. Y que esto no era un arreglo temporario tan sólo con el propósito de mostrar su buena voluntad, queda evidenciado por el hecho de que seguirá para siempre siendo hombre. Satanás se exaltó a sí mismo; Cristo se humilló. Satanás quiso ser Dios; Cristo se hizo hombre. Satanás quiso sentarse como Dios sobre un trono; Cristo, como siervo, se humilló a lavar los pies de los discípulos. El contraste es completo.

En el cielo, Lucifer había sido uno de los querubines cubridores (Ezequiel 28:14). Esto parece referirse a los dos ángeles que en el lugar santísimo del santuario estaban sobre el arca, cubriendo el propiciatorio. Este era indudablemente el cargo más alto que un ángel podía ocupar, porque el arca y el propiciatorio estaban en la presencia inmediata de Dios. Estos ángeles eran los guardianes especiales de la ley. Velaban sobre ella, por así decirlo. Lucifer era uno de ellos.

En Ezequiel 28:12 hay una interesante declaración acerca de Lucifer: "Tú echas el sello a la proporción, lleno de sabiduría, y acabado de hermosura". La expresión a la cual quisiéramos llamar la atención es: "Tú echas el sello a la proporción". El significado de esto no es muy claro. La traducción puede interpretarse de diversas maneras. Parece evidente, sin embargo, que se propone demostrar la alta posición y el exaltado privilegio que tenía Satanás antes de caer. Era una especie de primer ministro, un guardián del sello.

Como en un gobierno terrenal un documento o una ley deben tener su sello para ser válido, así también en el gobierno de Dios se usa un sello. Dios parece haber dado a los ángeles su obra, así como ha dado al hombre su obra. Un ángel está encargado del fuego. (Apocalipsis 14:18). Otro ángel tiene cargo de las aguas (Apocalipsis 16:5). Otro tiene a su cargo "el sello del Dios vivo" (Apocalipsis 7:2). Aunque, como se ha dicho ya, la expresión de Ezequiel 28:12 no es muy clara, algunos se sienten justificados por traducirla así: "Tú aplicabas el sello al mandamiento".

Si esto es sostenible, y Lucifer era el primer ministro y guardián del sello, nos da una razón adicional por la cual deseó substituir su propia marca en lugar del sello de Dios cuando abandonó su primera morada.

Que Satanás ha sido muy activo contra la ley es evidente. Si la ley de Dios es su carácter, y si ese carácter es el opuesto del de Satanás, Satanás queda condenado por ella. Cristo y la ley son una cosa. Cristo es la ley vivida, la ley hecha carne. Por esta razón su vida constituye una condenación. Cuando Satanás hizo guerra contra Cristo, hizo guerra también contra la ley. Cuando odió la ley, odió también a Cristo. Cristo y la ley son inseparables.

En el Salmo 40 se halla una declaración interesante. Cristo dice: "Me complazco en hacer tu voluntad, oh Dios mío, y tu ley está en medio de mi corazón" (versículo 8, V. M.). Aunque es indudablemente una expresión poética y no debe llevarse demasiado lejos, es interesante, sin embargo, como indicación de la posición exaltada de la ley. "Tu ley está en medio de mi corazón". Apuñalar la ley es apuñalar el corazón de Cristo. Apuñalar el corazón de Cristo es apuñalar la ley. En la cruz Satanás lo intentó. Pero Dios quería que fuese de otra manera. La muerte de Cristo era un tributo a la ley. Engrandecía inconmensurablemente la ley y la hacía honorable. Dio a los hombres una nueva visión de su carácter sagrado y de su valor. Si Dios dejaba morir a su Hijo; si Cristo se entregaba voluntariamente antes que abrogar la ley; si es más fácil que el cielo y la tierra pasen antes que se pierda una jota o un tilde de la ley, ¡cuán sagrada y honorable debe ser la ley!

Cuando Cristo murió en la cruz, había demostrado en su vida la posibilidad de guardar la ley. Satanás no había logrado inducir a pecar a Cristo. Posiblemente no creía poder hacerlo. Pero si hubiese podido inducir a Cristo a emplear su poder divino para salvarse, habría logrado mucho. Si Cristo lo hubiese hecho, Satanás podría haber sostenido que esto invalidaba la demostración que Dios se proponía hacer, a saber, de que era posible para el hombre guardar la ley. En la forma en que sucedió, Satanás quedó derrotado. Pero hasta el mismo fin, continuó la misma táctica. Judas esperaba que Cristo se librase, usando así su poder divino para salvarse. En la cruz, se tentó así a Cristo: "A otros salvó, a sí mismo no puede salvar". Pero Cristo no vaciló. Hubiera podido salvarse, pero no lo hizo. Satanás fue derrotado. No podía comprender esto. Pero sabía que cuando Cristo murió sin que hubiese podido hacerlo pecar, su propia condenación estaba sellada. Al morir, Cristo vencía.

Pero Satanás no renunció a la, lucha. Había fracasado en su conflicto con Cristo, pero podía todavía tener éxito con los hombres. Así que fue "a hacer guerra contra los otros de la simiente de ella, los cuales guardan los mandamientos de Dios, y tienen el testimonio de Jesucristo" (Apocalipsis 12:17). Si podía vencerlos, no quedaría tal vez derrotado.

La demostración que Dios se propone hacer con la última generación en la tierra significa mucho, tanto para el pueblo como para Dios. ¿Puede realmente observarse la ley de Dios? Esta es una cuestión vital. Muchos negarán que se pueda hacer; otros dirán volublemente que puede hacerse. Cuando se considera toda la cuestión de la observancia de los mandamientos, el problema asume grandes proporciones. La ley de Dios es excesivamente amplia; abarca los pensamientos y los intentos del corazón. Juzga los motivos tanto como los hechos, los pensamientos como las palabras. La observancia de los mandamientos significa completa santificación, una vida santa, una inquebrantable fidelidad a lo recto, una completa separación del pecado y la victoria sobre él. Bien puede el hombre mortal exclamar: ¡Quién es suficiente para esas cosas!

Sin embargo, es la tarea que Dios se ha propuesto y que él espera realizar. Cuando Satanás lance la declaración y el desafío: "Nadie puede guardar la ley. Es imposible. Si hay alguno que pueda hacerlo o que lo haya hecho, muéstramelo. ¿Dónde están los que guardan los mandamientos?" Dios contestará tranquilamente: "Aquí está la paciencia de los santos; aquí están los que guardan los mandamientos de Dios, y la fe de Jesús" (Apocalipsis 14:12).

Digámoslo reverentemente: Dios debe arrostrar el desafío de Satanás. No es el plan de Dios, ni parte de su propósito, someter a los hombres a pruebas en que únicamente puedan sobrevivir unos pocos escogidos. En el huerto de Edén, Dios no pudo idear una prueba más fácil que la que ideó. Nadie tendrá jamás razón de decir que nuestros primeros padres cayeron porque la prueba era demasiado difícil para ellos. Era la prueba más ligera que se podía concebir. Si cayeron, no fue porque no se les había suministrado fuerza con que resistir. La tentación no estaba constantemente delante de ellos. No se permitía a Satanás que los molestase por doquiera. Podía tener acceso a ellos solamente en un lugar, a saber, en el árbol de la ciencia del bien y del mal. Ellos conocían este lugar. Podían mantenerse alejados de él si querían. Satanás no podía seguirlos. Si ellos iban adonde él estaba, era porque querían. Pero aun cuando fuesen allí a examinar el árbol, no necesitaban permanecer allí. Podían apartarse. Aun si Satanás les ofrecía la fruta, no necesitaban tomarla. Pero la tomaron y comieron. Y la comieron porque quisieron, no porque fuesen obligados. Transgredieron deliberadamente. No había excusa. Dios no podría haber ideado una prueba más fácil.

Cuando Dios ordena a los hombres que guarden su ley, no cumple el propósito de su voluntad el tener tan sólo a unos pocos hombres que la observen, precisamente los suficientes para demostrar que puede hacerse. No está de acuerdo con el carácter de Dios elegir hombres destacados, de propósitos firmes y magnífica preparación, y demostrar por ellos lo que puede hacer. Está mucho más en armonía con su plan hacer tales sus requerimientos que aún los más débiles no necesiten fracasar, de manera que nadie pueda decir jamás que Dios pide lo que solamente unos pocos pueden hacer. Por esta razón Dios ha reservado su mayor demostración para la última generación. Esta generación lleva los resultados de pecados acumulados. Si los hay débiles, son los miembros de esta generación. Si hay quienes sufren de las tendencias heredadas, son ellos. Si algunos tienen excusa por cualquier debilidad, son ellos. Si, por lo tanto, éstos pueden guardar los mandamientos, nadie de ninguna otra generación tiene excusa por no haberlo hecho.

Pero esto no basta. Dios se propone revelar en su demostración, no solamente que los hombres comunes de la última generación pueden soportar con éxito una prueba como la que dio a Adán y Eva, sino que pueden sobrevivir a una prueba mucho más difícil de la que toca en suerte a los hombres comunes. Será una prueba comparable a la que Job soportó, se acercará a la que el Maestro soportó. Los probará hasta lo sumo.

"Habéis oído la paciencia de Job, y habéis visto el fin del Señor, que el Señor es muy misericordioso y piadoso" (Santiago 5:11). Job pasó por algunas de las cosas que se repetirán en la vida de los escogidos de la última generación. Tal vez sea bueno considerarlas.

Job era un hombre bueno. Dios confiaba en él. Día tras día ofrecía sacrificios por sus hijos. "Quizá habrán pecado mis hijos", decía. (Job 1:5). Era próspero y disfrutaba de la bendición de Dios.

Entonces "un día vinieron los hijos de Dios a presentarse delante de Jehová, entre los cuales vino también Satán" (versículo 6). Se registra una conversación que hubo entre Jehová y Satanás acerca de Job. El Señor dice que Job es un hombro bueno, lo cual Satanás no niega, pero insiste en que Job teme a Dios simplemente porque ello lo beneficia. Declara que si Dios le quita sus misericordias, Job maldecirá a Dios. Hace esta declaración en forma de desafío, y Dios lo acepta. De da permiso a Satanás para quitar la propiedad de Job y afligirlo de otras maneras, pero sin tocarlo a él.

Satanás procede inmediatamente a hacer lo que se le ha permitido. La propiedad de Job desaparece, y sus hijos mueren. Cuando esto sucedió, "Job se levantó, y rasgó su manto, y trasquiló su cabeza, y cayendo en tierra adoró; y dijo: Desnudo salí del vientre de mi madre, y desnudo tornaré allá. Jehová dio, y Jehová quitó: sea el nombre de Jehová bendito. En todo esto no pecó Job, ni atribuyó a Dios despropósito alguno" (Job 1:20-22).

Satanás está derrotado, pero hace otra tentativa. La siguiente vez en que se encuentra con Dios, sin admitir su derrota, alega que no se le ha permitido tocar a Job mismo. Si ello le hubiese sido permitido, sostiene, Job habría pecado. La declaración es otra vez un desafío, y Dios lo acepta. Le da permiso a Satanás para atormentar a Job, pero sin quitarle la vida. Inmediatamente parte Satanás a cumplir su misión.

Todo lo que el maligno puede hacer, lo hace a Job. Pero Job permanece firme. Su esposa le aconseja que renuncie a su fidelidad, pero él no vacila. Bajo el intenso dolor físico y la angustia mental, permanece firme. Nuevamente se dice que Job soportó la prueba. "En todo esto no pecó Job con sus labios" (Job 2:10). Satanás queda derrotado y no aparece más en el cielo.

En los capítulos sucesivos del libro de Job, se nos da una pequeña vislumbre de la lucha que se riñe en la mente de Job. Está muy perplejo. ¿Por qué ha caído toda esta calamidad sobre él? No tiene conocimiento de ningún pecado. Por lo tanto, ¿por qué lo aflige Dios? Por supuesto no sabe nada del desafío de Satanás. Ni tampoco sabe que Dios depende de él en la crisis por la cual está pasando. Todo lo que sabe es que de un cielo despejado, ha caído sobre él el desastre hasta que ha quedado sin familia, sin propiedades, y con una asquerosa enfermedad que casi lo abruma. No lo entiende, pero conserva su integridad y fe en Dios. Dios sabía que haría esto.

Pero Satanás había dicho que no lo haría. En el desafío, Dios ganó.

Hablando humanamente, Job no había merecido el castigo que cayó sobre él. Dios mismo dice que era sin causa. "Habiéndome tú incitado contra él, para que lo arruinara sin causa" (Job 2:3). Por lo tanto, todo el experimento se justifica únicamente si se considera como una prueba específica ideada con un propósito específico. Dios quería acallar la acusación de Satanás de que Job servía a Dios únicamente por provecho propio. Quería demostrar que había por lo menos un hombre a quien Satanás no podía dominar. Job sufrió como resultado de ello, pero no parecía haber escapatoria. Más tarde se lo recompensó.

El caso de Job está registrado con un propósito. Además de su historicidad, creemos que tiene también un significado más amplio. Los hijos de Dios que vivan en los últimos días pasarán por una experiencia similar a la de Job. Serán probados como él lo fue; serán privados de todo apoyo humano í Satanás tendrá permiso para atormentarlos. Además de esto, el Espíritu de Dios se retirará de la tierra, y será eliminada la protección de los gobiernos terrenales. El pueblo de Dios quedará solo para pelear contra las potestades de las tinieblas. Estará perplejo, como Job. Pero, como él, se mantendrá firme en su integridad.

En la última generación, Dios quedará vindicado. En el remanente, Satanás encontrará su derrota. La acusación de que la ley no puede ser observada quedará plenamente refutada. Dios producirá no solamente una o dos personas que observen sus mandamientos, sino un grupo entero, llamado el de los 144.000. Ellos reflejarán plenamente la imagen de Dios. Desmentirán la acusación de Satanás contra el gobierno del cielo.

Una grave situación se produjo en el cielo cuando Satanás hizo sus acusaciones contra Dios. Las acusaciones constituían en realidad una imputación de incapacidad de gobernar el cielo. Muchos de los ángeles creyeron las acusaciones. Se colocaron del lado del acusador. Una tercera parte de los ángeles, y éstos deben haber sido millones, se encaró con Dios juntamente con su caudillo, el más alto de entre los ángeles, Lucifer. No era una crisis pequeña. Amenazaba la misma existencia del gobierno de Dios. ¿Cómo debía tratarla Dios?

La única forma en que el asunto podía arreglarse satisfactoriamente de manera que nunca más se levantara una duda, consistía en que Dios sometiera su caso a las reglas comunes de la evidencia. ¿Era o no era justo el gobierno de Dios? Dios decía que era justo; Satanás decía que no lo era. Dios podía haber destruido a Satanás. Pero esto no habría, sido un argumento, o más bien habría sido un punto contra Dios. No había otra manera sino que cada lado presentase sus evidencias, produjese sus testigos, y dejase pesar su caso por los testimonios aducidos.

Tenemos, pues, una escena de juicio. Está en juego el gobierno de Dios. Satanás es el acusador; Dios mismo es el acusado. Ha sido acusado de injusticia, de requerir que sus criaturas hagan lo que no pueden hacer, y de castigarlas, sin embargo, por no hacerlo. La ley es el punto específico de ataque; pero siendo la ley simplemente un trasunto del carácter de Dios, son Dios y su carácter los que están en tela de juicio.

A fin de que Dios sostenga su aserto, es necesario demostrar que no ha sido arbitrario en sus requerimientos, que la ley no es dura ni cruel en sus exigencias, sino que por lo contrario, es santa, justa y buena, y que los hombres pueden guardarla. Todo lo necesario es que Dios produzca un hombre que haya guardado la ley, y su causa está ganada. En ausencia de un caso tal, Dios pierde y Satanás gana. El resultado depende, por lo tanto, de uno o más seres que guarden los mandamientos de Dios. En esto ha puesto Dios en juego su gobierno.

Aunque es verdad que de vez en cuando muchos han dedicado su vida a Dios y vivido sin pecado durante ciertos períodos de tiempo, Satanás sostiene que éstos son casos especiales, como lo era el de Job, y no caen bajo las reglas ordinarias. Exige un caso bien definido en que no pueda haber duda, y en el cual Dios no haya intervenido. ¿Puede presentarse un caso tal?

Dios está listo para el desafío. Ha estado aguardando su tiempo. El Hijo de Dios, en su propia persona, hizo frente a las acusaciones de Satanás, y ha demostrado que eran falsas. La manifestación suprema ha sido reservada hasta la contienda final. De la última generación Dios elegirá a sus escogidos. No a los fuertes o poderosos, no a los que gozan honores y riquezas, no a los sabios ni encumbrados, sino tan sólo a personas comunes elegirá Dios, y por su medio hará su demostración. Satanás ha sostenido que aquellos que en lo pasado sirvieron a Dios lo hicieron por motivos mercenarios, que Dios los ha mimado, y que él, Satanás, no ha tenido libre acceso a ellos. Si se le hubiese dado pleno permiso para presentar su causa, ellos también habrían sido ganados a ella. Pero Dios ha tenido miedo de permitirle que lo hiciese. Dame una oportunidad justa, dice Satanás, y yo ganaré.

Y así, a fin de acallar para siempre las acusaciones de Satanás; para hacer evidente que su pueblo le sirve por motivos de lealtad y derecho sin relación con la recompensa; para limpiar su propio nombre y carácter de las acusaciones de injusticia y arbitrariedad; para demostrar a los ángeles y a los hombres que su ley puede ser observada por los hombres más débiles en las circunstancias más desalentadoras y difíciles; Dios permite a Satanás que pruebe a su pueblo hasta lo sumo. Serán amenazados, torturados, perseguidos. Estarán frente a frente con la muerte cuando se promulgue el decreto de adorar a la bestia y a su imagen (Apocalipsis 13:15). Pero no cederán. Estarán dispuestos a morir antes que a pecar.

Dios retira su Espíritu de la tierra. Satanás tendrá mayor medida de dominio que nunca antes. Es cierto que no podrá matar al pueblo de Dios, pero ésta será casi la única limitación. Empleará todo permiso que tenga. Sabe cuánto está en juego. Es ahora o nunca.

Dios hace una cosa más. Aparentemente se oculta. El santuario celestial se cierra. Los santos claman a Dios día y noche por liberación, pero él aparenta no oír. Los escogidos de Dios están pasando por el Getsemaní. Prueban un poco de lo que experimento Cristo durante aquellas tres horas en la cruz. Aparentemente deben pelear su batalla solos. Deben vivir sin intercesor a la vista de un Dios santo. Pero aunque Cristo ha terminado su intercesión, de manera que nadie puede ya obtener de su ministerio sacerdotal en el santuario celestial perdón por el pecado, los santos son el objeto del amor y el cuidado de Dios. Los ángeles santos velan sobre ellos. Dios les provee refugio de sus enemigos; les suministra alimento; los escuda de la destrucción, y les proporciona gracia y poder para vivir santamente (véase el Salmo 91). Sin embargo, están todavía en el mundo, tentados, afligidos y atormentados.

¿Resistirán la prueba? A los ojos humanos parece imposible. Si tan sólo Dios acudiese en su ayuda, todo iría bien. Están resueltos a resistir al maligno. Si es necesario pueden morir; pero no necesitan pecar. No tiene Satanás poder ni lo ha tenido jamás para hacer pecar a hombre alguno. Puede tentarlo, destruirlo, amenazarlo; pero no puede obligarlo a pecar. Y ahora Dios demuestra por los más débiles de entre los débiles que no hay excusa ni la ha habido jamás para pecar. Si los hombres de la última generación pueden repeler con éxito el ataque de Satanás; si pueden hacerlo teniendo todas las desventajas contra sí y el santuario cerrado, ¿qué excusa hay para que los hombres hayan pecado alguna vez?

En la última generación, Dios da la demostración final de que los hombres pueden observar la ley de Dios y que pueden vivir sin pecar. Dios no deja sin hacer nada que pueda completar la demostración. La única limitación que impone a Satanás es que no puede matar a los santos de Dios. Puede tentarlos, puede acosarlos y amenazarlos; y él hace cuánto puede. Pero fracasa. No puede hacerlos pecar. Resisten la prueba, y Dios pone su sello sobre ellos.

Mediante la última generación de santos, Dios queda finalmente vindicado. Por ellos derrota a Satanás y gana el pleito. Ellos forman una parte vital del plan de Dios. Pasan por luchas terribles; pelean con potestades invisibles en lugares altos. Pero han puesto su confianza en el Altísimo, y no serán avergonzados. Han pasado por el hambre y la sed, pero llegará el tiempo en que "no tendrán más hambre, ni sed, y el sol no caerá más sobre ellos, ni otro ningún calor. Porque el Cordero que está en medio del trono los pastoreará, y los guiará a fuentes vivas de aguas: y Dios limpiará toda lágrima de los ojos de ellos" (Apocalipsis 7:16, 17).

"Estos... siguen al Cordero por dondequiera que fuere" (Apocalipsis 14:4). Cuando por fin las puertas del templo se abran, se oirá una voz que dirá: "Únicamente los 144.000 entran en este lugar" —Early Writings, pág. 19. Por la fe habrán seguido al Cordero hasta allí. Han penetrado con él en el lugar santo, lo han seguido hasta el lugar santísimo. Y en el más allá únicamente los que lo han seguido aquí, lo seguirán allí. Serán reyes y sacerdotes. Lo seguirán hasta adentro del santísimo donde únicamente puede entrar el Sumo Sacerdote. Estarán en la presencia sin velo de Dios. Le seguirán "por donde quiera que fuere." No sólo estarán "delante del trono de Dios" y le servirán "día y noche en su templo", sino que se sentarán "conmigo en mi trono; así como yo he vencido, y me he sentado con mi Padre en su trono" (Apocalipsis 7:15; 3:21).

El asunto de mayor importancia del universo no es la salvación de los hombres, por importante que parezca. Lo más importante es que el nombre de Dios quede limpio de las falsas acusaciones hechas por Satanás. La controversia se está acercando a su fin. Dios está preparando a su pueblo para el último gran conflicto. Satanás se está preparando también. La crisis nos espera y se decidirá en la vida del pueblo de Dios. Dios depende de nosotros como dependió de Job. ¿Está bien colocada su confianza?

Es un admirable privilegio el que se nos concede como este pueblo, el de limpiar el nombre de Dios por nuestro testimonio. Es maravilloso que se nos permita testificar por él. Nunca debe olvidarse, sin embargo, que este testimonio es un testimonio de la vida, no simplemente de las palabras. "En él estaba la vida, y la vida era la luz de los hombres" (Juan 1:4). "La vida era la luz". Así era en el caso de Cristo, y debe ser en nuestro caso. Nuestra vida debe ser una luz como lo era la suya. Dar luz a la gente es más que entregarle un folleto. Nuestra vida es la luz. Mientras vivimos, damos luz a los demás. Sin vida, sin vivir la luz, nuestras palabras quedan aisladas. Pero al llegar nuestra vida a ser luz, nuestras palabras se hacen eficaces. Es nuestra vida la que debe testificar por Dios.

¡Ojalá la iglesia aprecie el excelso privilegio que se le da! "Vosotros sois mis testigos, dice Jehová" (Isaías 43:10). No debe haber "dios extraño entre vosotros: ¡Vosotros pues sois mis testigos, dice Jehová, y yo soy Dios!" (versículo 12, V. M.) ¡Ojalá seamos de veras testigos, y testifiquemos lo que Dios ha hecho por nosotros!

Todo esto está íntimamente relacionado con la obra del día de las expiaciones. En aquel día, los hijos de Israel, habiendo confesado sus pecados, quedaban completamente limpios. Habían sido perdonados, y ahora el pecado era separado de ellos. Quedaban santos y sin culpa. El campamento de Israel quedaba limpio.

Estamos viviendo ahora en el gran día real de la purificación del santuario. Todo pecado debe ser confesado y por la fe enviado de antemano al juicio. Mientras el sumo sacerdote entra en el santísimo, el pueblo de Dios debe ahora hallarse cara a cara con Dios. Debe saber que todo pecado ha sido confesado, y que no queda mancha alguna de pecado. La purificación del santuario celestial depende de la purificación del pueblo de Dios en la tierra. ¡Cuán importante es, pues, que el pueblo de Dios sea santo y sin culpa! En ellos debe ser consumido todo pecado, a fin de que puedan subsistir a la vista de un Dios santo y vivir a pesar del fuego devorador. "Oíd, los que estáis lejos, lo que he hecho; y vosotros los cercanos, conoced mi potencia. Los pecadores se asombraron en Sión, espanto sobrecogió a los hipócritas. ¿Quién de nosotros morará con el fuego consumidor? ¿Quién de nosotros habitará con las llamas eternas? El que camina en justicia, y habla lo recto; el que aborrece la ganancia de violencias, el que sacude sus manos por no recibir cohecho, el que tapa su oreja por no oír sangres, el que cierra sus ojos por no ver cosa mala: éste habitará en las alturas: fortalezas de rocas serán su lugar de acogimiento; se le dará su pan, y sus aguas serán ciertas" (Isaías 33:13-16).

Capítulo 20—El Juicio

Hay una tendencia creciente a no creer en una resurrección corporal. Los partidarios de la alta crítica han descartado esta idea hace mucho, y muchos cristianos del tipo más conservador propenden a hacer lo mismo. No pueden ver necesidad alguna de la resurrección del cuerpo, y para ellos la existencia futura es completamente espiritual.

Por la misma razón, consideran innecesario un juicio futuro. Si el alma está ya disfrutando de la felicidad de una existencia etérea, o si ya está experimentando las torturas de los réprobos, parecería absurdo interponer un juicio. Este debe haberse realizado antes que se haya decidido el estado futuro, y no después. La creencia en la bienaventuranza o condenación inmediata después de la muerte hace que un juicio futuro, al fin del mundo, no sea solamente innecesario, sino inconsecuente.

La Biblia es muy directa en sus declaraciones acerca de estos dos temas. Hay una resurrección corporal. Hay un juicio. La Biblia enseña ambas cosas. Como aquí nos preocupa mayormente el juicio, le dedicaremos ahora nuestro estudio, observando tan sólo de paso que parece mucho más satisfactorio creer que la existencia de los salvos quedará amoldada al plan original del Huerto de Edén, donde Adán y Eva disfrutaban de la existencia de un plano no muy diferente de nuestro plano actual, aunque sin pecado. Parece razonable que Dios no ha abandonado su plan original. Y si no lo ha hecho, deberá haber una resurrección del cuerpo.

La idea de un juicio al fin del mundo presupone que los hombres no reciben su castigo o recompensa al morir. Esto parece razonable, además de ser apoyado por evidencias bíblicas. Considerémoslo un poco más en detalle.

Dando por sentada la creencia en el castigo y la recompensa, observemos primero que el registro de ningún hombre puede completarse al morir. Su vida terminó, pero su influencia continúa, "sus obras le siguen". Si somos responsables de nuestra influencia, y creemos que así debe ser, el registro no puede ser completado llanta el fin del tiempo.

Al decir esto no deseamos inferir que un hombre no haya sellado su destino cuando muere. Creemos que sí. Todo lo que queremos afirmar es que a menos que el juicio presuponga el mismo castigo o recompensa para todos, el registro no puede cerrarse al morir. Puede de veras argüirse que se sabe si una persona está salva o perdida, y que, por lo tanto, puede ser admitida provisionalmente en un lugar u otro. Esto puede concederse, pero no resuelve la dificultad. Aun en los tribunales terrenales, el resultado de un crimen cometido tiene que ser aguardado antes que se pronuncie el juicio. Si en una pelea a tiros un hombre queda herido, el juicio no se basa en el efecto inmediato, sino en el resultado final de los tiros. El hombre herido puede vivir una o dos semanas. El criminal no puede exigir un juicio inmediato, basado en el hecho de que el herido no murió aún, y que, por lo tanto, el criminal no fue culpable de homicidio.

Un hombre es responsable de más que el efecto inmediato de sus actos. Parece más razonable que el juicio sea postergado hasta que todos los hechos estén reunidos, y en esta ocasión se puede llegar a un cálculo justo. Si admitimos que algunos serán castigados de muchos azotes y algunos de pocos (Lucas 12:48), el juicio no puede ni debe realizarse hasta que todos los factores puedan ser considerados. Esto puede hacerse únicamente en el tiempo designado por Dios: el fin del mundo. Armoniza con esto la declaración de que Dios reserva "a los injustos para ser atormentados en el día del juicio" (2 Pedro 2:9).

Los impíos han de ser juzgados por los justos. "Los santos han de juzgar al mundo" (1 Corintios 6:2). Así como los ángeles tienen su obra que hacer en el cielo, los redimidos tendrán la suya. Dios revela sus planes a los suyos, y les confía responsabilidades. A los santos se les da el privilegio y la responsabilidad de juzgar. Hablando humanamente, Dios no quiere correr ningún riesgo de descontento o dudas. Es concebible que se perderán algunas personas a quienes otras consideraban dignas de salvarse. Al echarse de menos a alguna persona en el cielo, podría surgir en la mente de otros una duda acerca de por qué falta. Podría ser una persona muy querida para nosotros, a quien amamos, y por quien hemos orado. Ahora se halla perdida. No conocemos las circunstancias; no sabemos por qué. Si hemos tenido parte en el juicio; si nosotros mismos hemos examinado el caso y las pruebas; si después de pesar todos los factores, hemos llegado por fin a la conclusión de que esa persona no quiso ser salva y no se hallaría feliz en el cielo, ninguna duda se levantará jamás en nuestra mente en cuanto a la justicia de lo que se hizo. Hemos tenido parte en el juicio; y sabemos los pormenores. Estábamos allí. Quedamos satisfechos. Además, este arreglo asegura un juicio justo y misericordioso. Habremos amado a algunos de los que se perderán. Habremos orado por ellos. Seremos bondadosos para con ellos hasta el fin. Ninguno es castigado más de lo que merece. El plan de Dios nos asegura esto. Debe notarse que los santos han de tomar parte en juzgar a aquellos a quienes han conocido. Si parte del propósito de Dios al darnos participación en el juicio consiste en asegurarse de que no se levantará duda jamás en nuestra mente, los santos deben juzgar a su propia generación y a sus propios conocidos. Esto es a la vez terrible y bueno. Dios no debe correr el riesgo de que alguien diga o piense: "Algunos de mis amigos se han perdido, y nunca tuve oportunidad de averiguar exactamente lo que sucedió. Pensaba que debían salvarse. Los comprendía mejor que cualquier otra persona. Me gustaría haber conocido algo más de su caso". Una cosa semejante no sucederá nunca, por supuesto. Dios cuidará de ello. Cada uno quedará convencido de la justicia y la misericordia de Dios. El plan de Dios está debidamente ordenado. Sabremos por qué ciertas personas se pierden.

Tendremos Parte en Su Juicio.

Si lo dicho es correcto, no puede haber juicio al morir. Un grupo de cristianos ora por un joven extraviado. Día tras día, año tras año, oran, pero sin resultado. Luego el joven muere repentinamente. ¿Qué diremos de su juicio? Los que lo conocen, los que han orado por él, están todavía vivos. Si el joven ha de ser juzgado por los santos inmediatamente, tendrían que morir todos inmediatamente para tener parte en su juicio. De otra manera, habría de ser juzgado por otros quo no lo conocieron. Esto se aplica a todos los impíos que vivieron alguna vez. No podrían ser juzgados ordinariamente hasta una generación después de su muerte, si es que han de ser juzgados por los santos. Pero, el no ser juzgados por los santos, o ser juzgados por otras personas desconocidas de ellos, frustraría el plan de Dios y lo estorbaría. Por lo tanto, sostenemos que si los impíos han de ser juzgados por los santos, no pueden ser juzgados al morir. Dios dice que los impíos están reservados para el juicio al fin del mundo.

Aunque es verdad que cada generación se comprende mejor a sí misma y debe ser juzgada a la luz de sus propios conocimientos, de manera que un pecador del Antiguo Testamento no debe ser juzgado por las normas del Nuevo Testamento, es también verdad que antes de que pueda realizarse cualquier juicio competente, debe haber cierto conocimiento de las reglas y los principios guiadores generales. Esto presupone instrucción y educación, y esta instrucción debe basarse en todos los factores incluidos. La muerte de Cristo debe ser tenida en cuenta, como también su expiación y enseñanza. En vista de esto, ¿cómo podrían los santos de las primeras generaciones que vivieron en la tierra haber juzgado a los impíos de su generación? Es evidente que la idea de que los santos tengan parte en el juicio debe ser abandonada si el juicio se realiza al morir. Es un plan admirable el que Dios ha concebido. El plan de Dios de que los santos tengan parte en el juicio, hace del cielo un lugar seguro y levanta una barrera eficaz contra cualesquiera dudas ulteriores.

¿Y qué diremos del juicio de los justos? Es evidente que debe realizarse alguna investigación antes de que se les permita entrar en la bienaventuranza eterna. Debe decidirse si su vida y actitud justifican que se les confíe la vida eterna; y debe llegarse a esta decisión antes de que venga el Señor para llevarlos al cielo. No es más razonable salvar a los justos y tener luego el juicio que condenar a los impíos y emplazarlos luego ante el tribunal. Pero hay una diferencia. Los impíos no son destruidos hasta el fin de los mil años (Apocalipsis 20:4, 5). Eso da abundante tiempo para juzgarlos después que el Señor venga. Pero no sucede así con los justos. Si han de ser juzgados, si se les ha de dar alguna recompensa, sus casos deben ser decididos antes que venga el Señor. Cuando él venga, traerá su galardón consigo (Apocalipsis 22:12). De ahí que la condición de los justos deba ser determinada de antemano.

Algunos se han opuesto a esta enseñanza. No creen que habrá un juicio de los justos antes que venga el Señor. Sin embargo, esto parece ser lo único consecuente. Los casos de los justos deben ser decididos antes que venga el Señor, de lo contrario, ¿cómo puede saber quién se ha de salvar? Si se objeta contra la frase "juicio investigador" debe hallarse otra mejor. Estamos dispuestos a aceptarla. No es un juicio ejecutivo. La Biblia lo llama "la hora del juicio" en contraste con el "día del juicio" (Apocalipsis 14:7; Hechos 17:31). Creemos que la expresión "juicio investigador" se adapta mejor al caso del juicio de los justos.

Parece eminentemente adecuado que cuando se presenta la cuestión de quiénes han de salvarse, los ángeles estén presentes para dar su testimonio y seguir los procesos (Daniel 7:9, 10). Han estado vitalmente preocupados por nuestro bienestar; han sido espíritus ministradores. Hemos de asociarnos con ellos y estar con ellos, y ellos tienen derecho a saber quiénes han de ser admitidos en las moradas celestiales. Esto también es plan de Dios. Los ángeles han experimentado algunos de los resultados del pecado. Han visto a Lucifer apostatar. Han visto a millones de ángeles irse con él. Han visto al Salvador sufrir y morir, y conocen la miseria que el pecado ha causado. Están vitalmente interesados en saber quiénes han de tener la vida eterna. No tienen intención de repetir el experimento con el pecado por el cual han pasado. Es, por lo tanto, un plan sabio de Dios que tengan parte en los procesos.

El día de las expiaciones es un tipo adecuado del día del juicio. Sería bueno que el lector repasase el capítulo sobre el día de las expiaciones a la luz de estas consideraciones. En aquel día se hacía separación entre los justos y los impíos. La decisión dependía enteramente de quiénes habían confesado sus ideados y quiénes no los habían confesado. Eran borrados los pecados de quienes habían traído sus ofrendas y cumplido el ritual. Los otros eran "cortados."

No sabemos que se llevase en el santuario terrenal registro de aquellos que se presentaban con un sacrificio durante el año. Aunque es posible, no es probable que se llevase un registro tal. Sabemos, sin embargo, que la sangre asperjada constituía en sí misma un registro. Dios había ordenado que se trajesen sacrificios. Oreemos que él respetaba su propia orden y tomaba nota de aquellos que le servían en verdad, justicia e integridad. En su libro eran registrados como fieles.

Acerca del juicio del último día está escrito: "El que no fue hallado escrito en el libro de la vida, fue lanzado en el lago de fuego" (Apocalipsis 20:15). Este texto habla definidamente del libro de la vida, y dice, en efecto, que únicamente aquellos cuyos nombres sean hallados en él serán salvos. Notemos lo que dice: "El que no fue hallado escrito en el libro de la vida". Esto significa un examen del libro para descubrir cuáles son los nombres registrados. "El que no fue hallado". ¿Qué es esto sino una investigación? Es como si se diese la orden: "Mirad si este nombre se encuentra en el libro". Se recibe en respuesta el informe: "Lo he encontrado", o "No lo he encontrado". Cualquier informe indica una investigación. La expresión: "El que no fue hallado justifica el argumento de que hay un examen del registro, que tiene como resultado la separación para salvación o condenación.

Parece tan claro que debe haber una investigación del registro llevado en el cielo antes que venga el Señor, que lo que nos admira es que alguno pueda dudar seria o sinceramente de ello. Es cierto que Dios podría en un momento, si lo desease, decidir todas las cuestiones en cuanto al destino futuro de cada uno. Con exactitud infalible, podría destinar una parte de la humanidad a ser condenada y la otra a ser salva. Pero Dios no podría hacer esto y al mismo tiempo permitir a los ángeles y a los hombres participar en el juicio.

Y esto es vital. Dios debe proteger en lo posible la existencia futura. Los hombres deben, por su propia investigación, estar seguros de la justicia del castigo impuesto. Los ángeles que han sido espíritus ministradores, deben estar presentes cuando los santos sean juzgados. Por esta razón se llevan los libros. Por esta razón están presentes en el juicio millones de ángeles (Daniel

7:10). Dios da todos los pasos necesarios para asegurar el futuro. El cielo y la tierra deben ser protegidos. Dios no admitirá repentinamente a millones de seres humanos a la felicidad del cielo y el privilegio de la vida eterna sin consultar a los ángeles.

Decimos esto con reverencia. Los ángeles han pasado por tristes vicisitudes a causa del pecado. Han visto a millones de sus compañeros perderse. Han visto a Cristo morir en la cruz. Han conocido algo del pesar del Padre por causa del pecado. Y, ¿no se habrían de interesar en la concesión de la vida eterna a millones de pecadores redimidos? ¿No debieran tener alguna seguridad de que el admitir a los hombres en el cielo no significa admitir el pecado? Hablamos un lenguaje humano. Creemos que deben tener tal seguridad. Y creemos que Dios se la da.

Están presentes cuando los casos de los justos se definen. Así como los santos participan en el juicio de los impíos, los ángeles participan en el juicio de los justos. Esto constituye una seguridad para lo futuro. Ninguna duda se levantará ni podrá jamás levantarse en la mente de nadie. Dios cuida de que sea así.

Durante los mil años los ángeles tendrán oportunidad de conocernos mejor y nosotros a ellos. Trabajaremos junto con ellos en el juicio. Durante ese tiempo serán juzgados los hombres y los ángeles. Participaremos en el juicio. Los ángeles participarán. Los hombres y los ángeles tienen compañeros que se perderán y en quienes tienen interés. Dios protege todos los intereses de manera que el pecado no se levante por segunda vez. Los ángeles han llevado el registro. Lo que está escrito en los libros ha sido escrito por ellos. ¿No han de participar en el examen del registro cuando se hacen las decisiones finales? Tendrán una parte en la ejecución del juicio (Apocalipsis 20:1-3; 18:21; Ezequiel 9:1-11). Al concluir éste, darán su testimonio en cuanto a la justicia de las decisiones hechas (Apocalipsis 16:5, 7). Podrán hacerlo porque conocen los factores implicados.

"El Padre ama al Hijo, y todas las cosas dio en su mano" (Juan 3:35). Tal vez no estemos seguros de por qué el Padre ha dado todas las cosas en las manos del Hijo. Pero la declaración ocurre tantas veces que es claro que Dios desee que lo sepamos. En adición a la declaración citada ya, notemos lo siguiente: "Todas las cosas sujetaste debajo de sus pies" (Hebreos 2:8). "Todas las cosas me son entregadas de mi Padre" (Mateo 11:27; Lucas 10:22). "Le has dado potestad de toda carne" (Juan 17:2). Este poder incluye el de juzgar. "El Padre a nadie juzga, mas todo el juicio dio al Hijo" (Juan 5: 22). Cristo es "puesto por Juez de vivos y muertos" (Hechos 10:42). Dios "ha de juzgar al mundo con justicia, por aquel varón al cual determinó" (Hechos 17:31). Esto incluye la ejecución del juicio, porque el Padre "le dio poder de hacer juicio, en cuanto es el Hijo del hombre" (Juan 5:27). De hecho, la concesión de la autoridad al Hijo puede resumirse en la declaración abarcante de Cristo mismo: "Toda potestad me es dada en el cielo y en la tierra" (Mateo 28:18). Esto no deja duda alguna en cuanto al alcance del poder que se le ha dado. Es toda potestad en el cielo y en la tierra.

Estas declaraciones se vuelven muy interesantes en vista de las palabras con que son hechas. El Padre tenía todas estas potestades, pero por alguna razón las legó al Hijo. Notemos cómo

Dios ha "dado", "sujetado", "entregado", "puesto", "determinado". Todo lo que el Padre tenía, lo dio al Hijo. En algún tiempo pasado, Dios puso todas las cosas bajo Cristo, le dijo que reinase, que ejecutase el juicio y le dio toda potestad en el cielo y en la tierra.

Toda la controversia revela un rasgo muy consolador del carácter de Dios. Dios podría haber tratado a los rebeldes en forma diferente. No necesitaba haber escuchado las acusaciones hechas contra él por Satanás. Pero sometió su caso para que fuese decidido de acuerdo con las evidencias presentadas. Podía aguardar y dejar que los seres creados decidiesen por su cuenta. Sabía que su caso era justo y que podía resistir la investigación. Fue eminentemente justo en todo respecto.

Esto nos induce a creer que el juicio venidero se realizará de acuerdo con nuestros más altos conceptos de justicia y rectitud, sin mencionar la misericordia. Dios no es vengativo. No aguarda una oportunidad para darnos el "merecido". Él quiere que todos los hombres se salven y vengan al arrepentimiento. No se deleita en la muerte del impío.

Hay, sin embargo, algunas cosas que Dios no puede hacer. Se sentiría feliz de salvar a todos, pero no sería lo mejor hacerlo. Hay varias razones para ello. Muchos no desean ser salvos en las únicas condiciones que pueden asegurar la vida. Las reglas que Dios ha trazado para nuestra dirección son las reglas de la vida, y no decretos arbitrarios. La sociedad no puede existir ni aquí ni en el cielo, si los hombres no dejan de matarse unos a otros. Esto parece tan evidente que nadie intentaría discutirlo.

El homicidio tiene sus raíces en el odio. No sería seguro permitir a quien odia a su hermano u odia a cualquier otro, vivir en el cielo con otras personas. Sería una insensatez esperar paz y armonía en tales condiciones. Los hombres han demostrado abundantemente que el odio conduce al homicidio. Ello no necesita ya demostración. Si Dios espera tener un cielo pacífico, debe excluir a los homicidas. Eso significa que debe excluir a todos los que odian.

Pero significa más. El amor es el único antídoto eficaz del odio. Únicamente el que ama está seguro. La ausencia de amor significa odio tarde o temprano. De ahí que el amor venga a ser una de las leyes de la vida. Únicamente el que ama cumple la ley, y de ahí se desprende que sea el único que tiene derecho a vivir. Ese derecho no debe ser puesto en peligro permitiendo que florezca el odio. Los que acarician odio en su vida, violan la ley de la vida. No sería seguro salvar a los tales, aun cuando quisieran ser salvos. No debe haber homicidas en el cielo, ni violadores del mandamiento que dice: "No matarás". El mismo argumento se aplica con respecto a todos los demás mandamientos.

Por lo tanto, cuando Dios admite a los hombres y a los ángeles a sentarse en el juicio, hace algo más que simplemente asociárselos. Esto es importante. Es necesario por causa del futuro. Necesitamos la seguridad que nos dará una parte personal en el juicio. Pero hay más implicado en el asunto. Cuando Dios admite a los santos y a los ángeles a participar en el juicio, están en realidad sentenciando la obra de Dios. Las reglas, los principios, las leyes que gobiernan a hombres y ángeles, caen bajo su escrutinio. En cierto sentido, están juzgando a Dios (Romanos

3:4).

A la luz de estas declaraciones el hecho de que los hombres y los ángeles expresan al fin de la controversia su creencia en la justicia y rectitud de Dios, cobra un significado adicional. La gran cuestión ha sido siempre: ¿Es Dios justo, o son veraces las acusaciones de Satanás? Al fin de la controversia, el ángel de las aguas dice: "Justo eres tú, oh Señor". Otro ángel dice: "Ciertamente, Señor Dios Todopoderoso, tus juicios son verdaderos y justos". "Gran compañía en el cielo", dice: "Aleluya: Salvación y honra y gloria y potencia al Señor Dios nuestro. Porque sus juicios son verdaderos y justos". Los que han vencido sobre la bestia y la imagen dicen: "Justos y verdaderos son tus caminos, Rey de los santos". Y al reasumir Dios el gobierno en el trono, "una grande compañía", "como la voz de grandes truenos" exclama: "Aleluya: porque reinó el Señor nuestro Dios Todopoderoso". Pero Dios no quiere reinar solo. Cuando "los reinos del mundo" hayan "venido a ser los reinos de nuestro Señor, y de su Cristo", cuando el acusador quede finalmente derribado, entonces el trono de Dios y del Cordero se establecerá. ¡Gloriosa consumación de nuestra esperanza! (Apocalipsis 16:5, 7; 39:1, 2; 15:3; 19:6; 11:15; 12:10; 22:5).

Libros Para Continuar Comprendiendo Este Precioso Mensaje de 1888

1. Cristología en los Escritos de Elena G. de White, Ralph Larson. (A4)*
2. 1888 Reexamindo, Robert Wieland (A4).*
3. El Retorno de la Lluvia Tardía, Ron Duffield (A4).*
4. Herido en Casa de sus Amigos, Ron Duffield (A4).*
5. La Palabra se Hizo Carne, Ralph Larson (A4).*
6. Oro Afinado en Fuego, Robert Wieland (A4).*
7. Carta a los Romanos, Waggoner (A4).*
8. El Pacto Eterno, Waggoner (A4).*
9. El Evangelio en Gálatas, Waggoner (A4).*
10. El Camino Consagrado a la Perfección Cristiana, A. T. Jones (A4)*
11. El Mensaje del Tercer Ángel 3 Tomos en 1, A. T. Jones (A4).*
12. Lecciones sobre la Fe, Waggoner y Jones (A4).*
13. Mensajera del Señor, Herbert Douglass (A4).*
14. Cartas a las Iglesias, M. L. Andreasen (A4). *
15. Tocado Por Nuestros Sentimientos, Jean Zurcher (A4).

***PRONTO VENDRÁN MAS LIBRO EN CAMINO

* Tamaño del Libro y a letra GRANDE

Para conseguir estos libros por cajas (40% descuento) o un cátalogo con mas de nuestras publicaciones, favor escribirnos a:

lsdistribution07@gmail.com

www.ingramcontent.com/pod-product-compliance
Lightning Source LLC
Chambersburg PA
CBHW080859010526
44118CB00015B/2201